古典文獻研究輯刊

三九編

潘美月・杜潔祥 主編

第 30 冊

梅村詩清人注之一
——吳梅村詩箋（上）

陳 開 林 整理

國家圖書館出版品預行編目資料

梅村詩清人注之一——吳梅村詩箋（上）／陳開林 整理 -- 初
版 -- 新北市：花木蘭文化事業有限公司，2024〔民 113〕
目 24+184 面；19×26 公分
（古典文獻研究輯刊 三九編；第 30 冊）
ISBN 978-626-344-950-3（精裝）
1.CST：（清）吳偉業 2.CST：清代詩 3.CST：作品集
011.08   113009819

ISBN-978-626-344-950-3

9 786263 449503

古典文獻研究輯刊
三九編　第三十冊　　　　　　　　ISBN：978-626-344-950-3

梅村詩清人注之一
——吳梅村詩箋（上）

作　　者　陳開林（整理）
主　　編　潘美月、杜潔祥
總 編 輯　杜潔祥
副總編輯　楊嘉樂
編輯主任　許郁翎
編　　輯　潘玟靜、蔡正宣　美術編輯　陳逸婷
出　　版　花木蘭文化事業有限公司
發 行 人　高小娟
聯絡地址　235 新北市中和區中安街七二號十三樓
　　　　　電話：02-2923-1455／傳真：02-2923-1400
網　　址　http://www.huamulan.tw 信箱 service@huamulans.com
印　　刷　普羅文化出版廣告事業
初　　版　2024 年 9 月
定　　價　三九編 65 冊（精裝）新台幣 175,000 元　　版權所有 · 請勿翻印

梅村詩清人注之一
——吳梅村詩箋（上）

陳開林 整理

作者簡介

陳開林（1985～），湖北麻城人。2009 年畢業於重慶工商大學商務策劃學院，獲管理學學士學位（市場營銷專業商務策劃管理方向）。2012 年畢業於湖北大學文學院，獲文學碩士學位（中國古代文學先秦方向）。2015 年畢業於華中師範大學文學院，獲文學博士學位（中國古代文學元明清方向）。現為鹽城師範學院文學院副教授、江蘇省「青藍工程」優秀青年骨幹教師培養對象。主要研究元明清文學、經學文獻學。完成江蘇高校哲學社會科學基金項目「錢穆佚文輯補與研究」（2017SJB1529），在研國家社科基金後期資助「《古周易訂詁》整理與史源學考辨」（21FZXB017）。出版《〈全元文〉補正》《劉毓崧文集校證》《〈周易玩辭困學記〉校證》《〈純常子枝語〉校證》《杜詩闡》《陳玉澍詩文集箋證》《詩經世本古義》《〈青學齋集〉校證》《〈讀易述〉校證》《陸繼輅集》《〈曝書亭集詩注〉校證》《莊子通》等，並在《圖書館雜誌》、《文獻》、《中國典籍與文化》、《古典文獻研究》、《圖書館理論與實踐》、《中國詩學》等刊物發表論文百餘篇，另有「史源學考易」系列、元明清《春秋》系列、明清《詩經》系列、清代別集系列等待刊。

提　　要

　　清人在典籍注釋領域取得了重大成就，他們一方面注重前人典籍，同時也關注本朝典籍。相比於唐集唐注、宋集宋注而言，清集清注數量更為可觀，涉及到詩、文、詞各種文體。其中，錢謙益、王士禛、吳偉業、朱彝尊等人之詩馳譽文壇，也備受注家青睞。

　　四庫提要對吳偉業詩詞評價頗高，稱「其少作大抵才華豔發，吐納風流，有藻思綺合、清麗芊眠之致。及乎遭逢喪亂，閱歷興亡，激楚蒼涼，風骨彌為遒上。暮年蕭瑟，論者以庾信方之。其中歌行一體，尤所擅長。格律本乎四傑，而情韻為深；敘述類乎香山，而風華為勝。韻協宮商，感均頑豔，一時尤稱絕調。其流播詞林，仰邀睿賞，非偶然也。至於以其餘技度曲倚聲，亦復接跡屯田，嗣音淮海。王士禛詩稱『白髮填詞吳祭酒』，亦非虛美」，成就可見一斑。

　　四庫本《梅村集》分體編排，程穆衡《吳梅村詩箋》則改為編年，對瞭解梅村生平頗有意義。成書後，同人「以為不減劉孝標，弗數徐、庾以下」，但未曾刊行，以抄本傳世。乾隆四十六年（1781），楊學沆獲睹其書，並加補注。今有中華書局整理本。但國家圖書館藏有程穆衡原注本，與通行的楊學沆補注本差異頗多。一是原注本中的很多注文，楊學沆補注本中沒有；二是對同一人、事的箋注，兩本徵引文獻不同；三是部分程注，在楊學沆補注本中變成了楊注。因此，程穆衡原注本的文獻價值極高。

　　本書是《吳梅村詩箋》的首個整理本，期於為相關研究提供助益。

整理前言

　　程穆衡，字惟惇，號迂亭，江蘇太倉人。清乾隆二年（1737）進士。生平著述近六十種，遍涉四部。可參魯夢宇《程穆衡生平交遊及著述考略》（刊《古籍研究》第 71 卷，鳳凰出版社 2020 年 11 月）。

　　程穆衡首次對吳梅村詩集加以箋釋，其後靳榮藩《吳詩集覽》、吳翌鳳《吳梅村詩集箋注》對之多有取材。但由於程穆衡注本未能刊行，故而流佈不廣。魯夢宇曾指出：「晚出於程箋的吳翌鳳注和靳榮藩注，或就正於程氏，或直接摘錄程書，卻均推己作為吳詩第一家注，這與程箋文本未能刊刻不無關係。」（《清詩清注研究——以乾嘉時期重要注本為中心》，西北大學 2021 年博士論文）《吳梅村詩箋》書末有跋，逐錄如下：

> 　　《梅村詩箋》成於戊午，越六年甲子，錄一本，前跋所謂揮汗書者是也。壬午春，舟行遇盜刼，捕緝得賊，衣裝書籍多亡失，獨此編若嘿有呵護之者。念書無副本，昔人皆謂至險可虞，東坡所以碇宿海中，夜起對星河而長歎也。因取原本分散各類，依年排次，自甲申冬至乙酉春，多有俗務縈牽，乘間理翰，復書此本，益以詩餘，為十三卷。時年已六十有四，精神日衰，目愈昏，手愈顫，幾不成字。榆影風燭，能有幾時？著書滿屋，再欲清錄他種，力不能為已。開棧披牘，不勝汯然。

　　可知程穆衡先有《梅村詩箋》，此本未編年。其後「取原本分散各類，依年排次」，編為《吳梅村詩箋》。據魯夢宇《程穆衡生平交遊及著述考略》，可知「《吳梅村詩箋》十二卷，附錄一卷，計鈔本 6 種：中國國家圖書館藏舊山

—1—

樓鈔本；中國國家圖書館普通古籍閱覽室藏『溪西草堂』鈔本；中科院文獻情報中心藏獨醒盦校錄鈔本；社科院文學研究所藏『北皮亭』寫本；南京圖書館藏清鈔本；遼寧省圖書館藏清鈔本」。

　　到乾隆年間，楊學沆對《吳梅村詩箋》一書「輒為釋注如干條」「增補如干條」（《吳梅村詩箋補注弁言》），並於乾隆辛丑年（四十六年，1781）完成，名曰《吳梅村詩箋補注》，即學界通行之「程箋楊補」本。此本的版本流傳情況，學界多有言及，茲不贅述。今有張耕整理本，先後收入中華書局《中國古典文學基本叢書》《江蘇文庫》。

　　《吳梅村詩箋》，著者目前僅見到中國國家圖書館藏舊山樓鈔本一種，封面題作《吳梅村詩集箋》，共六冊。

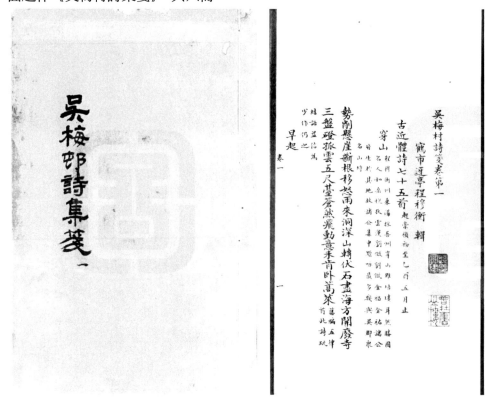

　　與通行的楊學沆補注本相比，內容上差異頗多。一是原注本中的很多注文，楊學沆補注本中沒有；二是對同一人、事的箋注，兩本徵引文獻不同；三是部分程注，在楊學沆補注本中變成了楊注。

　　職是之故，本書以此為底本，加以整理，以便與楊學沆補注本合觀，以見其異同。

　　程穆衡，字惟淳，遷鶴市。乾隆丁巳進士。除榆社縣，罷歸。生平闡經述史，旁及箋注名人詩集。又編婁人詩，曰《烏吟集》。自著有《據梧齋詩薰》。王拈花云：「迂亭詩格整而不滯，辭麗而不浮，治世之音也。」呂愚畦云：「迂亭家富書籍，點墨施鉛，至老不倦，其汲古功深，故典雅工穩，無觕浮淺俚之習。」錄《沙溪志》。

吳梅村詩箋序

　　注詩之難，先哲言之備矣。而余以為莫難於注梅村先生之詩，何則？先生當故明末造，實切盱衡，慨蒼鷹之杁國，致青犢之彌天，乃至黿墜三山，龍飛九服，事關兩姓之間，語以微文為主，而復雅擅麗才，鑪錘今古，組織風雲，指事則情遙，徵辭則境隱，自非心會微指，無以罄諸語言，其所為難。斯其一也。昭代鼎興，十夫民獻，信史未頒，實梦野乘，非旁搜鑿齒之編，親接茂先之論，茫如頓海，昧比面牆，幾何不使一代丹書混彼淄澠，千年碧血蕩為墟莽也乎？其所為難二也。且夫北都有普天括髮之悲，南朝亦千古傷心之地，侯王既陵廟丘墟，朋舊盡星霜凋替，而乃援古貌今，移形即景，作者實愴不言之神，讀者當按難尋之跡。其所為難三也。況言乎入雒，非覬崇榮；溯彼留周，最關蕭瑟。情源秀逸，自難已於兼綜；思業高奇，或偶形諸短詠。既抑揚之非體，又新故之罕兼。乃荒朝不見於令伯之文，則十空當會諸所南之史。其所為難，抑又四也。余嘗讀其全集，有契於心，輒箋其下，積數百餘條。丁巳入都，卷帙戔殘，赫遞散落，適先生曾孫砥亭聞而徵之余家，既歸，而惜其衰然者在紙堆也，因排纂之，以寄砥亭，且闕所未詳，竢諸參訂。昔開元時，呂延祚表上《文選》，敕以比見注本，唯知引事，不說意義。今之注家，病正同之。陳事則鈔勤有餘，旨趣則闡明不足。憶幼時得陳維崧儷體，讀而好之，顧見其排比時事，苦無徵覈，一旦聞有注本，踊躍購之，則但襞積詞句，人人所曉，而於論世知人之事，漫無及焉，因為恨恨彌日。茲之所箋，唯貴核今，無煩徵古。若其史籤經典，紛綸璀璨，則先生之集，固未許刿中者得窺其崖略，而索解者所難正不在此也，又何贅哉？戊午花朝日，後學鶴市程穆衡識。

吳梅村詩箋凡例

一、是編唯箋詩旨，不及詩辭，故潘藻、邊筍，例無隻字詮釋。謂學者欲通六義，先究五車，其理固然，不獨此書也。

一、不明五方風物，則即景言情，幽而不顯，故於輿地間釋一二，謂本與詩旨相關，非他敷引比耳。

一、讀古人書，貴尋條理，茲於段落指畫極清，讀者當自得之。非若金人瑞論唐，概以四句分截，如《艮齋雜說》所譏也。

一、余丁巳通籍時，《明史》尚未頒行，寓庶常直廬間，與諸纂修者遊，探汋中秘，凡《實錄》、《明史》、《一統志》率得一斑，書中所採皆是也。他日頒布，當取勘讎，然料亦無大異同也。

一、引書於首條曰某人某書，再見則僅曰某書，先生所自著亦僅曰某書，其稱某人悉稱名，若所引書中稱他人號諡或爵字悉仍之，唯王阮亭則依戴若思、石季龍例稱字。先祖篁墩公則曰先克勤。不號者，其集既名，篁墩避不成辭也。

一、所引書一事而各家互見，則語取其核者，書取其僻者；一事而諸書各異，則用溫公《考異》例，參核時勢，融會後先，擇可傳信者錄之。如有考論，另加按字。

一、一事必合數書始備者，惟順事排緝，不計著書先後，攢蠡累積，義悉爛然。雖云津逮，實出心聲。

一、大事而議論紛者，一依《明史》為斷，或本傳，錯雜他傳，全採節錄，一字不假。以國戚為論定，庶野乘可廢焉。

一、原本小注雖一二不存，此草堂全集公自注例也，茲不襲舊，第云原注以隔之。雖一二字必存，此草堂原本，非不存。

一、箋與注為義各別，此書是箋非注，然猶有曰原注，曰餘見某注，亦避不成辭。

一、梅村詩集向有錢湘靈評本，但摘索過酷，鮮所發明，茲擇可採者悉登之，仍冠以錢箋二字。

一、先生曾孫砥亭聰雋博雅，有志先集，凡有訪求，殷然惠教，書中所載，以詡按二字別之。

一、拙著數種，本不欲屢入，緣昔賢遁義，或藉涓埃，非敢鬭靡，聊稱識小。

一、余發慮箋此書，實由老友穆簡臣氏。簡臣名坤，號南谷，苑先先生姪孫也，能縷舉梅村軼事。十四入邑校，以歲貢需次，徧遊秦、楚、燕、豫。丙午旋里，余與談梅村詩，簡臣曰：「君英年精博若此，曷不為之箋釋，亦著述有功事。」歸而條次，因有此編。今數吾友之殞已十年，為之黯悵。簡臣詩渾麗，余採入《鳥吟集》。

一、梅村詩時序最為可考，舊本分類編錄無次，茲如施注蘇詩例，分散各類，悉依年月。

一、舊刻校讐不精，譌字纍纍，此本余所手錄，悉已更正，鋟版時依此為定。

一、此書雖是箋非注，然正史稗官，深慮讀者偶忘所出，轉滯詩旨，故略標其概於上方，俾自求之載籍，勝於撮抄。

一、先外祖愨菴先生，據梧齋藏書極富，余幼所卒業也。壬子海災，無隻字之遺，書中所引，間有臆錄，字或異同，見者正之。

戊午春和，鶴市迓亭程穆衡又識。

吳梅村先生行狀

門人顧湄譔

　　先生諱偉業，字駿公，姓吳氏。吳為崑山名族，五世祖禮部主事諱凱，高祖河南參政諱愈，父子皆八十，有重德，其言事載《吳中先賢傳》中。曾祖鴻臚序班諱南，自禮部以下三世，皆葬於崑。祖贈嘉議大夫、少詹事議，始遷太倉。父封嘉議大夫、少詹事諱琨，以經行崇祀鄉賢祠。母朱太淑人妊先生時，夢朱衣人送鄧以讚會元坊至。生先生，有異質。少多病，輒廢讀，而才學輒自進，迨為文，下筆數千言。時經生家崇尚俗學，先生獨好三史，西銘張公溥見而歎曰：「文章正印，其在子矣。」因留受業，相率為通經博古之學。年二十，補諸生，未踰年，中崇禎庚午舉人。辛未，會試第一，殿試第二。西銘公鄉、會皆同榜，文風為之丕變。時有攻辛未座主宜興相者，借先生為射的，莊愍皇帝御批其卷，有「正大博雅，足式詭靡」之語，言者乃止。授翰林院編修。先生尚未授室，給假歸娶，當世榮之。乙亥入朝，充纂修官，值烏程柄國，先生與同年楊公廷麟輩挺立無所附。烏程去，武陵、蘄水相繼入相，先生皆與之迕。先是，吾吳有奸民張漢儒、陸文聲之事，烏程寔陰主之，欲剚刃東南諸君子。先生以復社著名，為世指目。淄川傳烏程衣鉢，先生首疏攻之，直聲動朝右。丙子主湖廣鄉試，所拔多知名士。戊寅三月二十四日召對，先生進端本澄源之論，欲重其責於大臣，而廣其才於庶僚，乃昌言曰：「冢臣職司九品，冢臣所舉不當，何以責之臺省？輔臣任寄權衡，若輔臣所用不賢，何以責之卿寺？」言極剴切，上為之動容。已與楊公士聰謀刻〔註1〕史蓳，蓳去而陰毒遂中於先生。已卯，銜命封延津、孟津兩王於禹州，蓳謀以成御史勇事牽連坐先生。會

〔註1〕「刻」，疑當作「劾」。

薨死，事寢。陞南京國子監司業，甫三日，而漳浦黃公道周論武陵奪情拜杖信至，先生遣太學生涂沖吉入都具橐饘，涂上書為漳浦訟冤，干聖怒，嚴旨責問主使，先生幾不免。庚辰，晉中允、諭德。癸未，晉庶子。甲申之變，先生里居，攀髯無從，號慟欲自縊，為家人所覺，朱太淑人抱持泣曰：「兒死，其如老人何？」乙酉，南中召拜少詹事，加一級。越兩月，先生知天下事不可為，又與馬、阮不合，遂拂衣歸里，一意奉父母歡。易世後，杜門不通請謁，每東南獄起，常懼收者在門，如是者十年。本朝世祖皇帝素聞其名，會薦剡交上，有司敦逼，先生控詞再四，二親流涕辦嚴，攝使就道，難傷老人意，乃扶病入都，授秘書院侍講、國子監祭酒。精銳消耎，輒被病，弗能眂事。間一歲，奉嗣母之喪南還，上親賜丸藥，撫慰甚至，先生乃勇退而堅臥，謂人曰：「我得見老親，死無憾矣。」未幾，朱太淑人歿，先生哀毀骨立，復以奏銷事幾至破家，先生怡然安之。嘉議公八十而逝，有幼女，先生為嫁。蓋先生天性孝友，初登第後，嘉議公敕理家事，歲輒計口授食，蕭然不異布衣時，俸入即上之嘉議公，未嘗有私蓄也。後析產，與二弟均其豐嗇，舉無間言。先生性愛山水，遊嘗經月忘返。所居乃故銓部王公士騄之賣園，先生拓而大之，壘石鑿池，灌花蒔藥，翳然有林泉之勝，與士友觴詠其間，終日無倦色。其風度沖曠簡遠，使人挹之，鄙吝頓消。與人交，不事矯飾，煦如陽春。生平規言矩行，尺寸無所踰越，每以獎進人材為己任，諄諄勸誘，至老不忘。喜扶植善類，或罹無妄，識與不識，輒為營救，士林咸樂歸之。而於遺民舊老高蹈巖壑者，尤維持瞻護之，惟恐不亟也。先生之學，博極群書，歸於至精，有問經史疑難、古今典故與夫制作原委，旁引曲證，洞若指掌，多先儒之所未發。詩文炳耀鏗鏘，其辭條氣格，皆足以追配古人，而虛懷推分，不務標榜，尤人所難。虞山錢公謙益，文章重天下，先生名與相併，世有錢、吳之目，先生每謙讓不居。虞山沒，先生獨任斯文之重，海內之士與浮屠、老子之流，以文為請者，日集於庭，麾之弗去。一篇之出，家傳人誦，雖遐方絕域，亦皆知所寶愛。雅善書，尺蹏便面，人爭藏弄以為榮。所著有《梅村集》四十卷、《春秋地理志》十六卷、《春秋氏族志》二十四卷、《綏冠紀略》十二卷，又《樂府雜劇》三卷。先生生於明萬曆己酉五月二十日，卒於今康熙辛亥十二月二十四日，享年六十有三。寢門之哭，學士大夫輒失聲曰：「先生亡矣！一代文章盡矣！」原配郁氏，封淑人，先公十五年卒。先生初未有子，年五十後，連舉三子：璟、嶙，暄，尚齠齔，

有成人之志，側室朱氏出也。女九人，淑人出者四，浦氏出三，朱氏出二。先生屬疾時作令書，乃自敘事略，曰：吾一生遭際，萬事憂危，無一刻不歷艱難，無一境不嘗辛苦，實為天下大苦人。吾死後，斂以僧裝，葬吾鄧尉、靈巖相近。墓前立一圓石，題曰詩人吳梅村之墓，勿作祠堂，勿乞銘於人。又敕三子，若能效陳、鄭累世同居之義，日死且瞑目。嗚呼！先生之心事可悲也。是歲正月旦，先生夢至一公府，主者王侯冠服降階迎揖，出片紙，非世間文字，不可識，謂先生曰：「此位屬公矣。」十二月朔，復夢數人來迎，先生書期日示之，故豫知時日，竟不爽，斯亦異哉！湄之先子與南谷、西銘兩張公為同社，社中唯先生最年少，湄又從先生遊者垂二十年，而受先生之教為深。先生素羸弱善病，輒自言不久。少壯登朝，數忤權貴，獎護忠直，不惜以身殉之。既而陵谷貿遷，同事諸君子皆不免於難以死，而先生優游晚節乃死，人以為幸，然非先生祈死之本懷也。先生閱歷仕途，雖未嘗有差跌，而其危疑遘會，禍亂薦臻，若天廣而無以覆，地厚而無以載，居恒苦忽忽不樂，拂郁成疾以死，是諸君子處其易，而先生處其難。千載而下，考先生之本末，其猶將歔歙煩醒，執簡流涕，而悲不能自己也。所謂「天實為之，謂之何哉」！湄與修郡邑志，於先生例當有傳，先生之從子曉以事狀屬湄，用敢捃摭遺逸，附綴家乘之末，立言君子尚有採於此云。謹狀。康熙十二年七月二十一日。

婁東耆舊傳

程穆衡 譔

　　吳偉業，字駿公，梅村其號，參政公愈元孫也。父琨，字禹玉，號約齋，授經里中。公生稟姿，學如夙授。江右李太虛師明睿落魄，客授州王大司馬所，與約齋善。一日飲於王氏，太虛被酒，碎其玉卮，主有詬言，太虛憤恚去。約齋追而賻之，太虛曰：「君子奇才也，天如將以古學興東南，盍令從遊乎」？約齋如其言，學則大成。公為文，大要根於六籍，佐以兩漢，而尤長《春秋》，堅光駿響，欱野歕山。要之原本忠直，品峻言厲，故捶虦鱳骨，無以喻其厚也；虦㹺豹犆，不足形其彩也。一出而中辛未會試第一，廷試第二，海內震焉。既授職編修，即疏劾蔡奕琛。奕琛者，長吏部溫體仁私人。是時，秦涼群盜勢日東，官軍潰於河曲，而登萊叛賊孔有德、耿仲明復以為降，紿督帥而覆其師。政府不以為念，方以帝之親定奄黨逆案也，亦思構一逆案以報東林。公與師天如感憤太息，疏既上，奸黨怖。故事，首甲進士刊房書，必首列房師鑒定名，而公稿僅列天如名，知太虛意不悅，因嗾之，使誣公以隱慝。太虛正人，弗為動，公亦歸過刊匠以自解。體仁逐，天如去，公亦請假歸娶，事乃已。乙亥，赴闕補原官，尋充纂修實錄。丙子，同宋儿青玟典試湖廣，楚賢士人夫為熊魚山、鄭澹石拏舟來，酹酒江樓，談天下事，江風吹面，流涕縱橫，公慨然有當世意。明年，體仁鈎奸人張漢儒訐錢謙益、瞿式耜居鄉事，赤車收捕，而陸文聲訐復，社事亦起。體仁所規株連羅織海內諸名賢，計無便社事者。而漢儒陰謀通相邸，事敗，帝怒誅之。故體仁歸，繼相者張至發、薛國觀一氣相禪，其仇東林益甚。會簡東宮講官，至發力擯黃石齋，為給事中馮元飈所刺。至發怒，兩疏詆石齋，而極頌體仁孤執不欺，意為賜環地也。公見疏憤惋，極言攻至發，

帝覽章心動，體仁亦幸以是年死。始，公同館選者凡二十四人，惟豫章楊機部廷麟、山右王二彌劭、濟寧楊鳧岫士聰三人者，與公立朝相終始。戊寅，楊嗣昌擠機部入盧公建斗軍，公與鳧岫謀，以為至發、國觀不去，則東南大獄不解，而眾賢終無登朝之望。先落其爪距，劾吏部尚書田唯嘉及其鄉人太僕寺卿史𡑭諸不法事。帝黜唯嘉，𡑭逮問。適成御史勇以救石齋下獄考掠，𡑭謀以併坐兩人，鳧岫亟引病去。而公以銜命封延津、孟津兩王於禹州，俄出為南京國子監司業，事少緩。亡何，𡑭因盜鹽課及他贓事發，瘐死牢戶，至發已先罷去，國觀贓敗伏誅。奕琛以先行賄國觀，繫獄不知，天如已前卒。再訐復社。命下，張公採獨條對上，其辭直，帝悟，獄解。語見張公傳中。公在崇禎中已歷中允、諭德，晉庶子。京師破時，在籍福王召拜少詹，甫事兩月，奕琛已夤緣馬士英復柄用，修舊郤，先逮吳御史適下獄。適者，嘗為衢州司李，浙有重獄，會鞫事由奕琛，適奮筆定爰書，故首及禍。次擬公，公亟掛冠去。順治中，當路多疑其獨高節全名者，強薦起之。兩親懼禍及，門戶嚴裝促，應徵至京，授秘書院侍講、國子監祭酒。鬱鬱慘沮，觸事傷懷。蓋「乞活草間，所虧一死」之語，不啻數見也。間一歲得歸，又十餘年以卒。所著《梅村詩文集》、《春秋地理志》、《春秋氏族志》、《綏寇紀略》及他《樂府》、《詩話》行世。其詩排比興亡，搜揚掌故，篇無虛詠，近古罕儷焉。子：暻、暽、暄。暻有傳。暽字中麗，才雋早夭。暄字少容，歷知通許、壽光縣，有能聲。

論曰：白居易有云：「文章合為時而著，歌詩當緣事而作。」至哉言乎！詩也者，王者之跡也。誦其詩，將考政跡焉。建安以降，洎乎齊、梁，徒麗以淫，去作詩之旨遠矣。今觀梅村之詩，指事傅辭，興亡具備，遠蹤少陵之《塞蘆子》，而近媲弇州之《鈸𩵋行》，期以撊本反始，蘥存王跡。同時諸子，雖云間、虞山猶未或識之，況悠悠百世歟！當社事之盛也，學侶奔轥，聯茵接席，巷舍幾滿，雖二張之偉博足振興之，實公以盛藻巍科，樹之幟而為招焉耳。故立朝十年，與黨禍相終始，所與敵者皆閣部大臣，任用領事，以聲勢權利相倚，行金錢數十萬金，吾大瑠為耳目，日夜思所以中公而以僇焉。一史臣掌距搘拄，俋出俋入，懂而後免。噫嚱危矣！迨夫蒐歷方新，蒲車赴召，議者致譏其晚節，不知命出嚴親，志全宗緒，跡其所以自傷悼，徐廣攀車之恫不啻焉。較諸當時溧陽、海寧輩舐鼎速化，鳴弦揆日者，惡可同日而道哉！

吳梅村詩箋目錄

鶴市迂亭程穆衡　重編

卷第一

卷第二

卷第三

卷第四

卷第五

登上方橋有感　鍾山

臺城　國學

觀象臺　雞鳴寺

功臣廟　玄武湖

秣陵口號　遇南廂園叟

贈陳定生　感舊

贈寇白門六首　訪商倩郊居有贈

送李秀州擢寧紹道　周櫟園有墨癖二首

百草堂觀劇　題殷陟明仙夢圖

卷第六

古近體詩九十二首起癸巳，入都途中至京作。

江樓別幼弟孚令　揚州四首

得廬山願雲師書　過維揚弔衛紫岫

高郵道中四首　清江閘

過淮陰有感二首　過姜給事如農

贈淮撫沈青遠　遠路

淮上贈稽叔子　過東平故壘

臨淮老妓行　白鹿湖陸墩詩

宿遷極樂菴晤陸紫霞　讀同年北使時詩卷

下相懷古　項王廟

桃源縣　過古城謁三義廟

自信　黃河

新河夜泊　董山兒

讀友人走馬詩二首　膠州

白洋河　分水龍王廟

贈新泰令楊仲延　趵突泉

打冰詞　再觀打冰詞

臨清大雪　阻雪

旅泊書懷　過鄆州

過昌國　任丘

偶見二首　口占

無為州雙烈詩　題高澹遊畫

題鉤隱圖　題畫

銀泉山　哭蒼雪法師二首

卷第八

古近體詩六十五首起在京師，盡丙申歸途作。

宣宗餧金蟋蟀盆歌　通玄老人龍腹竹歌

送汪均萬南歸　壽座師李太虛先生四首

送詹司李之官濟南　上駐蹕南苑應制四首

紀事　即事十首

朝日壇　雕橋莊歌

海戶曲　送友人出塞

即事　送同官出牧

田家鐵獅歌　題崔青蚓洗象圖

寄周子俶中州　懷古兼弔侯朝宗

送田髴淵南還四首　送龔孝升出使廣東

送施愚山提學山東三首　能送程翼蒼讁姑蘇學博

送楊猶龍按察山西二首　送王藉茅按察浙江二首

送馬覲揚備兵岢嵐　送王孝源備兵山西

送朱遂初憲副固原四首　送何省齋

送郭次菴讁宦山西　送純祜兄之官確山四首

和楊鐵崖天寶遺事詩二首　送傅夢禎還嵩山

偶成　夜宿蒙陰

剡城曉發　為楊仲延題畫冊

卷第九

古近體詩八十六首起丁酉，還家後至吳郡之作。

曇陽館訪文介石　過王菴看梅感興

獨往王菴看梅　春日小園次白明府韻

山居即事　送致言上人

卷第十

卷第十一

卷第十二

附集外詩

吳梅村詩箋引用書目

鶴市迂亭程穆衡　輯

《史記》　《晉書》

《資治通鑑》　《南史》

《前漢書》　《後漢書》

《南齋書》　《三國志》

《舊唐書》　《宋史》

《遼史》　《元史》

《明史》　《明武宗實錄》

《世祖實錄》

《元和郡國志》　李吉甫　《方輿勝覽》　祝穆

《方隅勝略》　《輿地志》

《寰宇通志》　陳循　《輿地名勝志》　曹學佺

《續圖經》　《大清一統志》

《廣輿記》　陸應陽　《帝京景物略》　劉侗

《燕都遊覽志》　孫國敉　《析津日記》　周篔

《燕山叢錄》　徐昌祚　《日下舊聞》　朱彝尊

《南畿志》　陳沂　《金陵世說》　陳沂

《建康實錄》　許嵩　《金陵覽古》　余賓碩

《金陵圖說》　楊爾曾　《吳錄》　張渤

《吳地記》　陸廣微　《吳郡志》　盧熊

《姑蘇志》　王鏊　《順天府志》

《河間府志》　《真定府志》

《新蘇州府志》　《松江府志》

《揚州府志》　《安慶府志》

《嘉興府志》　《湖州府志》

《太倉州志》　《無錫縣志》

《常熟縣志》　鄧载　《昭文縣志》　陳祖範

《嘉定縣志》　趙昕　《錢唐縣志》

《京口記》　劉楨　《廣州記》　顧微

《洞天福地記》　杜光庭　《闓州記》　馮忠恕

《招真治記》　蕭統　《君山記》

《西域記》　劉郁　《南康記》

《臨海記》　《嵩山記》　盧元明

《廬山記》　釋慧遠　《廬山記》　張野

《廬山記》　劉遺民　《浮山圖說》　楊爾曾

《昌平山水記》　顧炎武　《蜀道驛程記》　王貽上

《武陵舊事》　《西湖志餘》　田汝成

《新西湖志》　《廣志》　郭義恭

《桂海虞衡志》　范成大　《虎丘山志》　顧湄

《白鹿洞志》　鄭廷鵠　《清涼山志》

《洞庭山志》　《東林志》

《九峰志》　《虞山志》

《鮑明遠集》　《駱賓王集》

《李巨山集》　《杜工部集》

《溫飛卿集》　《松陵集》

《范文正公集》　《施注蘇詩》

《林和靖集》　《于湖居士集》　張孝祥

《水雲集》　汪元量　《中州集》　元好問

《禮部集》　吳思道　《近光集》　周伯琦

《玉山雅堂集》　柯九思　《鐵崖集》　楊維楨

《清秘閣遺稿》　倪瓚　《符臺外集》　袁忠徹

《經世大典》　虞集　《元文集》　蘇天爵

《僑吳集》 鄭元祐 《青丘集》 高季廸

《文憲公集》 宋濂 《元宮詞》 周憲王朱有燉

《惠安公集》 彭韶 《方洲集》 張寧

《篁墩集》 程克勤 《懷麓堂集》 李東陽

《石田集》 沈周 《西原集》 薛蕙

《河濱樂府》 王廷相 《復軒集》 章憲

《南泠集》 蔣山卿 《弇州四部稿》 王世貞

《大泌山房集》 李維楨 《震川集》 歸有光

《東湖先生集》 沈懋孝 《焦弱侯集》 焦竑

《太嶽集》 張居正 《梅花艸堂集》 張大復

《玉茗堂集》 湯顯祖 《趙氏世藝錄》

《瀟碧堂集》 袁宗道 《中郎集》 袁宗道

《緱山集》 王衡 《薊丘集》 王嘉謨

《陳眉山集》 陳繼儒 《竹香菴集》 單恂

《初學集》 錢謙益 《有學集》 錢謙益

《青箱堂集》 王崇簡 《定山堂集》 龔鼎孳

《雪堂集》 熊文舉 《帶經堂集》 王貽上

《鈍翁類稿》 汪琬 《堯峰文鈔》 汪琬

《遂初堂集》 潘耒 《曝書亭集》 朱彝尊

《愚山集》 施閏章 《湘北集》 李天馥

《魏叔子集》 魏禧 《湯子遺書》 湯斌

《變雅堂集》 杜濬 《臥龍山人集》 葛芝

《確菴文稿》 陳瑚 《西堂雜組》 尤侗

《倦圃尺牘》 曹溶 《陳其年集》 陳維崧

《烏絲詞》 陳維崧 《婦人集》 陳維崧

《方覽閣集》 周裳 《如松堂集》 張與堅

《秋水集》 許旭 《簣山庸言》 張貞生

《粰菴奏疏》 張王治 《愚谷集》 徐開任

《碩園集》 王昊 《倚聲集》 徐開任

《城北集》 高士奇 《苑西集》 鄒祗謨

《隨輦集》 高士奇 《清吟堂集》 高士奇

《歸田集》 高士奇 《白華莊稿》 沈寓

《留素堂集》 蔣薰 《寒溪詩稿》 釋同揆

《白漊集》 沈受宏 《蘭懷堂集》 趙貞

《寫心集》 陳漢 《林下詞選》

《寄齋集》 陳奮永 《有懷堂集》 韓菼

《西堂集》 徐夔 《東山草堂集》 丘嘉穗

《餘學集》 釋本黃 《匠門書屋文集》 張日容

《瀨水集》 萬國章 《得天居士集》 張照

《穆天子傳》 《列子》

《西京雜記》 劉向 《急就章》 史游

《潛夫論》 王符 《吳越春秋》 趙曄

《博物志》 張華 《古嶽瀆經》

《拾遺記》 王嘉 《世說新語》 劉義慶

《釋問》 徐爰 《述異記》 任昉

《真誥》 陶弘景 《土宿昆元真君造化指南》

《梁四公傳》 《古畫品錄》 謝赫

《通典》 杜佑 《國史補》 李肇

《唐會要》 王溥 《天寶遺事》

《太清服食經》 《酉陽雜俎》 段成式

《入幕閒談》 《南部新書》

《本事詩》 孟棨 《摭言》 何晦

《盧氏雜說》 《耳目記》 張鷟

《異苑》 劉敬叔 《博異志》 鄭還古

《本草圖經》 蘇頌 《北里志》 孫棨

《岣嶁神碑》 南宮從 《齊民月令》

《演繁露》 程大昌 《集古錄》 歐陽修

《夢溪筆談》 沈括 《契丹志》 葉隆禮

《海藥錄》 李珣 《本草拾遺》 陳藏器

《隨隱漫錄》 陳晦 《風土記》

《己酉避亂錄》 胡舜申 《孤臣泣血錄》 丁特起

《夢粱錄》 吳自牧 《南燼紀聞》 周煇

《談藪》 龐元英 《入蜀記》 陸游

《雞肋編》 莊綽 《雲麓漫鈔》

《容齋隨筆》 洪邁 《緯略》 高似孫

《齊東野語》 周密 《志雅堂雜鈔》 周密

《青箱雜記》 吳處厚 《圖畫見聞志》 郭若虛

《圖繪寶鑑》 夏文彥 《海錄碎事》

《西臺慟哭記》 謝翱 《輟耕錄》 陶宗儀

《宋遺民錄》 程克勤 《旌功錄》 於冕

《筆記》 彭時 《震澤長語》 王鏊

《菽園雜記》 陸容 《炎徼紀聞》 田汝成

《五雜組》 謝肇淛 《星槎錄》 費信

《墨莊漫錄》 張邦奇 《甲乙剩言》 胡元瑞

《玄亭閒話》 周錫 《墨客揮犀》 彭乘

《丹青志》 王穉登 《學畫淺說》 王槩

《吾學編》 鄭曉 《史料》 王世貞

《弘簡錄》 邵經邦 《皇明世法錄》 陳仁錫

《明朝小吏》 呂毖 《明紀輯略》 朱璘

《稗史彙編》 《天都載》 馬仲履

《吳中先賢傳贊》 劉鳳一 《吳中先賢傳》 王世貞

《國朝叢記》 王世貞 《盛事述》 王世貞

《鴻書》 劉仲達 《續金陵瑣事》 周暉

《泉南雜志》 陳懋仁 《海語》 黃衷

《考槃餘事》 屠隆 《蜀都雜抄》 陸深

《春風堂隨筆》 陸深 《鬱岡齋筆塵》 王肯堂

《穀城山房筆塵》 于慎行 《畫禪室隨筆》 董其昌

《韻石齋筆談》 姜紹書 《頌天臚筆》 金日升

《湧幢小品》 朱國楨 《西京求舊錄》 朱茂曙

《宙載》 張合 《譽訏》 沈光裕

《崑山人物志》 張大復 《異俗志》 蕭大亨

《天啟宮詞注》 陳悰 《野獲編》 沈德符

《愨書》 蔣德璟 《國朝典彙》 徐學聚

《夢遊錄》 亓翔 《西州合譜》 張鴻磐

《復社紀略》 《南國賢書》

《國表社目》 張溥 《國史唯疑》 黃景昉

《先撥志始》 文秉 《幸存錄》 夏允彝

《玉堂薈記》 楊士聰 《甲申核真略》 楊士聰

《宮殿額名》 《光祿寺志》

《水部備考》 周夢暘 《舊京遺事》

《國榷》 談遷 《蕪史》 劉若愚

《酌中志》 劉若愚 《露書》 姚旅

《耳談》 王同軌 《赤雅》 鄺露

《崇禎遺錄》 王世德 《春明夢餘錄》 孫承澤

《弘光實錄》 夏存古 《拜鵑山人聞見錄》

《燕舟客話》 周在浚 《客燕雜記》 陸啟浤

《長安客話》 蔣一揆 《堯山堂外記》 蔣一揆

《蕭松錄》 譚吉璁 《求野錄》

《入緬錄》 《明季遺聞》 鄒漪

《殘明遺事》 羅謙 《三藩紀事本末》 楊陸榮

《東林列傳》 陳鼎 《列朝詩小傳》 錢謙益

《成仁譜》 盛敬 《有明異叢》 傅爕訶

《日知錄》 顧炎武 《正字通》 廖文英

《十七帖述》 王弘撰 《茶經注補》 陳鑑

《板橋雜記》 余懷 《婦人鞋韈考》 余懷

《碧里雜存》 董穀 《曲中志》 潘之恒

《香祖筆記》 王貽上 《池北偶談》 王貽上

《南征紀略》 王貽上 《水月令》 王貽上

《分甘餘話》 王貽上 《漁洋詩話》 王貽上

《今世說》 王晫 《見聞錄》 徐岳

《識小錄》 汪琬 《說鈴》 汪琬

《尋親紀程》 黃向堅 《滇黔紀遊》 陳鼎

《黔中雜記》 黃元治 《西涼雜志》 何朝宗

《蚓菴瑣語》 王逋 《曉園雜志》 吳陳琰

《續本事詩》 徐釚 《檇李詩繫》

《觚賸》 鈕琇 《花鏡》 陳淏

《燕翼篇》 李淦 《衡曲塵談》 吳綺

《堅瓠集》 褚人獲 《天東小記》 吳兆騫

《寄園寄所寄錄》 趙吉士 《靜志居詩話》 朱彝尊

《續弘簡錄》 邵遠平 《續圖繪寶鑑》 馮仙湜

《金鰲退食筆記》 高士奇 《扈從東巡日錄》 高士奇

《扈從西巡日錄》 高士奇 《松亭行紀》 高士奇

《江村銷夏錄》 高士奇 《東軒主人述異記》

《筠廊隨筆》 宋犖 《百城煙水》 徐崧

《筆記》 陳周侯 《西征記》 張寅

《柳南隨筆》 王應奎 《錫談》 吳峻

《大清會典》 《大清則例》

《漢武內傳》 《飛燕外傳》

《續古神仙傳》 沈汾 《泰娘歌引》 劉禹錫

《謝李羽行狀》 方鳳 《潮州隆禧觀碑》 王惲

《山蠶說》 孫廷銓 《核舟記》 魏學洢

《胡勤毅公傳》 成克鞏 《孫先生傳》 魏裔介

《迦陵外傳》 蔣永修 《扶風家傳》

《丁飛濤傳》 林璐 《海市記》 魏際端

《觀女樂記》 張綱孫 《優曇花記》 許纘曾

《周絡隱字說》 鄒祗謨 《圓圓偶記》 沈虬

《華嚴經疏》 《高僧語錄》

《羅湖野錄》 釋曉瑩 《五燈會元》 釋慧經

《五宗燈》 《現果隨錄》 釋戒顯

《宙亭語錄》 釋紀蔭

《梅村文集》 吳偉業 《梅村詩話》 吳偉業

《綏寇紀略》 吳偉業 《復社紀事》 吳偉業

《秣陵春樂府》 吳偉業

《州乘備採》 程穆衡 《復社年表》 程穆衡

《婁東耆舊傳》 程穆衡 《鳥吟集》小傳 程穆衡

《燕程日記》 程穆衡 《箕城雜綴》 程穆衡

《吳梅村詩箋引》用書目終

吳梅村詩箋　卷第一

鶴市迂亭程穆衡　輯

古近體詩七十五首起崇禎初，至乙酉五月止。

穿山程穆衡《州乘備採》：「吾州穿山雖培塿耳，然勝國名人如桑悅、狄雲漢、劉
傲、劉傲、金福、金祐諸公，皆生於其地，故諸公集中題詠最多，幾與吳郡眾名山
埒。」

　　勢削懸崖斷，根移怒雨來。洞深山轉伏，石盡海方開。廢寺三盤磴，
孤雲五尺臺。蒼然飛動意，未肯臥蒿萊。舊編五律首。此詩玩結語，益信為少
作。仍之。

早起

　　早涼成偶遊，惜爽憩南樓。公自幼隨父約齋先生讀書，志衍家之五桂樓在
州城西南隅，其稱南樓者數矣。碁響鳥聲動，茶煙花氣浮。衫輕人影健，風
細客心柔。餘興閒支枕，清光淺夢收。

五月尋山夜寒話雨

　　客衣輕百里，長夏惜登臨。正爾出門夜，忽逢山雨深。聊將斗酒樂，
無作薄寒吟。年少追涼好，難為父母心。公少作已工鍊如此。《鎮洋縣志》
採陋人語，謂公少不能詩，誣妄實甚。余時預秉筆，舉此詩為証，力請芟削，而不
見從。

下相懷古 《一統志》：「宿遷縣西有楚霸王故里，此崇禎初入都，往反途中作。」

驅車馬陵山，落日見下相。憶昔楚項王，拔山氣何壯。太息取祖龍，大言竟非妄。破釜救邯鄲，功居入關上。殺降〔註1〕復父讎，不比諸侯將。杯酒釋沛公，殊有君人量。胡為去咸陽，遭人扼其吭。亞父無諍言，奇計非所望。重瞳顧柔仁，隆準至暴抗。脫之掌握中，骨肉俱無恙。所以哭魯兄，仍是威儀茫。古來名與色，英雄不能忘。力戰兼悲歌，西風起酸愴。廟廢枕荒岡，虞兮侍帷帳。烏騅伏坐旁，蹐地哀鳴狀。我來訪遺蹟，登高見芒碭。長陵竟壞土，萬事同惆悵。

虞美人

咸陽宮闕早成塵，莫聽歌聲涕淚頻。若遇戚姬悲薄命，幸無如意勝夫人。

夜泊漢口 丙子典試湖廣。

秋氣入鳴灘，鉤簾對影看。久遊鄉語失，獨客醉歌難。星談〔註2〕漁吹火，風高笛倚闌。江南歸自近，盡寄室長安。

送李友梅還楚寄題其所居愛吾廬友梅慕陶故詩以紀之 友梅居青浦，見楊式傳《果報見聞錄》。

寒雪滿潯陽，江程入楚鄉。灘逢黃鵠怒，嶺界白雲長。十里魚蝦市，千頭橘柚莊。歸人貰村酒，彷彿是柴桑。

黃州杜退之改號蛻斯其音近而義別索詩為贈 退之，名祝進。曾易字退思，又改蛻斯。《梅村文集》：「黃州杜退思，雅負知人鑒。常司訓溧陽。」

述志賦秋蟲，孤吟御遠風。掇皮忘我相，換骨失衰翁。盡以通靈妙，詩因入悟空。少陵更字說，不肯效韓公。

殿上行 紀楊士聰事。士聰，字朝徹，號鳧岫。濟寧人。《文集》：「公為檢討，充校書官，以職事糾中書黃應思，尋以經筵講官召對，面論考選行失，疏劾吏部尚書田唯嘉及其鄉人太僕史葿所為諸不法事。應思者，小人，歷事久，關通中外。田唯嘉者，以吏侍郎取中旨進，於相張為師生，而史葿特虎而鷙，父喪家居，頤指諸大吏，為盛福，

〔註1〕「降」，底本作空格。
〔註2〕眉批：「談」，當似「淡」字。

天下莫敢言。公於便殿白發其端，退而上書條疏贓鬻，章數十上，公用其語，唯嘉黜免，蓮逮問。未幾，田、史之黨復振，公病，請回籍。辛巳，史蓮死獄中，詔籍其家。應恩前已他事論死，上乃思公言可用。」《梅村行狀》：「戊寅，與楊公士聰謀劾史聰，聰去而陰毒中於先生。會聰死，事寢。」按此，則公固與士聰共事也。又考劾史蓮，意在淄川相張至發，而公劾至發乃在前三年乙亥，時至發尚在，故曰「未斥齊人愁汲慰」也。《明史》：「萬曆中，申時行、王錫爵先後柄政，大旨相紹述，謂之傳衣鉢。張至發代溫體仁，一切守其所為，而才智機變遜之。嘗簡東宮講官，擯黃道周，為給事中馮元颺所刺。至發兩疏詆道周，而極頌美溫體仁孤執不欺，為編修吳偉業所劾。」

　　殿上雲旗天半出，夾陛無聲手直攀。有旨傳呼召集賢，右右公卿少顏色。公卿由來畏廷議，上殿叩頭輒心悸。吾丘發策詘平津，未斥齊人愁汲慰。先生侍從垂金魚，退直且上庖西書。況今慷慨復遑惜，不爾何以乘朝車。秦涼盜賊雜風雨，梁宋丘墟長沮洳。降人數部花門留，是年，張獻忠乞降，總理熊文燦曲徇其請。獻忠率部曲數千人居河界山，又求襄陽一府以屯其軍。文燦議給二萬人餉，獻忠乞給十萬人餉，聲言寄家口於穀城，入據守之，分屯群盜於四郊。抽騎千人桂林戍。去年，西水安位死，總督朱燮元分其壤，授諸梁長及有功漢人。先是，安位之降也，燮元疏請不設郡縣，但置軍衛，且耕且戍，軍耕抵餉，民耕輸糧。至尊宵旰誰分憂，挾彈求鳳高墉謀。老臣自詣都詔獄，二月，刑部尚書鄭三俊以議獄輕，得罪入獄。逐客新辭鵷鵠樓。正月，裁南京冗官八十九員。先生翻然氣填臆，口讀碑文屼安石。期門將軍鬚戟張，側足聞之退股栗。吾聞孝宗宰執何其賢，劉公大夏戴公珊。大夏，字時雍，華容人。天順八年進士。弘治十五年，拜兵部尚書。珊，字廷珍，浮梁人。與大夏同舉進士。弘治二年，由南京刑部尚書為左都御史。帝晚年召對大臣，大夏與珊造膝，宴見尤數。夾城日移對便殿，造膝密語為艱難。如今公卿習唯唯，長跪不言而已矣。黃絲歷亂朱絲直，秋蟲跼曲秋雕起。嗚呼！拾遺指佞乃史臣，優容愚戇天王仁。

清風使節圖吾郡先達徐仲山中丞以武部郎奉命封鄭藩當時諸賢贈行作也《吳中先賢傳》：「徐源字仲山，長洲人。成化乙未進士，任兵部主事，歷員外郎、郎中，陞廣東參政、浙江布政使、副都御史。」**中丞於先參政為同年**謂公高祖愈。**勿齋先生屬余記其事**《成仁譜》：「徐汧，字九一，號勿齋。崇禎戊辰進士，累官翰林侍讀。辛巳，奉差南歸。遭甲申之變，蘇城降，牽小艇至虎丘。晚移新塘橋，自溺死。長子舉人材，字昭法。次子柯。」《東林列傳》：「徐汧庚辰分校，得孫廷銓、高爾儼、美垓、胡周鼏等數人。」**勿齋勑使益府**時在辛巳。**余亦有**

大梁之役公奉命封廷津、孟津兩王於禹州，詳後《贈蕭府》詩。時在己卯。**兩家子弟述先志揚祖德其同此君歲寒矣**

豫章夾日吟高風，歲久蟠根造物功。吾祖先朝豫州牧，早年納節東溪翁。程穆衡《婁東耆舊傳》：「吳愈，字惟謹。成化乙未進士。授南刑部廣東司主事。久之，遷郎中，知敘州府。十二年，擢河南參政。明年致仕，居林下二十五年。」舅家仲珪善畫竹，夏文彥《圖繪寶鑑》：「吳鎮，字仲珪，號梅花道人，嘉興魏塘鎮人。山水師巨然，博學多聞，渺功名，薄富貴，墨汁淋漓，無一點朝市氣。今傳世者，雖不專意其率略，人亦莫能到。即墨竹、墨花，不無題詠，山水蓋可知矣。」此云舅家，不可考，疑為仲昭之誤耳。歸老山莊看亦足。至今遺墨滿縹湘，掛我清溪草堂曲。此圖會〔註3〕出同年生，當時意氣稱徐卿。非買玉環思適鄭，暫持翠節解司兵。吾祖一麾方出守，不獲諸公同載酒。把臂曾看韋曲花，贈行不及漳河柳。謂雖同年，時方守敘，不及贈行。誰人尺幅寫篔簹，影入清郎四牡裝。千里故園存苦節，百年舊澤養新篁。今皇命使臨江右，緯幡人識中丞後。江左龍孫篠簜長，淇園鳳質琅玕瘦。嶰谷千尋鸞鳥呼，彭城一派雨風多。願將十丈鷟溪絹，再作青青玉筍圖。

過魚山曹植墓

小轂城西子建祠，魚山刻石省躬詩。君家兄弟空搖落，惆悵秋墳採豆枝。〔註4〕

鄴臺坐法公車令，薔郡憂讒謁者書。天使武皇全愛子，黃初先已屬蒼舒。

夜宿阜昌〔註5〕

我來古昌國，望古思樂生。總將六諸侯，撫劍東專征。下齊功不細，奔趙事無成。草沒黃金臺，周密《齊東野語》：「《史記》止云『為隗改築宮而師事之』，初無臺字。自李白屢用黃金臺事，吳虎臣《漫錄》以此為據。然《唐文粹》有皇甫松《登郭隗臺》詩，及任昉《述異記》、孔文舉《論盛孝章書》，皆無黃金字。宋

〔註3〕「會」，《梅村集》、《梅村家藏稿》作「念」。

〔註4〕眉批：俱見《三國志》。詩言哀王不死，文帝不得立。

〔註5〕眉批：《一統志》：「阜城故城在河間府阜城縣東。」《名勝志》：「劉豫嘗兼取阜城、昌臧之名，改縣曰阜昌郡。」而《一統志》又云：「昌國故城在濟南府淄川縣東北。」

鮑昭《放歌行》：『豈伊白屋賜，將起黃金臺。』李善《注》引王隱《晉書》，以為燕太子丹事。余後見《水經注》云：『固安縣有黃金臺，者舊言昭王禮賢，廣延方士，故修建下都，館之南陲。燕昭創於前，子丹踵於後』云云，知王隱以為燕丹者，蓋以此也。」猶憶昭王迎。涕泣辭伐燕，氣誼良非輕。此真天下士，豈獨因知兵。忠心激舊將，誓死存聊城。惜哉魯仲連，排難徒高名。勸使東遊齊，毋乃傷縱橫。

讀端清鄭世子傳鄭世子，鄭王厚烷子載堉也，卒諡端清。

　　昭代無遺憾，萬事光史冊。惜哉金川門，神聖有慙德。周暉《續金陵瑣事》：「造金川門時，陰陽家占之，謂當有天子從此門入。太祖聞之，即命駕自外而入，以應其兆，乃在文皇也。」又曰：「永樂初，賞穀王穗，開金川門，功樂七奏，衛士三百，金銀大劍，金三百兩，銀四千五百兩，鈔三萬錠，其餘鞍馬、錦綾、香藥、羊酒等物皆稱是。」天誘其子孫，救之以讓國。賢如鄭世子，宗盟堪表率。當璧辭真王，累疏誠懇切。天子詔弗許，流涕守所執。敝蹤視千乘，謝之以長揖。灑掃覃懷古，躬迓新王入。夷齊既死後，曠代仍間出。《明史》本傳：「鄭靖王瞻埈，仁宗第二子，封子簡王祁鍈之嗣也。有子十人，世子見滋先卒，次盟津王見濍，次東垣王見濆。見濍母有寵於祁鍈，規奪嫡，不得，竊世子金冊以去。祁鍈索之急，因怨不復朝，所為益不法。祁鍈言之憲宗，革為庶人。見滋子康王祐枔嗣，薨，又無子。見濍子祐橚應及以前罪廢，乃立東垣王子祐檡，傳子厚烷。祐橚求復郡王爵，怨厚烷不為奏。乘帝怒，摭厚烷四十罪，以叛逆告。詔駙馬中官即訊。還報，反無驗。治官室名號擬乘輿則有之。帝怒曰：『厚烷訕朕躬，在國驕傲無禮，大不通。』削爵，錮之鳳陽。隆慶元年，復王爵，增祿四百石。厚烷自少至老，布衣蔬食。世子載堉篤學，有至性，痛父非罪見繫，築土室宮門外，席稿獨處者十九年。厚烷還邸，始入室。萬曆十九年，厚烷薨，載堉曰：『鄭宗之敘，盟津為長。前王見濍既賜諡復爵矣，爵宜歸盟津後。』累疏懇辭。禮臣言：『載堉雖深執讓節，然嗣鄭王已三世，無中更理，宜以載堉子翊錫嗣。』載堉執奏如初。乃以祐橚之孫載璽嗣，而令載堉及翊錫以世子世孫祿終其身，子孫仍封東垣王。」築屋蘇門山，深心事經術。明興二百年，廟樂猶得失。以之輯群書，十載成卷帙。候氣推黃鍾，考風定六律〔註6〕。嶰谷當南山，伐竹製琴瑟。為圖獻太常，作之文世室。遂使溱洧間，一洗萬古習。《明史·樂志》：「神宗時，載堉著《律呂精義》、《律學新說》、

〔註6〕「律」，底本誤作「津」。

《樂舞全譜》共若干卷，具表進獻。」本傳：「萬曆二十二年，載堉上疏，請宗室皆得儒服就試，毋論中外職，中式者視才品器使。詔允行。明年，又上曆算歲差之法及所著《樂律書》，考辨詳確，識者稱之。」**我行漳河南，封王往禹州。懷古思遺澤。好學漢東平，高風吳泰伯。道旁立豐碑，讓爵存月日。彼為一卷書，能輕萬乘邑。大雅欽遺風，誠哉不可及。**

雒陽行 詠福藩也。《明史》：「神宗第二子常洵，封雒陽，為福王。」《梅村詩話》：「陳臥子嘗與余宿京邸，謂余曰：『卿詩絕似李頎。』又誦余《雒陽行》一篇，謂為合作。」

　　詔書早洗雒陽塵，叔父如王有幾人。《明史‧外戚傳》：「洛陽失守，帝命冉興讓同太監王裕民、給事中葉高標往慰福世子於河北。」**先帝玉符分愛子，西京銅狄泣王孫。白頭宮監鋤荊棘，曾在華清內承直。遭亂城頭烏夜啼，四十年來事堪憶。**《綏寇紀略》：「賊陷洛陽，有老宮人及見定陵，言考恪太后病篤時事。會光宗晏駕，無人談貴妃者，果母子專寵擅天下耶？以今觀之，亦何益？」**神皇倚瑟楚歌時，百子池邊嫋柳絲。早先鴻飛四海翼，可憐花發萬年枝。**《綏寇紀略》：「鄭妃最貴，顧天下有出鄭氏上者，即觖望，雖至尊亦兩難之。仗廷諍力，稍自強。元良既冊命，而四子同日出閣，恩寵惟均，凡以為鄭氏也。」**銅扉未啟牽衣諫，銀箭初殘淚如霰。幾年不肖公車章，後來數罷昭陽宴。**文秉《先撥志》：「始建儲議起，廷臣力爭，二十年不能得，既久而姑置之矣。一日，上於宮中召皇長子及諸皇子侍晏，娓娓作家人欵語。忽憶曩時曾以外國所貢玉卮賜皇長子，以幼故，命貴妃藏焉。至是突索，時年遠，司帑者偶忘不得，上疑貴妃有意毀之。旋索賜福王者，隨手而得。遂震怒陛殿，命抓宮人頭來。祖制，陛殿則宮眷不敢進參，蓋以此難妃也。妃脫簪珥，蓬首跣足，率諸宮人匍匐殿門外待罪，良久始解。夜半，上傳旨閣中，令禮部具冊立儀以聞。外庭事起倉卒，禮臣馮琦受命入部條議，皆昧昧不知所對，又不及詳考故牒，乃舉大凡，口授傳寫厥明，議成上之。」**骨肉終全異母恩，功名徒付上書人。貴彊無取諸侯相，**〔註7〕**調護何關老大臣。**夏允彝《幸存錄》：「國本之說，謂神廟欲以愛易長。上神聖，未必有此。時中宮賢而多病，群疑上操立嫡不立長之語，謂意在中宮，病不可知，貴妃即可為國母。故詹仰庇疏，徵諷及之，得重譴。然中宮崩後，虛位數月，貴妃不進位。至賓天時，命光廟乃加封皇后。此則神廟善處骨肉，原無奪長之意，久而彌著

〔註7〕眉批：「貴彊」句，用《史記‧周昌傳》。

矣。」《先撥志》：「始自國本始爭，申王憑高召侮，婁東之叢詬，較浮於吳門。迄後選言將順，密移帝心，顧反成於四明之手。四明本衣缽相傳之人，而時會機事，所值有幸有不幸焉。」按：論國本無善，是二書不謂於詩發之。**萬歲千秋相訣絕，青雀投懷玉魚別。**〔註8〕**昭丘煙草自蒼茫，湯殿香泉暗嗚咽。**《綏寇紀略》：「福王辭之國，出宮門，召還數四，期三歲以來朝。上大漸時，顧視貴妃，用洛陽為念。」徐昌祚《燕山叢錄》：「遵化縣北四十里溫泉，鑿池受之，覆以鉅屋，東院以待仕宦，西院以待騶從，復南注為西池，以待行旅，使男女異處，皆石甃石闌，浴者甚便。」按：公詩凡詠神宗事，所稱昭陵、昭丘等，皆用杜詩，非顧炎武《昌平山水記》之昭陵也。明昭陵為穆宗，而神宗自葬定陵。**析圭分土上東門，寶轂雕輪九陌塵。驪山西去辭溫室，渭水東流別任城。**《綏寇紀略》：「福王大婚，費三十餘萬營洛陽府第，二十八萬辦就國裝。上所遣稅使、礦使數十人，月有奉，日有進。他搜枯羸羨億萬萬計，名人主私財，入貴妃掌握，擬斥十之九以資王。諸王人、中使竊言曰：『王本共天下，此不足計也。』」**少室峰頭寫桐漆，靈光殿就張瑟瑟。願王保此黃髮期，誰料遭逢黑山賊。**《明史》本傳：「崇禎十四年正月，賊圍河南。攻二十日，王出千金，募死士，縋城出，用矛以入賊營，昏時漸退。夜半，總兵王紹禹親軍反，從城上呼賊殺守堞者，燒城樓。賊入，踞王宮醼飲，薦王於俎，沴其血，襍鹿醢嘗之，曰福祿酒。世子走免。過河，廬於孟縣。」**嗟乎龍種誠足憐，母愛子抱非徒然。江夏漫裁脩柏賦，**〔註9〕**東阿徒詠豆萁篇。我朝家法踰前制，兩宮父子無遺議。廷論縶來責佞夫，**〔註10〕**國恩自是憂如意。**〔註11〕《綏寇紀略》：「瑞王年二十四，婚未成。惠桂齒相亞，無選擇命。而福帥信使通籍中左門，一月數請，朝上夕報可。四方奸人亡命之徒探風旨，走利如鶩，閔不畏死。張差、龐保、劉成之變，緣是而生。然兩宮慈孝無間，王亦專奉己，無所睥睨。迄於三朝繼統，骨內宴如。源本祖宗家法之善，而光廟因心篤愛，為卓純已。」**萬家湯沐啟周京，千晴旌旗給羽林。**《綏寇紀略》：「詔賜王田四萬頃，所司爭之，力得減半。中州腴土不足，度山東、湖廣界以充。」**總為先朝憐白象，**〔註12〕**豈知今日誤黃巾。鄒枚客館傷狐兔，燕趙歌樓散**

〔註8〕眉批：「青雀投我懷」，唐太宗語。青雀，魏王泰小字也。見《通鑑》。
〔註9〕眉批：《修柏賦》，見《南史》。
〔註10〕眉批：王子佞夫，見《左傳》。
〔註11〕眉批：趙王如意，見《史記》。
〔註12〕眉批：釋典：淨飯王妃夢白象。生太子憐，白象見。《北魏書》亦取釋典以為名。

煙霧。茂陵西築望思臺，月落青楓不知路。此茂陵亦因《戾太子傳》稱漢武，非《昌平山水記》之茂陵也。明茂陵，葬憲宗。今皇興念繐帳哀，流涕黃封手自裁。殿內遂停三部伎，見後《琵琶行》。宮中為設八關齋。束薪流水王人戍，太牢加璧通侯祭。《綏寇紀略》：「河南陷，上震悼，輟朝三日，泣謂群臣曰：『王皇祖愛子，遭家不造，遘於閔凶。其以特牛一告慰定陵，特羊一告貴妃之園寢。』河南有司改殯王，具弔襚。世子在懷慶，授館餽餐，備凶荒之禮焉。」帝子魂歸南浦雲，玉妃淚灑東平樹。《綏寇紀略》：「於孟縣訪求世子，福王妃尚在，相見不復識，唯抱持泣。」北風吹雨故宮寒，重見新王受詔還。惟有千尋舊松栝，照人落落嵩高山。

悲滕城崇禎四年，河決金龍口，滕縣沉焉。○題擬《樂府·悲平城》、《悲彭城》。

悲滕城，滕人牧之羊川瀆。〔註13〕雨工矯步趨其群，河魚大上從風雲。王貽上《水月令》：「四月麥苗剡剡，山蛆浮出，漁人綱得，知高源之有漲，曰麥芒水。注曰：鮦，土人謂之山蛆，生山罅，重不過一斤。崇禎辛未，浮河而下，或至六七斤。未幾，決荊隆口，漂沒萬家。按：此云荊隆，史作金龍。」去山一尺雷殷殷，寺前鐵鐸多死聲。日暮雞犬慘不鳴，城上掌事報二更。鬼馬踏霧東西行，鼓音隆隆非甲兵。吁嗟龍伯何不仁，大水湯湯滔我民。城中筝瑟不復陳，縞帶之價高錦純。路骨籍籍無主名，葬者死生俱未明。悲滕城，滕城訛言晝夜驚。百尺危巖浮車輪，海民投網獲釜鐺。巫兒赤章賽水神，溝人匠氏脩防門。

汴梁二首《明史·諸王傳》：「崇禎十四年，四月，賊自成再圍汴梁，築長圍，城中樵採路絕。九月，賊決河灌城，城圮。周王恭枵從後山登城樓，率宮妃及諸王露棲雨中。數日，援軍駐河北，以舟來迎，始獲免，寄居彰德。」

馮夷擊鼓走夷門，銅馬西來風雨昏。此城信陵曾養士，只今誰解救王孫。

城上黃河屈注來，千金堤帶一時開。梁園遺跡銷沉盡，誰與君王避吹臺。《明史》：「城之陷也，死者數十萬，諸宗皆滅，府中分器寶藏盡淪於巨浸。踰年，乃從水中得所奉高帝、高后金容，迎至彭德奉焉。久之，王薨，贈諡未行，國亡。其孫南走，死廣州。」

〔註13〕眉批：原本「滕人牧羊川之瀆」，悮寫「牧之」。

題登封兩烈婦井梧遺恨詩原注：焦太僕孫婦楊氏、牛氏。○《梅村文集》：「楊氏，焦君陽之婦，周藩儀賓四聰公女也。登封圍急，知不免，紉其中外衣以自固。將引決，侍婢止之曰：『吾城前受困，匝月不下，今尚冀萬一得全。且郎君不在，主君旦暮城守，盍侍休沐時一謀之？』氏叱之去，約姒牛氏同死，指梧下井曰：『此吾兩人畢命處也。』卒俱死。」〔註14〕

少室山頭二女嶂，斷猿哀雁暮雲重。早題蘚石留貞史，卻寫椒漿事禮宗。恨血千年埋慘澹，寒泉三尺照從容。碧梧夜落秋階冷，環珮歸來聽曉鐘。

瑜芬有侍兒明慧從江上歸則言去矣

江上送君別，餘情感侍兒。對人先母意，生小就儂嬉。恃稺偏頻進，含嬌託未知。今來羅帳底，誰解笑微窺。

兔缺

舌在音何讓，脣亡口半呿。病同師伯鬷，方問仲堪醫。露涿從人誚，銜碑欲語遲。納言親切地，補闕是良規。

織女以上三首，舊編在前朝詩中，仍之。

軋軋鳴梭急，盈盈涕淚微。懸知新樣錦，不理舊殘機。天漢期還待，河梁事已非。玉箱今夜滿，我獨賦無衣。

雁門尚書行並敘○題擬《雁門太守行》。

《雁門尚書行》，為大司馬白谷孫公作也。公，代州人，地故雁門郡。長身伉爽，才武絕人。其用秦兵也，將憑巖關為持久，且固將吏心。秦士大夫弗善也，累檄趣之戰，不得已始出。天霖雨，糗糧不斷，師大潰。潼關陷，獨身橫刀衝賊陣以歿，從騎俱散，不能得其屍。公之出也，自念必死，顧語張夫人，夫人曰：「丈夫報國耳，無憂我。」西安破，率二女六妾沉於井，揮其八歲兒以去，踰垣避賊，墮民舍中。有老翁者，善衣食之。二年，公長子世瑞重跰入秦，得夫人屍，貌如生。老翁歸以弟，相扶還，見者泣下。蓋公素有德秦人云。余門人馮君訥生，訥生名雲驤，

〔註14〕眉批：太僕名子春，嘉靖乙丑進士。楊氏，生員焦復亨妻。牛氏，生員焦謙亨妻。事在崇禎癸未年。

順治己未進士。見後《贈馮》詩。公同里人，作《潼關行》紀其事。余曾識公於朝，因感賦此什。公死而天下事以去。然其有〔註15〕趣戰，且大雨糧絕，此固天意，抑本廟謨，未可專以責公也。公之參佐，惟監軍道喬公以明經奏用，能不負公。潼關之破，同日死。名元注，定襄人。錢箋：哥舒翰之守潼關也，亦以楊國忠促戰而死，敗與此正同。然尚書卒死於戰，而哥舒降賊，為千古羞。若以兵敗責公，謂小人好議論，不樂成人之美耳。吳師此詩，足為尚書吐氣鳴不平。

　　雁門尚書受專征，登壇顧盼三軍驚。身長八尺左右射，坐上咄叱風雲生。家居絕塞愛死士，一日費盡千黃金。讀書致身取將相，關西鼠子方縱橫。《明紀輯略》：「孫傳庭，字伯雅，山西振武衛人。萬曆四十七年進士。崇禎九年撫陝，七月擊賊盩屋，擒闖王高迎祥。十一年十二月，加兵部右侍郎，賜尚方劍，督諸鎮軍援京畿。十四年，秦督汪喬年戰沒，釋傅宗龍於獄，代督陝西山邊，九月死於賊。十五年正月，起傳庭兵部左侍郎督秦。十六年五山月，進尚書，兼督江南、四川、山西、湖廣、貴州、江南、江北軍務。」長安城頭揮羽扇，臥甲韜弓不忘戰。持重能收壯士心，沉幾好待凶徒變。《綏寇紀略》：「傳庭至關中，招邊勇，開屯田，又仿古偏箱武剛之制為火車，齎衣糧，縠弓弩，奏用降將白廣思為火車總兵，高傑副之。然苦不欲速戰，常呼其參軍喬元柱曰：『我軍初集，遲久嫻習，庶可用。』王龍入關，傳庭問以賊事，曰：『襄陽野，如赭賊百萬，何以供？五月後，必大饑，因其饑而攻之，可不勞而定。』」忽傳使者上都來，夜半星馳馬流汗。覆轍寧堪似往年，催軍還用松山箭。《綏寇紀略》：「會關中荒，責豪右為捐助，有不樂者譖於朝曰：『督師玩寇糜餉。』上書，迎上意催戰，且傳危語恫喝之，曰：『不出關，收者至矣。』傳庭頓足歎曰：『我固知戰未必捷，然倖僥〔註16〕有萬一功。丈夫安能復對獄吏乎？』乃上書出關，為師期。」按：此十六年事，松山戰在十四年七月，亦以職方郎張若騏促戰而敗，見後。尚書得詔初沉吟，蹶起橫刀忽長歎。我今不死非英雄，古來得失誰由算。椎牛誓眾出潼關，墟落蕭條轉餉難。六月炎蒸驅萬馬，二崤風雨斷千山。雄心慷慨宵飛檄，殺氣憑陵老據鞍。掃蕩謀成頻撫劍，量沙力盡為傳餐。《綏寇紀略》：「九月初八日，師次汝州之長阜鎮，偽都尉李養純迎降。初十日，次寶豐。賊已改為州，

〔註15〕 「有」，楊學沆本作「敗由」。
〔註16〕 「倖僥」，楊學沆本作「僥倖」。

留攻之。自成以精騎來援，為廣恩、傑所卻。是夜克之，誅偽官。十四日，次郟縣。前鋒陷陣，擒其偽將軍謝君友，斫賊坐纛旗尾，自成幾獲。捕得逃賦王定稱。十二日夜，我別帥破唐縣，輜重〔註17〕，細口被殺，一營皆哭，軍聲大振。會大雨，餉斷，轉道濘數尺，糧車日行三十里。破郟縣就食。郟，窮邑，也。得馬羸數百頭，割噉立盡。後軍譟，不得已，還師迎糧。」**尚書戰敗追兵急，退守巖關收潰卒。**《綏寇紀略》：「賊追戰於南陽。賊置陳凡五重，饑民處外，步卒次之，兵馬〔註18〕次之，驍騎又次之，老營家口居中。我師已破其兵馬，遇三重矣，遇驍騎而死鬥，壯士推火車者未習戰陣，見兵焉，稍卻，駭曰：『師敗矣！』盡脫其輓輅而奔。傾輈塞道，馬絓不得出，賊鐵騎凌而騰之。一日夜踰四百里，四五萬兵殲焉。」**此地乘高足萬全，只今天險嗟何及。蟻聚蜂屯已入城，持矛瞑目呼狂賊。戰馬嘶鳴失主歸，橫屍撐距無能識。**《明紀輯略》：「傳庭回屯潼關，十月十六日，賊攻潼關，廣恩戰敗，傑擁兵下救，關城陷，傑奔延安，廣恩奔固原，已而降賊。」《綏寇紀略》：「賊率大眾攻關，廣恩苦戰，賊從南山遶出其背夾攻，力不敵，關破，傳庭收散卒圖保渭南，賊追及，與監軍喬元柱揮刀躍馬陷陣死。」按：他書皆謂傳庭為賊誘出關，遇伏敗死，惟《紀略》公自著，與詩合。**烏鳶啄肉北風寒，寡鵠孤鸞不忍看。願逐相公忠義死，一門恨血土花斑。**《明紀輯略》：「後數日，賊逼西安，陝撫馮師孔督兵拒守，有參將王根子內應，城陷，傳庭妻張氏率妾女赴井死。」**故園有子音書絕，勾注烽煙路百盤。欲走雲中穿紫塞，別尋奇道訪長安。長安到日添悲哽，繭足荊榛見眢井。轆轤繩斷野苔生，幾尺枯泉浸形影。永夜曾歸風露清，經秋不化冰霜冷。二女何年駕碧鸞，七姬無冢埋紅粉。復壁藏兒定有無，破巢窮鳥問將雛。時來作使千兵勢，運去流離六尺孤。旁人指點牽衣袂，相看一慟真吾弟。訣絕難為老母心，護持始識遺民意。回首潼關廢壘高，知公於此莫蓬蒿。沙沉白骨魂應在，雨洗金瘡恨未銷。**錢箋：金瘡，宋人劉後村詩語。詡按：《本草》：「土𠆲留行，主治金瘡，除風。」金瘡字舊矣，詎宜近引？後村少之。**渭水無情自東去，殘鴉落日藍田樹。青史誰人哭蘇碑，赤眉銅馬知何處。嗚呼！材官鐵騎看如雲，不降即走徒紛紛。尚書養士三十載，一時同死何無人，至今唯說喬參軍。**

〔註17〕楊學沆本下有「俱盡」。
〔註18〕「兵馬」，《綏寇紀略》、楊學沆本作「馬兵」。

送黃子羽之任四首原注：子羽能詩，以徵辟為新都令。程穆衡《鳧吟集》小傳：「黃翼聖，字於羽，號攝六。黃氏自宗甫、裳甫、經甫昆季，以孝友節廉著稱家國，才華風采，照耀於時。子羽雖貴裔，博學脩潔，又為王緱山婿，以薦辟宰蜀之新都，扞難耆事，以廉辦聞。陞知安吉州，薄書牒，訴干戈戎馬之間，詩多激昂旁薄。迨棄官歸里，杜門謝客，脩香光之業，詩益清新，如么弦哀玉，自有天韻。其《蓮蕊居士集》，徐元歎序而定之。《寇警雜詩自敘》云：『庚辰孟夏，懷綏新都，寇警忽傳，百無一恃，集眾告天，一呼響應，晝夜嚴守。賊騎盤旋郡境幾兩月，卒之計窮東奔，身與城究能兩存，不可謂非幸矣。』」

襄陽

　　始見征途亂，十年憂此方。君還思聖主，何意策賢良。楚蜀烽煙接，江山指顧長。祇今麗德祖，不復臥襄陽。

巫峽

　　高深積氣浮，水石怒相求。勝絕頻宜顧，奇情不易留。蒼涼難久立，浩蕩復誰收。詩思江天好，春雲滿益州。

成都

　　魚鳧開國險，花月錦城香。巨石當門觀，奇書刻渺茫。江流人事勝，臺榭霸圖荒。萬里滄浪客，題詩問草堂。

新都

　　丞相新都後，如今復幾人。先皇重元老，大禮自尊親。《明史·楊廷和傳》：「正德十四年，帝既南巡，兩更歲朔。廷和以鎮靜持重，為中外所推嚴。帝崩無嗣，定策迎興世子。又草遺詔，悉改武宗諸弊政，中外大悅。又以計誅江彬。興世子即帝位，廷和草登極詔，蠹政釐抉，且盡引用正人，布列在位。及議大禮，先後封還御批者四，執奏幾三十疏。帝嘗忽忽有所恨，卒以疏語露不平。三年正月，聽之去。贊曰：自時厥後，政府日以權勢相傾。或脂韋淟涊，持祿自固。求如其人，豈可得哉？」與詩語暗合。**舊俗科條古，前賢風尚醇。似君真茂宰，白石水粼粼。**

送志衍入蜀志衍，名繼善，號匡威。崇禎丁丑進士。選慈谿縣知縣，丁母夫人艱，不赴。後乃得蜀之成都。事見後詩。

　　去年秋山好，君走燕雲道。今年春山青，君去錦官城。秋山春山何處可為別，把酒欲問橫塘月。人影將分花影稀，鐘聲初動簫聲咽。我昔讀書君南樓，即其家之五桂樓前，詩所云「惜爽憩南樓」者也。夜寒擁被談九州。

動足下床有萬里，駕馬伏櫪非吾儔。當時東國賤男子，傲岸平生已如此。今朝乘傳下西川，寶戶巴人負弩矢。黃牛湍怒溪銀濤，崩剝蒼厓化跡勞。石斷忽穿風雨過，山深日見魚龍高。江頭老槎偃千尺，接手猿猱擲橡栗。雲移斷壁層波見，月上危灘遠峰出。縹緲樓臺白帝城，月明吹角唱花卿。棧連子午愁烽堠，水落東南洗甲兵。摩訶池上清明火，蹲鴟山下巴渝舞。豈有居人浣百花，依然風俗輸銅鼓。有日登臨感客遊，楚天飛夢入江樓。五湖歸思蒼波闊，十月懷人木末愁。木末亭，在金陵石子岡。公時任南京國子監司業，故云。別時曾折閶門柳，相思應寄郫筒酒。未下鹽豉誰共嘗，蜀中蒟醬君知否。愧予王粲老江潭，愁絕空山響杜鵑。乞我瀼西園數畝，依君好種灌畦田。

臨江參軍行 楊廷麟，臨江清江人，字伯祥，別字機部，崇禎四年進士。《梅村詩話》：「機部自盧公死，益無聊生。已而過宜興，訪盧公子孫，再放舟婁中，與天如師及余會飲十日。嘉定程孟陽為畫《髯參軍圖》，錢牧齋作《短歌》，余得《臨江參軍行》詞一章。余與機部相知最深，於其為參軍周旋最久，故論其事最當。」按：機部甲申起兵守贛州，丙戌十月殉節。其至婁東與公會，當在公任南京司業旋里時。

臨江髯參軍，負性何貞栗。上書請賜對，高談爭得失。左右為流汗，天子知質直。公卿有闕遺，廣坐憂指謫。鷹隼伏指爪，其氣嘗突兀。同舍展歡謔，失語輒面斥。萬仞削蒼厓，飛鳥不得立。予與交十年，弱節資扶植。忠孝固平生，吾徒在真實。去年羽書來，中樞失籌策。桓桓尚書公，提兵戰疾力。將相有纖芥，中外為危慄。《明史·盧象昇傳》：「十一年九月，大清兵入牆子嶺，殺總兵吳阿衡，毀正關。至營城石匣，駐於牛蘭。召宣、大、山西三總兵楊國柱、王樸、虎大威入衛。三賜象昇尚方劍，督天下兵。楊嗣昌、高起潛主和議，象昇聞之，頓足歎。帝召問方略，象昇對曰：『臣主戰。』帝色變，良久曰：『撫乃外庭議耳。』其出與嗣昌、起潛議，議不合，事多為嗣昌、起潛撓。疏請分兵，則議宣、大、山西三帥屬象昇，關寧諸路屬起潛。象昇名督天下兵，實不及二萬。」君拜極言疏，夜半片紙出。贊畫樞曹郎，遷官得左秩。天子欲用人，何必歷顯職。所恨持祿流，垂頭氣默塞。主上憂山東，無能恃緩急。《明史》本傳：「十一年冬，京師戒嚴，廷麟上疏劾兵部尚書楊嗣昌，言大臣以國為戲。嗣昌與高起潛、方一藻倡和欵議，武倫頓忘，督臣盧象昇以禍國責樞臣，言之痛心。夫南仲在內，李綱無功；潛善秉成，宗澤隕命。乞陛下赫然一怒，明正向者知和之罪，俾將士畏法，無有二心。嗣昌大患，詭薦廷麟知兵，改兵部職方主事，贊畫像昇軍。」投身感至性，不敢量臣力。

力字重押。考《詩話》原無此十字。受詞長安門，走馬桑乾側。但見塵滅沒，不知風慘慄。四野多悲笳，十日無消息。蒼頭草中來，整暇見紙墨。唯說尚書賢，與語材挺特。次見諸大帥，驕懦固無匹。逗撓失事機，倏忽不相及。變計趣之去，直云戰不得。成敗不可知，死生予所執。《象昇傳》：「先是，有瞽而賣卜者周元忠，善遼人，時遣之為媾，會嗣昌至軍，象昇責數之。又數日，會起潛安定門，兩人各持一議。陳新甲亦至昌平，象昇分兵與之，自將馬步軍列營都城之外，衝鋒陷陣，軍律甚整。大清兵南下，三路出師：一由淶水攻易，一由新城攻雄，一由定興攻安肅。象昇遂由涿進據保定，命諸將分道出擊，大戰於慶都。」予時讀其書，對案不能食。一朝敗問至，南望為於邑。忽得別地書，慰藉告親識。雲與副都護，會師有月日。顧恨不同死，痛憤填胸臆。《詩話》：「盧自謂必死，顧參軍書生，徒共死無益，乃以計檄之去。機部至孫侍郎傅庭軍前六日，而盧公於賈莊殉難。」《明史》本傳：「象昇戰死，嗣昌、廷麟亦死。及聞其奉使在外，則為不懌者久意之。」先是在軍中，我師已孔亟。剽掠斬亂兵，掩面對之泣。我法為三軍，汝實飢寒極。諸營勢潰亡，亡公意敦逼。公獨顧而笑，我死則塞責。老母隔山川，無由寄悽惻。作書與兒子，勿復收吾骨。得歸或相見，且復慰家室。別我顧無言，但雲到順德。犄角竟無人，親軍唯數百。《象昇傳》：「楊廷麟上疏，嗣昌怒，奪象昇尚書，巡撫張其平閉閫絕餉。俄又以雲、晉警，促出關，王樸徑引兵去。象昇提殘卒，次宿南宮野外。畿南三郡父老聞之，咸叩軍門，泣請移軍廣順，無隻臂無援，立而就死。象昇流渡，謝以事從中制，食盡力窮，旦夕死矣，無徒累爾父老為。眾號泣，各攜斗粟餉軍。十二月十一日，進師至鉅鹿賈莊。起潛擁關寧兵在雞澤，距賈莊五十里而近。象昇遣廷麟往乞援，不應。」按：順德至鉅鹿一百一十里，雞澤縣在廣平北七十里。是夜所來馬，嘶鳴氣蕭瑟。椎鼓鼓聲哀，拔刀刀芒澀。公知為我故，悲歌壯心溢。當為諸將軍，揮戈誓深入。日暮箭鏃盡，左右刀鋋集。帳下勸之走，叱謂吾死國。官能制萬里，年不及四十。《象昇傳》：「師至蒿水橋，遇大清兵。象昇將中軍，大成帥左，國柱帥右，遂戰。夜半，礮栗聲四起。旦日，騎數萬，環之三匝。象昇麾兵疾戰，呼聲動天。自辰迄未，礮盡矢窮，奮身鬥。後騎皆進，手擊殺數十人，身中四矢三刃，遂僕。掌牧楊陸凱懼眾之殘其屍而伏其上，背負二十四矢以死。一軍盡覆。大威、國柱潰圍得脫。」詔下詰死狀，疏成紙為濕。引義太激昂，見者憂纏疾。公既先我亡，投跡復奚恤。大節苟弗明，後世謂吾筆。《詩話》：「詔詰督師死狀，賈莊前數日，督師聞起潛兵在近，約之合軍，竟拔營夜遁，用無援故敗。機部受詔，直以實對。慈谿馮鄴仙得

其書，謂余曰：『此疏入，機部死矣。』為定數語。機部聞之，則大恨。先是嗣昌遣部役張姓者偵賈莊，其人談盧公死狀，流涕動色。嗣昌榜之，楚毒備至，口無改辭，遂以考死。於是機部貽書馮與余曰：『高監一段，竟為刪卻，後世謂伯祥不及一部役耶？』然機部亦竟以是得免。」按：此部役，史名俞振龍。陳鼎《東林列傳》：「俞業販貂鼠，人呼俞貂鼠焉。」此意通鬼神，至尊從薄譴。生還就畎釣，志願從此畢。本傳：「廷麟報軍中曲折，嗣昌擬旨，責以欺妄。事平，貶秩調外。黃道周獄起，詞連廷麟，當逮，未至，道周已釋。後起義贛州，城破死。」匡廬何巀業，大江流不測。君看磊落士，艱難到蓬蓽。猶見參軍船，再訪征東宅。風雨懷友生，江山為社稷。生死無媿辭，大義照顏色。

采石磯

石壁千尋險，江流一矢爭。曾聞飛將上，落日弔開平。《弇州史料》：「常開平世家抵采石磯，元兵置陣於磯上，舟相去者三丈餘，矢刃蝟集。遇春飛舸至，上麾之，應聲挺戈躍而上，敵皆披靡。師乘之，遂取太平。」

戲贈

窄袖輕衫便洞房，何綏新作婦人裝。繡囊蕊結同心扣，十里風來袴褶香。李義山《雜纂》：「當引何例？」

梅根冶後一庭幽，桃葉歌中兩槳留。管是夜深嬌不起，隔簾小婢喚梳頭。程穆衡《據梧齋塵談》：「《新唐書·地理志》：『宣州南陵縣有梅根監錢官。』胡身之《通鑑注》：『今之梅根港是也。以有鑄錢監，故亦謂之錢溪。』則金陵之有梅根冶，殆亦鑄錢所，特以舊名施之此爾。」

香銷寶鴨月如霜，欲罷樗捕故拙行。倦倚局邊伴數子，暗攤星眼擲兒郎。

仙家五老話驂鸞，素女圖經掌上看。如共王喬舊相識，鍊方從乞息肌丸。〔註19〕

玉釵仍整未銷黃，笑看兒郎語太狂。翻道玉人心事嬾，厭將雲雨待襄王。

〔註19〕眉批：王充《論衡》：「素女為黃帝陳五女之法，非徒傷父母之身，乃又賊男女之性。」

戒珠琥珀間沉擅，弟子班中玉葉冠。君是惠休身法喜，他年參學贊公壇。〔註20〕

蔬譜曾刪鮑議書，一甌鮮菜定何如。玉纖下筯無常味，珍重虞公數十車。〔註21〕《據梧齋塵談》：「鮑鱓鱧鱃，同一字耳，以鮑為脯，故鍾岏《鮑議》曰：『鮑之就脯，驟於屈申也。』今《世說》皆誤刊作鮑鯉。又如虞嘯父云：『天時尚暖，鮆魚蝦鮓未可致。』鮓即鮓字。今皆誤刊作『鮸』，則字書無此字矣。」

嬾梳雲髻罷蘭膏，一幅羅巾紫玉縧。不向弓彎問消息，誤人詩句擲櫻桃。此弓彎與《博異志》本意有別，當如余懷《婦人鞋襪考》「弓彎」字。

內家紈扇鏤金函，萬壽花開青鳥銜。贈比乘鸞秦氏女，銀泥裙子鳳皇衫。

橫塘西去窈娘還，畫出吳山作楚山。笑語阿戎休悵望，莫愁艇子在溪灣。

子夜詞

人採蓮子青，妾採梧子黃。置身宛轉中，纖小歡所嘗。

憶歡教儂書，少小推無力。別郎欲郎憐，脩籛自雕飾。

夜涼入空房，侍婢待除裝。枕前鉤不下，知未解衣裳。

子夜歌

歡是南山雲，半作北山雨。不比薰鑪香，纏綿入懷裏。

夜夜枕手眠，笑脫黃金釧。傾身畏君輕，背轉流光面。

故使歡見儂，儂道不相識。曾記馬上郎，挾彈門前立。

微笑佯牽伴，低頭悷弄弦。眾中誰賣眼，又說是相憐。

雙纏五色縷，與歡相連愛。尚有宛轉絲，織成合歡帶。

淺碧魚文縠，輕紅杏子花。比來裝束素，加上木蘭花。

儂如機上花，春風吹不得。剪刀太無賴，斷我機中織。

〔註20〕眉批：贊公，見杜詩。
〔註21〕眉批：《世說》：「虞侍中悰獻糒及雜肴數十舉。」

　　紅羅復斗帳，四角垂明珠。明珠勝明月，月落君躊躇。

　　指冷玉簫寒，袖長羅袂濕。此夜坐匡床，春風無氣力。

　　夜色吹衣袂，新聲出絳紗。相逢更相認，銀燭上鉛華。

　　舞罷私自憐，腰肢日嫋嫋。總角諸少年，漫語秖云好。

　　玉枕湘文簟，金鑪鳳腦煙。君來只病酒，辜負解香鈿。

　　出門風露寒，歡言此路去。妾夢亦隨君，與歡添半臂。

子夜歌 原注：代友人答閩妓。篇詠六物，咸閩產，指物庾詞，體本如是。

　　白玉繂羅圍，枝頭荔子垂。待儂親用手，緩緩褪紅衣。

　　郎來索糖霜，莫持與郎喫。郎要口頭甜，不如是嘗蜜。 蜜隱密。

　　榕樹參天長，郎棲在何處？隨郎不見榕，累儂望鄉樹。 榕隱容。

　　綠葉吐紅苗，紗窗月影高。待郎郎不至，贏得美人蕉。 蕉隱焦。

　　佛手慈悲樹，相牽話生死。為郎數還期，就中屈雙指。

　　橄欖兩頭尖，終難一箇圓。縱教皮肉盡，腸壯自然堅。

松化石 原注：金陵任白受所藏。○蘇頌《本草圖經》：「今處州出一種松石，似松幹而實石也。或云松久化為石。人多取傍山亭及琢為枕。」程穆衡《箕城雜綴》：「蕭子顯《南齊書》：『永明六年，石子岡栢木長二尺四寸，廣四寸半，化為石。』夫史列之《五行》，木失其性，而今人以為几案間物。」

　　高士無凡好，常思買一峰。如何三徑石，卻本六朝松？老筆應難盡，名山不易逢。穀城相遇處，肯復受秦封？

贈妓郎圓 按：吳江俞南史有《香匳社集》，分詠諸姬。詩內郎圓，作郎玄，見徐釚《本事詩》。〔註22〕

　　輕轉窄袖柘枝裝，舞罷斜身倚玉床。認得是儂偏問姓，笑儂花底喚諸郎。 郎字巧甚。

〔註22〕眉批：《本事詩》注：「吳姬舊有甲乙譜，無錫錢星客復脩之，珠簾盡舫，粉香載道，一時諸名士各賦詩題贈，名《香匳社集》。則此詩亦是也。」

烏棲曲

沉香為笮錦為牽，白玉池塘翡翠船。芙蓉翻水鴛鴦浴，盧郎今夜船中宿。

偶成

好把蛾眉鬪遠山，鈿蟬金鳳綠雲鬟。畫堤無限垂垂柳，輸與樓頭謝阿蠻。

海棠花發兩三枝，燕子呢喃春雨時。恰似闌干嬌欲醉，當年人說杜紅兒。

永和宮詞詠田貴妃。〔註23〕按：楊士聰《玉堂薈記》：「田貴妃居承乾宮，袁貴妃居翊坤宮。」則永和非貴妃宮名，以事在永和宮，故題云爾。孫承澤《春明夢餘錄》：「東二長街之東曰永和宮，先名永安宮。」

揚州明月杜陵花，夾道香塵迎麗華。舊宅江都飛燕井，新侯關內武安家。《明史·后妃傳》：「恭淑貴妃田氏，陝西人，後家揚州。父弘遇，以女貴，官左都督。翊按：妃揚州塩商籍。揚商自秦來者名西商，今猶然。」雅步纖腰初召入，鈿合金釵定情日。豐容盛鬋固無雙，蹴踘彈棋復第一。上林花鳥寫生綃，禁本鍾王點素毫。楊柳風微春試馬，梧桐露冷暮吹簫。《妃傳》：「如生而纖妍，性寡言，多才藝。侍帝於信邸。崇禎元年，封禮妃。尋進位皇貴妃。」君王宵旰無歡思，宮門夜半傳封事。玉几金床少晏眠，陳娥衛艷誰頻侍。貴妃明慧獨承恩，宜笑宜愁慰至尊。皓齒不呈微索問，蛾眉欲蹙又溫存。《妃傳》：「宮中有夾道，暑月駕幸，御蓋行日中，妃命作篴篨覆之，從者皆得休息。又易小黃門之舁輿者以宮婢，帝聞，以為知禮。」本朝家法脩清讌，房帷久絕珍奇薦。勅使唯追陽羨茶，內人數減昭陽膳。《周后傳》：「帝以寇亂茹蔬，后見帝容體日瘁，具饌將進，而瀛國夫人奏適至，曰：『夜夢孝純太后歸，語帝瘁而泣，且曰：為我語帝，食毋過苦。』帝持奏入宮，后適進饌，帝追念孝純，且感后意，因出奏示后。后再拜，舉匕箸，相向而泣。」維揚服制擅江南，李淦《燕翼篇》：「天下惟揚州郡

〔註23〕眉批：《西河詩話》：「田禮妃好鼓琴，上嘗賜以雷琴。一日，上詢於何師得之，妃以母授對。既而，妃請召母至，伺上見幸，得無意間令母彈《廣陵散》曲，上聞之，頗憶其語，大悅。」　吳博士《崇禎宮詞》：「夜半昭儀賜鳳皇，昭陽殿前奏霓裳。自言阿母親傳授，不比新聲出教坊。」　鳳皇，飛燕琴名。見梁元帝《纂要》。

邑服飾趨時，自頂及踵，唯恐有一之弗肖。」**小閣鑪煙沉水含。和買瓊花新樣錦，自脩水遞進黃柑。**此必弘遇已貴后事。**中宮謂得君王意，銀鐶不妬溫成貴。早日艱難護大家，比來歡笑同良娣。奉使龍樓賈佩蘭，往還偶失兩宮觀。**〔註24〕**雖云樊嬺能辭令，欲得昭儀喜怒難。**八句婉轉迴護，最為得體。**綠綈小字書成印，瓊函自署充華進。請罪長教聖主憐，含辭欲得君王慍。君王內顧恤傾城，故劍還存敵體恩。手詔玉人蒙詰問，自來階下拭啼痕。**《后傳》：「田貴妃有寵而矯〔註25〕，后裁之以禮。歲元日，寒甚，田妃來朝，翟車止廡下。后良久方御座，受其拜。拜已，遽下，無他言。而袁貴妃之朝也，相見甚懽，語移時。田妃聞而大恨，向帝泣。妃尋以過，帝命斥居啟祥宮。」**外家官拜金吾尉，半生遊俠多輕利。縛客因催博進錢，當筵便殺彈箏伎。班姬才調左姬賢，霍氏驕奢竇氏專。涕泣唯聞椒殿語，笑談豪奪灞陵田。**《妃傳》：「田弘遇好俠遊，為輕俠。」《外戚傳》：「帝嘗諭弘遇宜恪遵法度，為諸戚臣先。」**有司奏削將軍俸，貴人冷落宮車夢。永巷傳聞去玩花，景和門裏誰陪從。**《春明夢餘錄》：「坤寧宮，皇后所居，北圍廊曰遊藝齋，左曰景和門，右曰隆福門。」**天顏不懌侍人愁，后促黃門召共遊。初勸官家佯不應，玉車早到殿西頭。**《妃傳》：「妃斥居啟祥宮，三月不召。一日，后侍帝於永和門看花，請召妃，帝不應。后遽令以車迎之，乃相見如初。」按：詩題蓋取乎此。**兩王最小牽衣戲，長者讀書少者弟。**妃生二子，皇五子及永王。蔣德璟《殼書》：「皇極門西廡二十間，上下間為諸王館。定王書堂在西第六間，為讀書處。第五間懸先師盡像。及永王出閣，因移定王第四閣，而永王則在第六閣。」**問道群臣譽定陶，獨將多疾憐如意。豈有神君語帳中，漫云王母降離宮。巫陽莫救蒼舒恨，金鎖雕殘玉筯紅。**《明史·薛國觀傳》：「帝初憂國用不足，國觀請借助。言在外群僚，臣等任之；在內戚畹，非獨斷不可。因以武清侯李國瑞為言，帝勒借四十萬。會王五子薨，孝定太后憑焉，責帝薄外家。帝恐，盡還所納，而追恨國觀。」《綏寇紀略》：「皇五子薨，時慈聖太后憑而告者數千百言，自稱九蓮菩薩。」趙吉士《寄園寄所寄錄》：「悼靈王病篤，九蓮菩薩示現空中，數帝之罪。帝大悔，命建佛寺於草橋之北，額曰九蓮慈蔭寺。」傅燮詷《有明異叢》：「九蓮菩薩者，孝定皇后夢中授經者也。覺而一字不忘，因錄入佛大藏中。後作慈壽寺，建九蓮閣，其像跨一鳳而九首，乃孝定以夢中所見語塑工而

〔註24〕眉批：《本事詩》載顧景星《廣陵遇田九》詩，自云：貴妃異母季弟言宮中徵
　　　　鬱起於宮人。
〔註25〕「矯」，楊學沆本作「驕」。

為之。」從此君王慘不樂，叢臺置酒風蕭索。已報河南失數州，況經少子傷零落。《綏寇紀略》：「上感天下亂，悽愴骨肉傷懷。有老宮人及見定陵，問以宮中事，為欷歔起。嘗朝歲莭畢，就便坐，俄欠伸偃別楊，劉太妃命尚衣謹覆之。頃之，上覺，起攝衣冠，謝曰：『神祖時，海內少事，至兒子苦支持多難，兩夜省文書，未嘗交睫，在太妃前憪然不自持，一至於此。』太妃為泣下，上亦汍瀾者久之。」《明史》：悼靈王名慈煥，五歲殤。帝念王靈異，封孺孝悼靈王、玄機慈應真君。貴妃瘦損坐匡床，慵鬟啼眉掩洞房。荳蔻湯溫冰簟冷，荔支漿熱玉魚涼。〔註26〕病不禁秋淚沾臆，徘徊自絕君王膝。苔沒長門有夢歸，花飛寒食應相憶。《妃傳》：「妃謫別宮省愆，所生皇五子薨於別宮，妃遂病。十五年七月薨，諡恭淑端惠靜懷皇貴妃。」玉匣珠襦啟便房，薤歌無異葬同昌。〔註27〕君王欲制哀蟬賦，誄筆詞臣有謝莊。《妃傳》：「妃葬昌平天壽山，即思陵也。」朱彝尊《日下舊聞》：「思陵葬日，仁和龔光祿佳育流寓昌平，嘗為余言：妃壙始開，入石門，地甚濕，衣被等物多黶黑。被止一面是錦誘，餘皆以布。長明鐙油僅二三寸，缸底皆水。其金銀器皆以鉛銅充之。當時中官破冒，良可恨也。」頭白宮娥暗頻蹙，庸知朝露非為福。宮草明年戰血腥，當時莫向西陵哭。窮泉相見痛倉皇，還向官家問永王。永王名慈炤。幸免玉環逢喪亂，不須銅爵怨興亡。至此直無聲之泣，非淚之血矣。自古豪華如轉轂，武安若在憂家族。愛子雖添北渚愁，外家已葬驪山足。言弘遇先亡。夜雨椒房陰火青，杜鵑啼血濯龍門。按：宮殿額名，永和宮前殿為興龍殿，後有小院名龍德齋，知非泛用濯龍門也。漢家伏後知同恨，止少當年一貴人。碧殿淒涼新木拱，行人尚識昭儀家。麥飯冬青問茂陵，斜陽蔓草埋殘壟。拜鵑山人《聞見實錄》：「思陵在昌平州鹿馬山南，距西山口一里，即田貴妃墓也。」顧炎武《昌平山水記》：「天壽山在州北一十八里，永樂五年擇地得吉，及車駕臨祝，封其山為天壽山。上崩，葬長陵。」自是列聖因之，皆兆於長陵左右。按：思陵葬事詳後《長公主輓詩》。昭丘松檟北風哀，南內春深〔註28〕擁夜來。莫奏霓裳天寶曲，景陽宮井落秋槐。結句謂弘光。

哭志衍

　　予始年十四，與君早同學。君獨許我文，謂侔古人作。長揖謝時輩，

〔註26〕眉批：《談薈》：「南宋宮人有寒光水玉魚，係楊太真潤肺物。」
〔註27〕眉批：玉匣珠襦，見《前漢書・霍光傳》。葬同昌，見《新唐書》本傳。
〔註28〕「深」，底本無。據眉批「『春深』脫一『深』字」補。

自比管與樂。強記矜絕倫，讀書取大略。家世攻春秋，訓詁苦穿鑿。君撮諸家長，弗受專門縛。即子之太公，亦未相然諾。《婁東耆舊傳》：「吳覺，字應祥。居茜涇。正德辛未會試，甲戌廷試，授禮部精膳司主事。以疾乞改南。陞主客司郎中，致仕。鷥幼從王倬受經，抗師座，與弟子剖析疑義，成進士者六七輩。」陶宗儀《輟耕錄》：「今人謂曾祖父曰太，公，此蓋相承之謬，當稱祖父為是。《後漢・李固傳》曰『太公以來』云云，《注》：『太公，謂祖父郃。』」高談群兒驚，健筆小儒怍。長途馭二龍，崇霄翔一鶚。遂使天下士，咸奉吾徒約。詞場忝兩吳，相與為犄角。皇皇張夫子，斯文紹濂洛。五經叩鐘鏞，百家垂矩矱。海內走其門，鞍馬填城郭。《復社紀略》：「始婁文卑靡，張溥有意振起之。聞周鍾倡教金沙，一見歸，盡棄所學，更尚經史。為尹山大會，臭味翕集。時江北匡社、中州端社、松江幾社、萊陽邑社、浙東超社、浙西莊社、黃州質社，與江南應社各分壇坫。溥乃合諸社為一，以士子不通經術，期共復古學，名曰復社。裒其文曰國表。壬申假歸，為虎丘大會，晉、楚、閩、浙舟車至者日數千人，大雄寶殿不能容，生公臺、千人石鱗次布席，往來絲織，遊人聚觀詫歎。」雲間數陳夏，餘子多磊落。反騷擬三湘，作賦誇五柞。《復社紀略》：「陳子龍為幾社首，艾南英蒞吳門，約同參証文體。陳氣方盛，首與爭辨，大意謂宋人不能越津筏而上，古文有《左氏》、司馬氏，不當捨遠而求近。南英復書詰難。夏允彝懼其傷雅，手疏規之，言不必外傳，以滋物論。」餘子謂如徐方廣、徐孚遠、馬元調、杜麟徵、顧開雍輩，皆傑材也。君也遊其間，才大資磨斲。詩篇口自哦，書記手頻削。冠蓋傾東南，虛懷事酬酢。《文集・志衍傳》：「海內能文家聞其風，若靡然而至。余羸病不能數對客，志衍則使人人自得也。」射策長安城，驄馬黃金絡。年少交公卿，才智森噴薄。會值里中兒，飛文肆謠諑。要路示指蹤，黨人罹矰繳。君也念急難，踈通暗籌度。陰落其機牙，用意於莫覺。逡巡白衣奏，停止黃門獄。叶。
○《復社紀略》：「陸文聲，字居實。以事啣裴采，摘其事走京師。蔡奕琛導之溫體仁所，溫意中不知有采。先是，體仁欲罷行取，啟，上因星變，青衣布袍，齋居武英殿，求直言，令淮安衛三科武舉陳啟新上書，特旨擢列諫垣。至是乃曰：『誰為張采？今所急者，張溥耳。能併彈治薄，當授官如啟新矣。』文聲從之，事下學臣倪文〔註29〕珙。時社中吳繼善、克孝、夏允彝、陳子龍皆在京，謂文聲必為漸人頤指說之，就選出諸外，社局始安。乃醵金為部費，使擇善地。文聲與二吳有表戚，克孝為盟約以堅之，得道州吏目以去。元珙竟以隱徇降調，繼之山東亓瑋。瑋艱歸，齊人張鳳翮代之，延

〔註29〕「文珙」，下文作「元珙」。按：楊學洤本均作「元珙」。

臨川羅萬藻閱文，學政悉入羅掌握，溫無之何。會明年溥卒，溫罷相，事得解。」解
褐未赴官，歸來臥林壑。賓客益輻湊，聲華日昭灼。生徒丐談論，文史
供揚榷。貧賤諸故人，慰存餽醫藥。躡履修起居，小心見誠恪。重氣徇
長者，往往捐囊橐。《文集》：「始得慈谿令，母夫人喪，未之任。父黨造門，中表
故舊及所遊門下士，一旦請緩急，未嘗以不足為解。」君家夙貴盛，朱門飾華桷。
壘石開檻軒，張鐙透簾幕。唱曲李延年，俳弄黃幡綽。舞席間越場，池
館花漠漠。兄弟四五人，會讌騰觚爵。鹽豉下魚羹，椒蘭糝鼌臛。每具
十人饌，中廚炊香稌。客從遠方來，咄嗟辦脾胉。昨宵已中酒，命飲仍
大醵。叶。○《婁東耆舊傳》：「進士吳繼善國傑之祖曰雲獜，字星嶽。萬曆甲子副榜。
擁高貲，富盛，喜施予。戊子，吳中歲歉，流亡載路，雲獜捐困米八千石賑饑，其家業
幾廢於行善。」《文集》：「志衍好客，日具數人饌，賓至者無貴賤，必與均。每三爵之
後，詞辨鋒起，雜以諧謔。岸幘嘯歌，酣飲絕叫以為常。」而我過其家，性不勝杯
杓。小戶不足科，引滿狂笑噱。卷波喝遣輪，射覆猜須著。押侮座上人，
鬥捷貪諧謔。警速誰能酬，自喜看跳躍。堅坐聽其言，乃獨無差錯。親
疎與長幼，語語存斟酌。性厭禮法儒，拘忌何齷齪。風儀甚瑰偉，衣冠
偏落拓。有時不簪巾，散髮忘盥濯。中夜鬥歌呼，分曹縱蒲博。百萬或
一擲，放意長自若。絕叫忽成盧，眾手悉歈卻。男兒須作健，清談兼馬
稍。犯雪披輕衫，笑余爾何弱。嘗登黃山巔，飛步臨峭崿。下有萬仞潭，
徒侶愁失腳。搔首凌雲煙，翹足傲衡霍。《文集》：「遊黃山，凌躡險絕，同遊
者不能從，自負強濟，曰：『丈夫習勞苦，任艱難，為國家馳驅奔走，有如此遊矣。』」
顧餘石頭城，〔註30〕橫覽浮太白。慷慨天下事，風塵慘河朔。諸將擁重
兵，養寇飽鹵掠。背後若有節，此輩急斬斫。自請五千騎，一舉殲首惡。
餘黨皆吾人，散使歸耕穫。即今朝政亂，舉錯混清濁。君父切邊疆，群
臣私帷幄。當官不彈治，何以司封駁。對仗劾三公，正色吐謇諤。此志
竟逡遭，天道何窮剝。六載養丘園，一官落邛笮。大盜竊江黃，凶徒塞
荊鄂。間道攜妻孥，改途走蠻貊。瘴黑篝林行，颸作瀘溪泊。驛路出枕
榔，候吏疑猿攫。《文集》：「既得蜀之成都，時荊衰陷沒，江、鄂道斷，改途出宜
春，道酉陽，涉黔江而入蜀。」歇鞍到平地，倏逢錦城樂。問士先嚴揚，恤民
及程卓。白鹽古戍烽，赤甲嚴關柝。再拜蜀王書，流涕傾葵藿。請發府
千金，三軍賜醹醿。賨旅給犀渠，叟兵配驪駱。此地俯中原，巨靈司鎖

鑰。水櫃扼涪江，石門防劍閣。我謀適不用，岷峨氣蕭索。《婁東耆舊傳》：「繼善上蜀王書曰：『全蜀之險，在邊不在腹。若設重戍於夔關、劍閣，誠足自固。否則黃牛、白帝亦屬夷庚，黑水、平陽更多歧徑。乃欲坐守門庭，謂為設險，不可解者一也。往考蘭酋撲滅，獻賊遁逃，止以蘭兵力有虧，獻地利不習。今者荊襄撤其藩籬，秦隴寒其唇齒，揣量賊情，益無瞻忌，而欲援引前事，冀倖將來，不可解者二也。至於錦城之固，不及秦聞；白水之險寧踰湘漢？此可恃以無虞，彼何為而失守？且城如孤注，救援先窮；時及嚴冬，長驅尤易。』而王始終以奉祖制，不敢參兵食為詞。」黑山起張燕，青城突莊蹻。積甲峨眉平，飲馬瞿唐涸。生民為葅醢，醜類恣啖嚼。徒行值虎豹，同事皆燕雀。孤城遂摧陷，狂刃乃屠膊。獻賊陷成都，志衍全家被難。詳後《觀蜀鵑啼劇》詩。有子踰十齡，艱難孰顧託。閣門竟同殉，覆卵無完殼。《文集》：「志衍有子曰孫慈，賊將憐而匿之，後亦遇難。」一弟漏刃歸，兩踝見茫屩。三峽奔荊門，魚龍食魂魄。叶。夢斷落滄江，毋乃遭搏攫。郵筒千日酒，泉路無寂寞。《婁東耆舊傳》：「志衍亡後，越三年，弟事衍名述善者徒跣萬里歸，始傳其事。」追計平生歡，一一猶如昨。壁間取懸琴，臨行彈別鶴。玉子文楸枰，尚記爭殘著。百架藏圖書，千金入卷握。刻意工丹青，雲山共綿邈。篋中白團扇，玉墜魚瀺灂。阿兄風流盡，萬事俱零落。我欲收君骨，茫茫隔山嶽。後來識死事，良史曾誰確。此詩傳巴中，磨嵁書卓犖。石剝蒼籐纏，姓氏猶捫摸。庶幾千載後，悲風入寥廓。

避亂《州乘備採》：「乙酉五月初九日，王師渡江。十七日，州役、皂隸、輿廝等毆張受先，以積未明為詞。劉河兵以數月乏糧，擁至城，勢張甚。十九日，滿城民夜皆聞鬼哭。二十日早，士民訛言大兵已至蘇州，居人驚徙，城市一空。知州名朱喬秀，吝而懦，卒當時危，唯擁貲闔門為走計。六月初二日，盜庫帑逸。初四日，州亂，焚搶蜂起。」

我生江湖邊，行役四方早。所歷皆關河，故園跡偏少。歸去已亂離，始憂天地小。從人訪幽棲，居然逢浩渺。百頃鬱清湖，王鏊《姑蘇志》：「澱山湖之北有范青漾，相傳范家田瀦為巨浸。」按：此乃作鬱清湖，蓋土人語也。煙清入飛鳥。沙石晴可數，鳬鷖亂青草。主人柴門開，雞聲綠楊曉。花路若夢中，漁歌出杳杳。白雲護仙源，劫灰應不擾。定計浮扁舟，於焉得終老。主人，謂公宗人縡倩、青房及公益兄弟也。詳後《鬱清湖》詩。

長日頻云亂，臨時信孰傳。愁看小兒女，倉卒恐紛然。〔註31〕緩急知難定，身輕始易全。豫將襁褓寄，忍使道途捐。天意添漂泊，孤舟雨不前。途長從妾怨，風急喜兒眠。水市灣頭見，溪門屋後偏。終當淳樸處，不作畏途看。未得更名姓，先教禮數寬。因人拜村叟，自去榜漁船。多累心常苦，遭時轉自憐。干戈猶未作，已自出門難。其二、其四謂之齊梁半格。

驟得江頭信，龍關已不守。《明史‧地理志》：「江寧縣北有龍江關，置戶分司於此。」由來嗤早計，此日盡狂走。老稚爭渡頭，篙師露兩肘。屢喚不肯聞，得錢且沽酒，予也倉皇歸。一時攜百口。兩槳連若飛，扁舟戢來久。路近忽又遲，依稀認楊柳。居人望帆立，入門但需帚。依然具盤飱，相依賴親友。卻話來途中，所見俱八九。失散追尋間，啼呼挽雙手。屢休又急步，獨行是衰朽。村女亦何心，插花尚盈首。

此方容跡便，止為過來稀。一自人爭避，溪山容易知。有心高酒價，無計掩漁扉。已見東郭叟，全家又別移。總無高枕地，秪道故園非。謂遭陳墓之亂，又他避。見後《礬清湖》詩敘。為客貪蝦菜，逢人厭鼓鼙。兵戈千里近，隱遯十年遲。惟羨無家雁，滄江他自飛。

月出前村白，溪光照澄練。放櫂浮中流，臨風浩歌斷。天塹非不雄，哀哉日荒燕。嗟爾謀國徒，坐失江山半。謂南都君臣荒亂覆亡，見後《讀史雜感》。長年篙起舞，扁舟疾如箭。可惜兩河士，技擊無人戰。孤篷鐵笛聲，聞之〔註32〕淚流霰。我生亦何為，遭時涉憂患。昔也遊九州，今來五湖畔。麻鞵習奔走，淪落成愚賤。

曉起譁兵至，戈船泊市橋。草草十數人，登岸沽村醪。結束雖非常，零落無弓刀。使氣搰市翁，怒色殊無聊。不知何將軍，到此貪逍遙。官軍昔催租，下令嚴秋毫。盡道征人苦，不憫耕人勞。《明史‧食貨志》：「楊嗣昌督師，畝加練餉銀一分。兵部郎張若麒請收兵殘遺產為官莊，分上中下，納租八斗至二三斗有差。御史衛周嗣言：嗣昌流毒天下，勸練之餉多至七百萬，民怨何極！御史郝晉亦言：萬曆末年，合九邊餉止二百八十萬。今加派遼餉至九百萬。勸餉三百

〔註31〕眉批：見後《哭亡女》詩所謂「喪亂才生汝，全家竄道邊」也。
〔註32〕「之」，底本作空格。

─58─

三十萬業已停罷，旋加練餉七百三十餘萬。自古有一年而括二千萬以輸京師，又括京師二千萬以輸邊者乎？疏語雖切直，而時事危急，不能從也。」江東今喪敗，千里空蕭條。此地村人居，不足容旌旄。君見大敵勇，莫但驚吾曹。

吳梅村詩箋卷一終

吳梅村詩箋　卷第二

鶴市迂亭程穆衡　輯

古近體詩六十六首起乙酉五月，盡丁亥遊越之作。

讀史雜感詠南都事。一代詩史，此為獨步。少陵復生，不能多過。箋語採諸書，不復識別。

　　吳越黃星見，園陵紫氣浮。六師屯鵲尾，雙闕表牛頭。史可法《答攝政王書》〔註1〕：五月朔日，駕臨南都，從前鳳集河清，瑞應非一。告廟之日，紫雲如蓋，祝文升霄，萬目共覩，大江湧出柟梓數萬，助修宮殿。又原任漕撫路振飛奏稱鳳陽有天子氣。鎮靜資安石，艱危仗武侯。新開都護府，宰相領揚州。《弘光實錄》：「具啟迎福藩者十三大臣，列名居首者，掌禮部之姜曰廣也。姜與南樞史可法、南儲高弘圖俱為閣臣，從物望也。馬士英入假中宮之援，留輔政，遂有內外均勞之議。可法出督師，士英兼攙席矣。揚州富庶甲江南，為督師迴翔之地。四鎮分藩，興平伯高傑本在徐，困可法於軍中以求揚。可法調停婉曲，竟以與之。」

　　莫定三分計，先求五等封。南都受封者，朱國弼以翼戴晉保國公，復以晉保國例晉東平伯劉澤清、誠意伯劉孔昭侯爵，孔昭不受。又封福建總兵鄭之龍南安伯。**國中唯指馬**，錦衣都督劉僑已降獻賊，送士英赤金三千兩，女樂十二人。士英笑曰：「此一物足以釋西伯。」遂補原官。或榜中書門曰：「闖賊無門，匹馬橫行天下；元兇有耳，一兀直走中原。」**闔外盡從龍**。總兵鄭鴻逵、黃蜚鎮守鎮江，鄭彩分管

〔註1〕眉批：攝政王者，睿親王多爾袞也。歿後，其屬人首告王罪，經諸王大臣定罪，除封，後嗣廢絕。見乾隆三十八年二月上諭。

水師，吳志葵駐防吳淞，黃斌卿駐防上江。又設淮揚、徐泗、風壽、滁和四鎮，以總兵劉澤清、高傑、劉良佐及靖南伯黃得功轄之。**朝事歸諸將**，四鎮合疏糾姜曰廣、劉宗周，辭兇悍甚。可法詢之四鎮，皆以不知對。得功又有疏自辨，史遂言此疏乃黎丘之巧混。澤清即疏攻史，史兩解之，士英方快，以此逐姜、劉矣。澤清又請誅呂大器。及王之明之獄，黃、劉、左、袁又各上疏力爭。**軍輸仰大農。淮南數州地，幕府但歌鐘**。淮撫田仰，士英私人，屢疏請餉。弘光以東南餉額不滿五百萬，江北已給三百六十萬，命仰與澤清通融措辦。澤清時大興土木，造宅淮安，四時之室俱備，僭擬皇后〔註2〕。

　　北寺讒成獄，馬、阮授意建安王府鎮國中尉朱統鑭疏誣姜曰廣穢跡，顯有逆謀，詞連史可法、張慎言、呂大器。大器削職，刑部提問曰廣及高弘圖、徐石麒、劉宗周，予告去。蔡奕琛又糾吳適下獄。及妖僧大悲獄起，大鋮借之，欲盡殺諸君子，於是有十八羅漢、五十三參、七十二菩薩之號。**西園賄拜官**。士英立開納助工例，武英殿中書納館九百兩，文華殿中書一千五百兩，內閣中書二千兩，待詔三千兩，拔貢一千兩，推知銜一千兩，監紀、職方萬千不等。**上書休討賊**，自大鋮出山，惟計翻逆案，至請重頒《三朝要典》，廟堂水火攻擊，無非借題以快夙憾，而國事封疆俱置不問。**進爵在迎鑾**。加翊戴恩，馬士英太子太師以下，數人各陞賞世蔭。又加南臨恩，可法少傅、士英少保以下。又特陞李沾都察院左都御史，張文光太常少卿，以二人定策功多也。**相國爭開第，將軍罷築壇。空餘蘇武節，流涕向長安**。左懋第奉使入京，館鴻臚寺，請祭告諸陵，改葬先帝，皆不許。乃陳太牢於寺堂，哭祭之。放歸，至滄州，追執之。改禁太醫院。

　　御刀周奉叔，應敕阮佃夫。列戟當關怒，高軒哄道呼。監奴右衛率，小吏執金吾。匍匐車塵下，腰間玉鹿盧。以福府千戶常應俊為襄衛伯，補青浦知縣。陳熿為中書舍人。王鏞子無黨世錦衣指揮使。應俊者，本革工，值弘光出亡，負之履雪中數十里，脫於難。與熿、鏞、無黨皆翌衛有功者也。有林魁者，善星術，士英在戍日，卜其大用，後薦授中書，尋躐一品武衛，蟒玉趨事。當時有「中書匱地有，都督滿街走。監紀多如羊，職方賤如狗」之謠。

　　聞築新宮罷，君王擁麗華。尚言虛內主，廣欲選良家。先是，修興寧宮，建慈禧殿，大工繁廢。又專以選淑女為急。應天府首選二名，不中；司禮監又選六名，亦不中。特遣內監田壯國往杭州選到陳氏、王氏、李氏三人，著於十五日進元

暉殿。命戶、工部各委官一員，採辦中宮珠冠、禮冠三萬兩，常冠一萬西。**使者螭頭舫，才人豹尾車。可憐青冢月，已照白門花。**謂不及冊立，悉被俘去，如《集》中中山王女輩。

　　貴戚張公子，奄人王寶孫。入陪宣室宴，出典羽林屯。狗馬來西苑，俳優待北門。不時中旨召，著籍並承恩。福邸舊奄田成、張執中著，尤用事，馬、阮數以金幣結之。又有屈奄者，與田、張三人迭秉筆，一外轉給事陸郎，費銀數千，得中旨留之。冢臣徐石麒質之內璫，璫云：「此已進御。」遂無敢言。又性極嗜演戲，伶人賜予無節，除夕忽對韓贊周泣曰：「梨園殊少佳者。」李清《南渡錄》所載更有可粲，如端午捉蝦蟇，童女死者數十人之類。

　　漫說黃龍府，須愁朱雀桁。三軍朝坐甲，十客夜傳觴。王氣矜天塹，邊書棄御床。江州陳戰繼，不肯下潯陽。史可法十餘疏告急，弘光以演戲不省。揚州既破，惟鄭鴻逵一旅守京口。我兵編筏張燈，向鎮江而別，由老鸛河渡。明晨，盡抵南岸，鄭兵揚帆東遁。是日，士英猶有長江天塹之對。晝晦，大風猛雨。午後，集梨園入內，與諸內臣雜坐酣飲，二鼓出奔。而士英方命方國安等備左夢庚於采石，低徊上游，初不以南都為意也。

　　偏師過采石，突騎滿新林。已設牽羊禮，難為刑馬心。弘光駐太平府二十里外，黃得功、阮大鋮、朱大典、方國安等來見，欲入城，民不納，因往蕪湖，登中書軍翁之琪舟。豫王兵已薄都城，監生趙之龍率王之明出降，劉良佐亦降，奉王命追摛〔註3〕弘光於蕪湖。**孤軍摧韋粲，百戰死王琳。極目蕪城遠，滄江暮雨深。**我兵攻揚州，史可法禦之，薄有斬獲。攻益急，血戰請救，不報。開門出戰，我兵騰城入，遂屠揚州，可法死之。

　　稷棘千夫聚，艨衝百里通。白衣搖急槳，青草伏強弓。塢壁推嚴虎，江湖屬管崇。〔註4〕**丹陽故部郡，山越土人風。**王逋《蚓菴瑣語》：「江浙自鼎革後，群盜蜂起，臨平山有陳萬良，永昌寺有受茂環，太湖有沈泮、柏相甫〔註5〕，吳江有吳日生、周天舍。惟吳曾通欵於明，本名易，癸未進士，授兵部職方司，結營長白蕩，後敗，磔死。庚寅、辛卯間，群盜各輸金投降聽歸，名曰安插，而陰仍行劫，或擄人藏盜穴，勤鉅萬請贖，流毒數十年。按：時又有閩賊魏福賢，劫掠金、衢、嚴三府。」

〔註3〕「摛」，楊學沆本作「擒」。
〔註4〕眉批：嚴虎，見《三國志》。管崇，見《通鑑》一百八十二卷大業九年。
〔註5〕「甫」，底本作空格，據楊學沆本補。

越絕山河在，征人尚錦袍。乘風竹箭利，狎浪水犀豪。怪石千灘險，疑城百里高。臨江諸將帥，棄甲甬東逃。黃斌卿自乙酉治兵舟山，與本朝戰吳淞間。荊本徹據守崇明，戰不勝，帥所部舟師投舟山，斌卿迎而殺之。眾意不孚。戊子，閩亡，魯藩歸舟山。丁亥，沈廷揚率所部應松江吳勝兆，遇颶被執，受誅。己丑，斌卿為標屬王朝光等所殺。辛卯，大兵進攻舟山城。值魯藩出征，得報航海去。宮眷抱二子殺井中，諸臣張肯堂、朱永佑〔註6〕、李向中、張煌言、吳鍾巒、張名揚而下皆死焉。

塗松晚發 塗松，地名。《姑蘇志》：「塗松去太倉州北三十五里，倚七浦塘。宋元豐間置市。元張士誠曾營兵於此。」

孤月傍一村，寒潮自來去。人語出短篷，纜沒溪橋樹。冒雪發輕舲，披衣聽雞曙。轤響若鳴灘，蘆洲疑驟雨。漁因入浦喧，農或呼門懼。居然見燈火，市聲雜翁嫗。水改村店移，一帆今始遇。《州乘備採》：「塗松市，歷宋元，民居極盛，故張士築城其處以防海。故老言國朝初，海艘入七浦者嘗覆於此。余幼時見煙火尚稠。梅村詩云云，大可彷彿。今七浦益狹，市民數不戒於火，殆於三家之里矣。」生涯問菰蒲，世事隔沮洳。終當謝親朋，刺舟從此住。

梅村 《梅村行狀》：「先生所居梅村，乃故銓部王公士騏之賁園，拓而大之，壘石鑿池，灌花蒔藥，翳然有林泉之勝。」

枳籬茅舍掩蒼苔，乞竹分花手自栽。不好詣〔註7〕人貪客過，慣遲作答愛書來。閒窗聽雨攤詩卷，獨樹看雲上嘯臺。桑落酒香盧橘美，釣船斜繫艸堂開。

壽王子彥五十 《婁東耆舊傳》：「子彥，名瑞國，號書城，亦稱礫涇先生。父士騄，敬美次子。子彥弱冠中天啟辛酉舉人，束脩砥行，遊西銘之門，推為都講。尚氣誼，屬名節，吳門文、姚兩公皆歎重之。周介忠罹璫禍，裹金急其難，馬文忠殉國，設位誅以哭之。既遭國變，林居著書，有終焉之志。以事避吏入都，不得已就選，得廣東增城令。三載，移疾歸，築瘞硯齋，葺其祖萬卷樓，讀書其中以老。」

二十登車侈壯遊，軟塵京雒紫驊騮。九成宮體銀鉤就，原注：善歐體。萬卷樓居玉軸收。原注：家有樓名萬卷。縱解樗蒲非漫戲，即看餔啜亦

〔註6〕「佑」，楊學沆本作「祐」。
〔註7〕「詣」，楊學沆本作「詣」。

－64－

風流。原注：善噉。按：《世說》：「王景文風姿為一時之冠，袁粲歎曰：『景文非但風流可悅，乃餔啜亦復可觀。』」以對王子敬看門生樗蒲事。人徒謂工於體目子彥，不知皆用當家事精切。公詩用古類然，亦聊著凡。筍輿芒屩春山路，故舊相逢總白頭。

舊業城西二頃田，著書聞已續長編。兩賢門第知應補，兩賢謂元美、敬美。十上才名秖自憐。投老漫裁居士服，畏人還趁孝廉船。只應梅信歸來晚，手植松枝暗記年。

嬾將身世近浮名，殘客由來厭送迎。獨處意非關水石，逢人口不識杯鐺。衣幝蘊藉多風貌，硯幾清嚴見性情。子弟皆賢賓從好，似君纔弗愧平生。幝，音怯，入聲。或議此字，然檢原稿，本作「衣冠」。

雖云文籍與儒林，《晉書》：「王沈文籍先生，裴秀儒林丈人。湘靈不知，乃訾此句。」獨行居然擅古今。五簋留賓高士約，百金投客故人心。尊彝布列圖書貴，花木蕭疎池館深。晚向鹿門思採藥，漢濱漁父共浮沉。〔註8〕

松鼠

衝颷飄頹瓦，壞牆叢廢棘。謖然見松鼠，搏樹向人立。側目仍睢盱，奉頭似悚惕。簹牙傴臥高，屋角欹斜疾。倒擁弱枝危，迅躍修柯直。已墮復驚趨，將藏又旁突。去遠且暫留，回顧再迸逸。前逃赴已駛，後竄追旋及。剽輕固天性，儇狡因眾習。兩木夾清漳，錢箋：「漳，漳河也。」此似泛作水用。按：《南史·劉繪傳》：「三人共宅夾清漳，張南周北劉中央。」豈必指漳河哉？故凡腹者儉，以闕疑為貴。槎牙斷尋尺。攀緣所絕處，排空自騰擲。足知萬物機，飛走不以力。首賦其形性如此。嗟爾適何來，鳥鼠忽而一。本〔註9〕是居嶄嵒，無端被羈縶。兒曹初玩弄，種類漸充斥。黠彼憑社徒，技窮恥畫匭。街尾共呼鳴，異穴為主客。吾廬枕荒丘，垂死倚病柏。雷雨撥其根，慘栗蒼皮濕。空腹鴟鴉蹲，殘身螻螘食。社鬼不復憑，乘間恣出入。追次種類之微，託身之賤也。庭中玉蘂枝，怒苗遭狼籍。非敢念催殘，於君奚損益。屈指五六年，不遣一花白。苞筍抽新芽，編籬察行

〔註8〕眉批：此謂子彥麇涇園。
〔註9〕「本」，底本缺，據眉批「『而一』下脫『本』字」補。

跡。免彼鎌鉏侵,值爾齒牙厄。反使盜者心,笑睍生歎息。貧賤有此園,謂可資灌植。春蔬晚猶種,夏果晨自摘。鳥雀群飛鳴,啁啾滿阡陌。婦子嬾驅除,傳糵加臺笠。我亦顧而笑,自信無長策。焉能避穿墉,會須憂入室。言為害於庭中也有然。茅齋雖云陋,一一經剪葺。曉起看掃除,仰視輒詫惜。循繩透簾幕,掉尾來几席。倒〔註10〕庋傾圖書,窺廚啖漿炙。空倉喧夜鬭,忘疲競遺粒。早幸官吏租,督責無餘積。其入室之害復然。邂逅開虛堂,群怒扼險塞。地逼起眾呼,拍手撼四壁。捕此曷足多,欲以觀其急。橫戶既嚴扃,變櫨若比櫛。瞥眼倏遁逃,一巧先百密。窮追信非筭,尤豫不早擊。忍令智弗如,變計思與敵。機深勇夫駭,勢屈兒童獲。舉世貴目前,快意相促迫。邂逅獲之,緣彼巧敗,我行天下,如是者可勝既也乎!比讀莊生書,退守愚公術。撲棄聽鄰家,搔爪任邊邑。溪深獺趁魚,果熟猿偷栗。天地所長養,於己何得失。嗟理則誠然,自古戒鼠泣。仙豈學淮南,腐難嚇梁國。舞應京房口,礫按張湯律。終當就羅網,不如放山澤。永絕焚林風,用全飲河德。若輩蒙放,最工報復。玉糵也,筍芽也,春蔬夏果,圖書漿炙也,自是其殆矣。

周五子俶讀書愛客白擲劇飲又善音律好方技謂丹藥之事。**為此詩以誚之**《婁東耆舊傳》:「周肇,字子俶。少負雋才,為張西銘入室弟子。浙奸黨誣揖西銘,稱其及門尤材者十人為十哲,子俶其首也。溫體仁鉤陸文聲訐社事,旨下,善類凜凜,有永康黨禍之懼。故終前明世,子俶試弗售。順治丁酉,中北闈試,尋選青浦縣教諭。康熙壬戌,陞新淦縣知縣。卒於任。」

大隱先生賦索居,比來詩句復何如。馬融緯帳仍吹笛,劉白黃金止讀書。窮賴文章供飲博,興因賓客賣田廬。莫臨廣武頻長歎,醉後疎狂病未除。

溪橋夜話有敘

予偕子俶兄弟,臨流比屋,異戶同橋。久雨得月,新浴乍涼,輒書數語,以識幽事。

竹深斜見屋,溪冷不分橋。老樹連書幌,孤村共酒瓢。茶香消積雨,人影話良宵。同入幽棲傳,他年未寂寥。

〔註10〕「倒」,底本作空格,據楊學沆本補。

春初同王惟夏郁計登夜坐寄〔註11〕**懷室** 王惟夏，見後詩。郁計登，名禾。寄懷室，見梅村中。

　　長日誰教睡，夜深還擁書。一燈殘酒在，斜影暗窗虛。官退才須減，名高嬾不除。梅花侵曉發，早得伴閒居。

新霽喜孫令修至同步後園探梅 孫令修，名以敬，號浣心。居與公鄰，故幼同筆硯。亦為西銘弟子。登崇禎辛未進士，任甌寧縣事。

　　偶來因客興，信步得吾園。雨足山低樹，花開日滿軒。掃林休石磴，劚藥遇泉源。絕壑人聲至，驚棲聽鳥喧。

送繼起和尚入天台 繼起，見後。

　　振錫西泠渡，潮聲定後聞。屐侵盤磴雪，衣濕渡江雲。樹向雙崖合，泉經一杖分。石林精舍好，猿鳥慰離群。

贈願雲師並敍

　　願雲二十而與余游。甲申聞變，常相約入山。《婁東耆舊傳》：「王瀚，字原達，受業於張采，為諸生，有名。國變，哭學，棄衣，焚書籍，為《恭謝聖廟入山》詩百首。遂為僧，從靈隱三昧老人證菩提果，號晦山大師，名戒顯，字願雲，住雲俱山楚黃梅之四祖道場。迨具德和尚欲往徑山，乃招之於黃梅，取靈隱付之。庚寅夏，入廬山，遂主席江右。瀚雖入空門，悲憤激烈，曾檄討從賦諸臣，有句云：『春夜宴梨園，不思銀〔註12〕碧池頭之泣；端陽觀競渡，誰弔汨羅江上之魂？』讀者俱為扼腕。所著有《晦山語錄》、《現果隨錄》、《瀝血草》等行於世。兄淳，弟湛，皆諸生，起義死。」予牽率不果，而師已悟道，受法於雲門具和尚。《據梧齋麈談》：「具德和尚名，弘禮，紹興山陰張氏子。發正信〔註13〕，投普陀寶花菴靜長老下髮。漢月開法於靈隱。弘禮於座下首參本來面目，漢月許為鐵骨禪，謂吾宗必興於是子。歸隱雲門山中，應劉念臺請，出世於會稽之廣孝寺。靈隱大殿火，重新之，搆殿材於大山深谷，鉅數土圍，人力罕致。一日雷雨大作，暴水泛漲，浮湧畢出。殿成，鉅麗甲天下。先後十坐道場，學侶奔輳，天寧、靈隱尤大。」今夏從靈隱來，止城西之太平菴。《州乘備採》：「太平菴，元至正六年僧如整建，後歸併入淮雲教寺。」雲

〔註11〕 「寄」，楊學沆本作「奇」。
〔註12〕 「銀」，楊學沆本作「凝」。
〔註13〕 「信」，底本作空格，據楊學沆本補。

將遊廬嶽，貽書別余，以兩人年踰不惑，衰老漸至，世法夢幻，惟出世大事乃為真實，學道一著，不可不勉。予感其言，因作此詩贈之，並識予媿也。

曉雨西山來，松風滿溪閣。忽得吾師書，別予訪廬嶽。分攜出苦語，殷勤謂同學。兄弟四十餘，衰遲已非昨。寄身蒼嵬巔，危苦愁失腳。萬化皆虛空，大事唯一著。再拜誦其言，心顏抑何怍。末運初迍邅，達人先大覺。勸吾非不早，執手生退卻。流連白社期，慚負青山約。君親既有媿，身世將安託。今觀吾師行，四海一芒屩。大道本面前，即是真極樂。他年跌深巖，白雲養寂寞。一偈出千山，下界鍾磬作。故人叩松關，匡床坐酬酢。不負吾師言，十年踐前諾。

聞台州警《明紀輯略》：「魯王避難台州。乙酉，張國維、方逢年、熊汝霖、張嘉績、鄭遵謙、柯夏卿、宋之普、陳函輝共謀立王，朱大典亦上表勸進，遂定議，迎王於臺。丙戌五月，方國安拔營遁，逼王南行，江上諸軍俱散。國安與馬士英議獻王以降，會守者病，王得脫，浮海入舟山。」

高灘響急峭帆收，橘柚人煙對鬱洲。天際燕飛黃石嶺，《明紀輯略》：「張國維追獲魯監國，行至黃石巖，方國安已斷所過橋，不得進。」《寰宇通志》：「黃巖委羽山，劉奉林控鶴沖舉於此。鶴當墜翮，故名。」則此「燕飛」當作「鶴」字。雲中犬吠赤城樓。《寰宇通志》：「台州赤城山，山石皆赤，壁立如城。」投戈將士逍遙臥，《明紀輯略》：「馬士英遁入台州山寺為僧，搜獲之。阮大鋮、方逢年、方國安皆薙髮降。大清軍馬從容過嶺，無一兵守關者。」橫笛漁翁縹緲愁。聞說天台踰萬丈，可容長嘯碧峰頭。

野哭山深叫杜鵑，閬風臺畔羽書傳。軍捫絕礎松根火，士接飛流馬上泉。雁積稻粱池萬頃，錢謙益《初學集·徐霞客傳》：「至天台，取間道，捫蘿上三十里，有宕焉，雁所家也。」猿知擊刺劍千年。桃花好種今誰種，從此人間少洞天。

天門中斷接危梁，玉館金庭跡渺茫。《輿地志》：「《名勝志》：『天台山從曇花亭右麓視石樑，若在天半，廣不盈尺，長數十丈，下臨絕澗，惟攀蘿梯巖乃可登。上有瓊樓玉闕，碧林醴泉，舊稱金庭洞天，道書列第二。』」石鼓響來開峭壁，干將飛去出滄浪。仙家壘是何年築，刺史丹無不死方。《一統志》：「定海縣丹丘，葛洪煉丹處。」又：「唐以柳泌為台州刺史，求仙藥。」**亂後有人還採藥，越**

王餘筭禹餘糧。劉敬叔《異苑》：「昔晉安越王渡南海，將黑角白骨作筭籌，其有餘者棄於水中，因生草。葉白者似骨，黑者似角，遂名越王餘筭。」張華《博物志》：「扶海洲上有蒒草，其實食之如大麥，名自然穀，亦名禹餘糧。世傳禹治水，棄其所餘食於水中，而為是草。」按：末二句乃隱浮海意，因禹餘糧字稍僻，並及之。

三江木落海天西，華頂風高聽鼓鼙。瀑布洗兵青嶂險，石橋通馬白雲齊。途窮鄭老身何竄，《明紀輯略》：「大清招福建者為黃熙胤，晉江人，鄭芝龍黨，遣使通款曲，劫其眾出降。至福州朝見，兵主見勒，握手言散，折箭為誓，痛飲三日。夜半，忽拔營起，挾之北去。」《一統志》：「台州府治東鄭廣文祠，祀唐鄭虔。」春去劉郎路總迷。劉中藻以恀芝龍罷去，亦借劉晨入天台事。最是孤城蕭瑟甚，斷虹殘雨子規啼。

姜如須從越中寄詩次韻如須，名垓，見後詩。

漂泊江湖魯兩生，亂離牢落暮雲平。秦餘祀日刊黃縣，越絕編年紀赤城。南菊逢人懷故國，西窗窗雨話陪京。不堪兄弟頻回首，落木蕭蕭非世情。

東萊行原注：為姜如農、如須兄弟作也。○按：如農與公同年舉進士，以劾去陳啟新快公論。又，張溥沒後，以如農疏薦，有詔徵其遺書，故復社諸君子咸重之。

漢皇策士天人畢，二月東巡臨碣石。獻賦凌雲魯兩生，家近蓬萊看日出。仲孺召入明光宮，補過拾遺稱侍中。《明史》本傳：「姜埰，字如農，萊陽人。崇禎四年進士，授密雲知縣，調任儀真，遷禮部主事。十五年，擢禮部給事中。」叔子輶軒四方使，一門二妙傾山東。《明史》本傳：「埰弟垓，崇禎十三年進士。授行人。」同時里人官侍從，左徒宋玉君王重。就中最數司空賢，三十孤卿需大用。程穆衡《鑿枘卮談》：「萊陽宋氏社名邑社，自尚實卿繼登而下，如珵、瑤、璜、瑚、瑪、瓛、琮輩，俱合復社。繼登字華〔註14〕之，號澄嵐，天下稱尊宋先生。常夢李北地生其家，而得工部侍郎玫，字九青，詩學少陵，愛蒼博而斥婉麗。城破死，時年未四十。集無傳者。蓋至玉叔而宋氏之詩大昌。」君家兄弟俱承恩，感時流涕長安門。侍中叩閣數強諫，上書對仗彈平津。天顏不懌要人怨，衛尉捉頭捽下殿。中旨傳呼赤棒來，血裹朝衫路人看。本傳：「埰劾陳啟新不忠不孝，大奸大詐。上削啟新籍，下撫按追贓擬罪，竟逃去，不知所之。

〔註14〕「華」，底本作空格，據楊學沆本補。

國變後為僧以卒。已，埰陳濟寇二策，帝善其言，適下詔責之路，埰疑帝入其說，乃上言：陛下視言官重，故責之嚴，如聖諭云代人規卸，為人出缺者，臣敢謂無其事。先是，保定參政錢天錫貪緣得密雲巡撫，帝語蓋戒廷臣積習，非為天錫也。埰探之未審，謂帝寔指其事，帝方憂勞天下，戴罪省愆，所領戒諭，詞旨衰痛，埰顧反覆詰難，若深疑於帝者。帝遂大怒，曰：『埰敢詰問詔旨？』急下詔獄考訊，密旨下衛帥駱養性，令潛斃之獄。會鎮撫梁清宏上其獄，養性亦封還密旨。乃逮至午門，杖一百，仍繫獄。十七年二月，始釋。」**愛弟棄官相追從，避兵盡室來江東。本為逐臣溝壑裏，卻因奉母亂離中。**本傳：「埰杖已死，弟垓口溺灌之，乃蘇。盡力營護。後聞鄉邑破，父殉難，一門死者二十餘人。請代兄繫獄，釋埰歸葬，不許。即日奔喪，奉母南走蘇州。」**三年流落江湖夢，茂陵荒草西風慟。頭顱雖在故人憐，髀肉猶為舊君痛。**陳維崧《烏絲詞》注：「如農先生，前朝以建言予杖，遣戍宣州。會遭甲申之變，不克往戍所。弟如須先生從之，僑居吳門者幾三十年。癸丑夏，疾革，遺命曰：『必葬我敬亭之麓。』其子勉仲、學在從之。」汪琬《堯峰文鈔》：「藝圃者，前給事中萊陽姜貞毅先生之僑寓也。吾吳郡治西北隅，固商賈闤闠之區，塵囂湫隘，隱居者苦之。而茲圃介其間，特以勝著。」按：學在名實節。勉仲名未詳。**我來扶杖過山頭，把酒論文遇子由。異地客愁君更遠，中原同調幾人留。司空平昔耽佳句，千首詩成罷官去。**《梅村詩話》：「九青年十九歲，登乙丑進士。任吏科給事，陞太常，進戶部侍郎，以枚卜遇讒歸。嘗與余同使楚，竟陵鄭澹石贈什曰：『剖斗折衡為文章，天下嫂東與萊陽。』謂吾兩人也。」**戰鼓東來白骨寒，二勞山月魂何處。**盛敬《成仁譜》：「崇禎癸未，大兵入閩，山東雲擾。萊陽諸生薑瀉里，字爾岷，偕其季弟〔註15〕坡及工部侍郎宋玫，玫宗人吏部稽勳司郎中應亨，俱以罷任家居，經畫守禦。兵簿城下，坡發一砲，中其帥首，少卻。亡何，夜襲城，兩家皆驅家僮巷戰，刃中瀉里，皆見殺。坡抱父屍大罵，兵臠之，執玫、應亨，相對拷掠，不屈死。」按：瀉里即埰、垓父。**左氏勳名照汗青，過江忠孝數中丞。孺卿也向龍沙死，柴市何人哭子卿。**應天巡撫侍郎左懋第，亦萊陽人。葛芝《臥龍山人集》：「侍郎奉使在北，羈太醫院也。部曲有盜餉潛通者，侍郎怒，杖殺之。其黨因告侍郎有異圖。攝政王陳兵入院，令曰：『剃頭者生，不剃頭者死。』侍郎叱曰：『頭可去，髮不可去。』同行者數十人，不屈者：參贊兵部陳用極、游擊王一斌、都司張良佐、王廷佐、劉統五人而已。因趣下刑部，銀鐺數重，七日不動，遂執以如王所。王愈欲降之，則令侍郎之兄道意，不得，因請死。王猶豫未決，侍郎奮曰：『男兒死耳，何疑

〔註15〕「弟」，楊學沆本作「子」。

為？』拽出順城門，將就縛，飛騎至，曰：『降者王矣。』侍郎曰：『寧為上國鬼，不願爾封王也。』六人以次受戮。用極、侍郎屍直立不僕，忽驚風四起，斷蓬飛入天際，觀者為之流涕罷市。」《漢書・蘇武傳》：「官騎亡，孺卿逐捕不得，飲藥死。」此指懋第兄懋泰也。只君兄弟天涯客，漂零尚是煙霜隔。思歸詩寄廣陵潮，憶弟書來虎丘石。本傳：「垓為行人，見署中題名碑，崔呈秀、阮大鋮與魏大中並列，立拜疏請去二人名。及大鋮得志，滋欲殺垓甚。垓變姓名，逃之寧波，國亡乃解。」回首風塵涕淚流，故鄉蕭瑟海天秋。田橫島在魚龍冷，孌大城荒草木愁。

按：《明史》黃龍、朱大典諸傳，登、萊之亂始於長山諸島，島去登州四十里，迨亂賊孔有德、耿仲明等先後降大清。崇禎十一年夏，楊嗣昌決策，徙其兵民於寧、錦，而諸島一空，地亦界萊也。當日竹宮從萬騎，祀日歌風何意氣。斷碑年月記乾封，柏梁侍從誰承制。魯連蹈海非求名，鷗夷一舸寧逃生。丈夫淪落有時命，豈復悠悠行路心。我亦滄浪釣船繫，明日隨君買山住。《烏絲詞》

注：「姜貞毅先生敬亭山房，即王〔註16〕文蕭公清瑤嶼也。」魏禧《敬亭山房記》：「如須死，葬吳郡。」

言懷

苦留蹤跡住塵寰，學道無成且閉關。祇為魯連寧蹈海，誰云介子不焚山。枯桐半死心還直，斷石經移蘚自斑。欲就君平問消息，風波幾得釣船還。

壽王鑑明五十《婁東耆舊傳》：「王應時仕元，參脫脫軍，從破賊有功。孫紹一，洪武初以武功顯，世有蔭襲。子孫家太倉之茜涇。至鑑明為諸生，有聲。生發祥，順治乙未進士，仕至湖廣提學僉事。發祥生吉武，康熙丙辰進士，以民部郎出守紹興。」○鑑明，名日新。

伏勝謝生徒，開壁藏卷軸。桓榮抱詩書，拾梠逃巖谷。古來兩經生，遭亂耽講讀。後皆保耆頤，或乃致鼎足。當世數大儒，如君號名宿。通識曉世變，早記駭愚俗。一朝載妻子，推車入天目。《婁東耆舊傳》：「鑑明崇禎中知將亂，曾徙居臨安。今子孫仍為州人。」經營志不遂，退乃就田牧。十畝給桑麻，一溪蒔花木。果茹飴兒孫，樵蘇課僮僕。以代子陵釣，無媿君平卜。俯視悠悠人，愁苦對金玉。下士豈聞道，世事如轉轂。五十知天命，養生在無欲。全家就白雲，避地驅黃犢。無以侑君觴，知足則不辱。

〔註16〕「王」，楊學沆本作「文」。

感事

不事扶風椽，難畊好時田。老知三尺法，官為五銖錢。築土驚傳箭，呼門避櫂船。此身非少壯，休息待何年。

初冬月夜過子儗

月色破林巒，貧家共一灘。門開孤樹直，影逼兩人寒。爛茗誇陽羨，論詩到建安。亦知談笑久，良夜睡應難。

園居東許九日 程穆衡《鳥吟集》小傳：「許旭，字九日。少稟家學，聲譽日起。吳梅村極加稱賞，故海內英髦爭捧敦槃。既而入制府范忠貞公之幕，公自浙撫督閩，九日贊畫軍務，深所倚毗。耿逆之亂，公殉節，幕下客無一免者，獨九日適先以事假得脫死。其《秋水集》格嚴思精，卓然成一家之言。」

迸筍穿茶竈，攲花罨釀房。曝書移畫几，敲筆響琴床。晚食知眠懶，輕衫便酒狂。翛然吾願足，不肯負滄浪。

琵琶行並敘

去梅村一里，為王太常煙客南園。煙客，見後。《州乘備採》：「南園，即陸容參政菽園遺址，王太常得而修築之。其窪隆面勢，尚仍其舊，梅桂蕭森，饒幽秀之致。」今春梅花盛開，予偶步到此，忽聞琵琶聲，出於短垣叢竹間。循牆側聽，當其妙處，不覺拊掌。主人開〔註17〕延客，問向誰彈，則通州白在湄、子彧如父子，〔註18〕善琵琶，好為新聲，須臾花下置酒，白生為余朗彈一曲，乃先帝十七年以來事。敘述亂離，豪嘈淒切。按：公《秣陵春》樂府曲終託琵琶敘述往事，蓋本諸此。坐客有舊中常侍姚公，避地流落江南，因言先帝在玉熙宮中，梨園子弟奏水嬉、過錦諸戲，內才人於暖閣齋鏤金曲柄琵琶，彈清商雜調。自河南冠亂，天顏常慘然不悅，無復有此樂矣。相與哽咽者久之。於是作長句記其事，凡六百二言，仍命之曰《琵琶行》。

琵琶急響多秦聲，對山慷慨稱入神。同時漢陂亦第一，兩人失志遭遷謫。《明史·文苑傳》：「王九思嘗費重貲購樂工學琵琶，康海搊彈尤善。後人傳相

〔註17〕「開」下，楊學沆本有「門」。
〔註18〕眉批：在湄名玨，一字璧雙。《本事詩》：「白生璧雙琵琶第一手，吳梅村曾作《琵琶行》記其事，陳其年所謂『一曲紅鹽數行淚，江南祭酒不勝情』者也。」
　　　按：此條眉批，楊學沆本已採入。

傲倪，夫〔註19〕雅之道微矣。」錢謙益《列朝詩小傳》：「王九思，字敬夫，鄠縣人。康海，字德涵，武功人。同里同官，以瑾禍放逐沂東鄠杜之間，相與過從談讌，徵歌度曲，以相娛樂。萬曆間，廣陵人顧小侯所建。遊長安，訪曲中七十老妓，令歌康王樂府。其流風餘韻，關西人猶能道之。」王廷相《河濱樂府・自敘》：「歲丁亥，遊蜀道，出武功，會對山康子，與談古今詞曲。邇日得沂東樂府讀之，戚然懷舊，乃撰雙調二十二章，以寄康子。」**絕調王康並盛名，崑崙摩詰無顏色。**謂對山、渼陂足掩唐康崑崙、王摩詰。**百年餘來操南風，竹枝水調謳吳儂。里人度曲魏良輔，**《初學集》：「崑山魏良輔，精於度曲，著曲律二十餘則，時稱崑腔。似虞周翁與遊旬月，曲盡其妙。太倉趙五老者，亦魏生高足。」按：良輔後寓州中，邑志亦作州人，故云。**高士填詞梁伯龍。**張大復《崑山人物志》：「梁辰魚，字伯龍。身長八尺，誂奇善飲。」吳綺《衡曲麈談》：「梁伯龍博雅擅場，《吳越春秋》善述史學而不平實，且賓白工緻，具見名筆，評以擲地金聲，殆非虛語。」**北調猶存止絃索，朔管胡琴相間作。盡失傳頭誤後生，誰知卻唱江南樂。**《綏寇紀略》：「兵未起時，中州諸王府中樂府造絃索，漸流江南，其音繁促淒緊，聽之哀蕩。大河以北，所謂誇調者，其言尤鄙。大抵男女相愁離別之音，靡細難辨。」姜紹書《韻石齋筆談》：「楊仲修見周藩樂器，因創為提琴，哀弦促柱，佐以簫管，童子以曼聲和歌，〔註20〕聽之使神愴，不能自已。」**今春偶步城南斜，王家池館彈琵琶。悄聽失聲叫奇絕，主人招客同看花。為問按歌人姓白，家住通州好尋覓。袴褶新更回鶻裝，虬鬚錯認龜茲客。偶因同坐話先皇，手把檀槽淚幾行。抱向人前訴遺事，其時月黑花茫茫。初撥鵾弦秋雨滴，刀劍相摩轂相擊。驚沙拂面鼓沉沉，奅然一聲飛霹靂。南山石裂黃河傾，馬蹄迸散車徒行。鐵鳳銅盤柱摧塌，四條弦上煙塵生。忽焉摧藏若枯木，寂寞空城烏啄肉。轆轤夜豐轉呀啞，嗚咽無聲貴人哭。碎珮叢鈴斷續風，冰泉凍壑瀉淙淙。明珠瑟瑟拋殘盡，卻在輕籠慢撚中。斜抹輕挑中一摘，淒慄颼飀懍肌骨。銜枚鐵騎飲桑乾，白草黃沙夜吹笛。可憐風雪滿關山，烏鵲南飛行路難。獨嘯鼯啼山鬼語，瞿唐千尺響鳴灘。**自初撥鵾弦起至此，狀音之高卑嘽疾，皆與明亡事相映比，所謂「十七年以來事」也。精麗超絕，脫盡舊蹊。**坐中有客淚如霰，先朝舊值乾清殿。**徐學聚《國朝典彙》：「嘉靖十四年秋，乾清宮左右小殿成。」**穿宮近侍拜長秋，**劉若愚《蕪史》：「乾清宮之北曰交泰殿，即皇后所居也，故曰穿宮云。」**咬春

〔註19〕「夫」，《明史》卷二百八十六《文苑列傳二・王九思》作「大」。
〔註20〕按：楊學沆本此處有「纏綿悽楚，如泣如訴」。

燕九陪遊宴。高士奇《隨輦集》：「都人立春日競食生蘿蔔，曰咬春。中街市半夜猶有賣者，高呼曰賽過脆梨。」《順天府志》：「都人以正月九日致漿長春丘真人墓下，謂之燕九。墓在白雲觀右。真人名處機，字通密，棲霞人。」**先皇駕幸玉熙宮**，高士奇《金鰲退食筆記》：「玉熙宮在西安里門街北。」**鳳紙僉名喚樂工。苑內水嬉金傀儡，**《金鰲退食筆記》：「水嬉之制，用輕木彫成海外諸國及先賢文武男女之像，約高二尺，彩畫如生。有臀無足而底平，下安卯枘，用竹枝〔註21〕承之。設方木池，貯水令滿，取魚蝦萍藻實其中，隔以紗障。運機之人，皆在障內游移動轉。一人鳴金，宣白題目，代為問答。惟暑天白晝作之，以銷長夏。」按：劉楨《魯都賦》：「素秋二七，天漢指隅。人胥祓禳，國子水嬉。」似其名由來已舊。若張衡《西京賦》「命舟牧為水嬉」，則直謂水中嬉遊，文同事異。**殿頭過錦玉玲瓏。**陳悰《天啟宮詞》注：「過錦，鍾鼓司所承應戲也。每回數人為之，極鄙瑣不文。將畢，諧謔雜發，鑼鼓喧鬧，奉酒御前而散。」《金鰲退食筆記》：「過錦戲約有百回，每回十餘人，不拘人，濃淡相間，雅俗並陳。又如雜劇古事之類，各有引旗一對，鼓吹送上。所扮備極世間騙局俗態，並拙婦騃男及市井商賈刁賴、詞訟雜要諸項，蓋欲九重之中廣識見，博聰明，順天時，恤民隱也。愍帝每宴玉熙宮作之。一日，報至汴梁失守，親藩被害，遂大慟而罷，自此不復幸矣。」**一自中原盛犲虎，煖閣才人撤歌舞。**張合《宙載》：「暖閣在乾清宮後，凡九間。中一間，置床三張於房下，即以天橋上左一間之上間，置床三張於上；又以天橋下左二間之下間，置床三張於下；又以天橋上左三間之上間，又置床三張於上；又以天橋下左四間之下間，置床三張於下。右四間亦如之。天橋即人家樓梯也，凡九間，有上有下，共置床二十張於閣。天子隨時居寢，制度殊異。」**插柳停搊素手箏，**《蕪史》：「宮眷內臣清明插柳枝於髮。」**燒燈罷擊花奴鼓。我亦承明侍至尊，止聞鼓樂奏雲門。段師淪落延年死，不見君王賜予恩。一人勞悴深宮裏，賊騎西來趨易水。萬歲山前簫鼓鳴，**薛蕙《西原集》：「萬歲山在子城東北玄武門外，為大內之鎮山。高百餘丈，周圍二里許，林木茂密，其顛有石刻御座，兩松覆之。山下有亭，林木陰翳，多植奇果，名百果團。」**九龍池畔悲笳起。**程嶤勤《篁墩集》：「九龍池在昭陵西南，方廣十丈，重垣護之，覆以黃甓，石琢九龍，張頷噴津入池，冷然有聲。夾池植桃柳，積東為月關洩水，水流出關為小渠，過石渠入山下田。」**換羽移宮總斷腸，江村花落聽霓裳。龜年哽咽歌長恨，力士凄涼說上皇。前輩風流最堪羨，明時遷客猶嗟怨。即今相對苦南冠，升平樂事難重見。白生爾盡一杯酒，由來此技推能手。**《州乘備採》：

「白或如流寓吾州。琵琶授賈二，二授李佳譽，絕不傳。」岐王席散少陵窮，五陵召客君知否。獨有風塵潦倒人，偶逢絲竹便沾巾。江湖滿地南鄉子，鐵笛哀歌何處尋。

西田詩《州乘備採》：「西田在歸涇之上。歸涇者，去城西有十二里。或曰歸姓常居焉，或曰以其治吳塘而北可歸焉。王煙客自號歸村老農，築農慶堂以居。」《婁東耆舊傳》：「王時敏，字遜之，文肅公錫爵冢孫，以蔭補太常寺卿，持節封藩，常渡錢唐，入豫章，涉沅湘，踰閩嶠，所至省廚傳，卻贐幣。居鄉好行其德，子孫光顯，壽踰九十。」王貽上《帶經堂集》：「太常公風流弘長，歸然為江左文獻，尤擅六法，寸縑尺素，流傳海外，論者以比黃公望。」《梅村文集》：「煙客自奉常謝政，幅中里門，有城中賜第以安起居，有近郊別墅以娛杖履，而樂此者曰：『此田是先朝祿賜所遺，先相國文肅公所以貽子孫也。』」

穿築倦人事，野田得自然。偶來北郭外，學住西溪邊。道大習隱難，地僻起眾傳。而我忽相訪，棹入菰蒲天。落日浮遠樹，桑柘生微煙。逕轉蹊路迷，鳧鴨引我船。香近聞芰荷，臥入花鮮妍。人語出垂柳，曲岸漁槎偏。執手顧而笑，此乃吾西田。長得君輩客，君輩亦謂王氏事。野興同流連。藉草傾一壺，聊以娛餘年。

到此身世寬，息心事樵牧。舍南一團焦，云以飯黃犢。入門沿長廊，虛堂敞心目。把卷倚新桐，持杯泛黃菊。見後詩。曲處通簾櫳，茶香具含蓄。俄穿密室暗，倏遇清溪綠。碧水開紅蕖，涓涓媚幽獨。有鳥立層波，垂翅清如玉。對此不能去，溪光好留宿。月照寒潭深，經聲入寒竹。徙倚良有悟，閒房道書讀。

別業多幽處，探原更不窮。堤沿密篠盡，路細竹扉通。石罅枯泉通，菖蒲間碧叢。一亭壓溪頭，魚藻如遊空。扁舟更不繫，出沒柳陰風。小閣收平蕪，良苗何雍容。此綠詎可畫，變化陰晴中。隔岡見村舍，曲背驅牛翁。苦言官長峻，未敢休微躬。樸陋矜詩書，無乃與我同。日落掩扉去，滿地桃花紅。

此首亦是齊、梁半格。

常言愛茅齋，投老纔剪葺。創置依舊圖，新意出彷彿。蒼然一笠寒，能添夕陽色。細影懸晨光，一一清露滴。卞生工丹青，妙手固誰匹？山村貪無人，取意先自適。想象生雲煙，為我開素壁。了了見千峰，可以

攜手入。〔註22〕馮仙湜《續圖繪寶鑑》：「卞文瑜號浮白，蘇州人。小景頗佳。」此謂卞為繪壁也。道人十年夢，惆悵平生屐。此地作臥遊，不負幽人室。願以求長生，芝草堪採食。

王煙客招往西田同王二攝六王大子彥及家舅氏朱昭芑李爾公賓侯兄弟賞菊

〔註23〕攝六、子彥，見前。《梅村文集》：「昭芑，諱明鎬，太倉人。父廷璋，於余外王父為從兄弟。君生而穎異，十七補諸生。嘗偕侯廣成先生遊江右，為葉公大木之粵東。制舉藝極工。世變，遂棄去，發憤攻古學。馬、班、范三史考核尚未竟，魏晉以降，貫穿詳洽。所著唯《書史異同》、《新舊異同》二書先成，其餘十有三種，《史糾》尤可傳。」○二李，崑山人，煙客內侄也。

　　九秋風物令公香，原注：文肅嗜菊，此其遺愛。三徑滋培處士莊。花似賜緋黃賜紫，人曾衣白對衣黃。《擘䚤卮談》：「子彥即席箋此句，謂衣字去聲。然公謂自是佳，無可易，不忍去衣。」未堪醉酒師彭澤，欲借餐英問首陽。轉眼東籬有何意，莊嚴金色是空王。

　　不扶自直疎還密，已折仍開瘦更妍。最愛蕭齋臨素壁，好因高燭耀華鈿。坐來豔質同杯泛，老去孤根僅瓦全。原注：蒔者以瓦束土。○《詩話》：「蒼雪師和句云：『獨擅秋容晚節全。』全字落韻，和者甚多，無出師上者。」苦向鄰家怨移植，寄人籬下受人憐。

和王太常西田雜興韻原唱七首，題云：用沈景倩家林諸作韻。

　　一臥溪雲相見稀，繫船枯柳叩斜扉。橋通小市魚蝦賤，水達孤村煙火微。到處琴書攜自近，驟來賓客看人圍。畫將松雪花溪卷，補入西田老衲衣。

　　積暑空庭鳥雀稀，泉聲入竹冷巖扉。芒鞋藤杖將迎少，蟢舍魚莊生事微。病酒客攜茶蘋到，罷棋人簇畫圖圍。日斜清簟追涼好，移榻梧陰見解衣。

　　苦竹黃蘆宿火稀，渡頭人歇望歸扉。偶添小閣林巒秀，〔註24〕漸見

〔註22〕眉批：文瑜，字潤甫。煙客《西盧詩艸》云：「潤甫卞翁，為余盡壁，高妙直追董，歌以紀之。」
〔註23〕眉批：賓侯名開鄴，順治乙未進士。
〔註24〕按：底本此句作「偶添閣林巒小秀」，據眉批「『偶添小閣林巒秀』之句」更正。

歸帆煙靄微。蔬圃草深鳧雁亂，水亭橋沒芰荷圍。夜涼卷幔深更話，已禦秋來白袷衣。

竹塢花潭過客稀，灌畦繞罷掩松扉。道人石上支頤久，漁父磯頭欸乃微。潮沒秋田孤鶩遠，閣含山雨斷虹圍。〔註25〕亭皋木落黃州夢，江海翩躚一羽衣。

亂後歸來桑柘稀，牽船補屋就柴扉。遊魚自見江湖闊，野雀何知身體微。聽說詩書田父喜，偶談城市醉人圍。昨朝換去機頭布，已見新縫短後衣。

勝情今日似君稀，鷺立灘頭隱釣扉。屋置茶寮圖陸羽，軒開畫壁祀探微。蕭齋散帙知耽癖，高座談經早解圍。手植松枝當麈尾，雲林居士水田衣。

相逢道舊故交稀，偶過鄰翁話掩扉。陶氏先疇思士行，謝家遺緒羨弘微。城中賜第書千卷，祠下豐碑柳十圍。今日亂離牢落甚，秋風禾黍淚沾衣。

春曉臺前春思稀，〔註26〕故園蘿薜繞山扉。僅畊十畝桑麻熟，僧住一龕鍾磬微。題就詩篇纔滿壁，種來松栝已成圍。而今卻向西田老，換石栽花典敝衣。

贈蒼雪蒼雪，名讀徹，雲南人。〔註27〕王貽上《漁洋詩話》：「近日衲子詩，當以滇南讀徹為第一。如『一夜花開湖上路，半春家在雪中山』，『亂流落葉聲兼下，聽徹寒扉不上關』，皆警句也。」詳後五七律詩。

我聞昆明水，天花散無數。躡足凌高峰，了了見佛土。法師滇海來，植杖渡湘浦。藤鞋負貝葉，葉葉青蓮吐。法航下匡廬，講室臨玄圃。忽聞金焦鍾，過江救諸苦。中峰古道場，浮圖出平楚。通泉繞階除，疏巖置廊庭。盧熊《吳郡志》：「中峰在支硎山寒泉上，又名楞伽院，為支遁故居。遁詩曰：『石室可蔽身，寒泉濯溫手。』相傳遁冬居石室，夏隱別峰。泉上刻紫巖居士虞廷臣書寒泉二字，徑丈。」徐崧《百城煙水》：「支硎山中峰寺，明弘、正間廢，地歸王

〔註25〕眉批：煙客《西廬詩草》云：「西田玉峰在南，虞山在北。」
〔註26〕眉批：春曉臺在煙客樂郊園中，臺下董思白書《池上篇》。
〔註27〕眉批：蒼雪，字見曉。

文恪公。天啟中，公元孫永思臨沒，遺言仍還淨域。是時，一雨潤公住華山，因施為淨室。門人汰如明公、蒼雪徹公嗣開講席。徹公病，元道、曉菴相繼主之。」同學有汰公，兩山聞法鼓。天親偕無著，〔註28〕一朝亡其伍。《梅村詩話》：「蒼雪與維揚汰如師生同年月日，相去萬里，而法門兄弟氣誼最得。蒼住中峰，天住華山，人以比無著、天親焉。」《初學集·〔註29〕汰如塔銘》：「明河字汰如，通州人，一雨潤公之弟子也。雪浪之後為巢雨，巢雨之後為蒼、汰。四公法門冢嫡，如兩鼻孔同一出氣，但有左右耳。汰如繼雨公說法，自號高松道者，示寂於華山。」按：蒼雪至吾州，在汰如亡後。見七律。獨遊東海上，從者如牆堵。迦文開十誦，廣舌演四部。設難何衡陽，答疑劉少府。〔註30〕人我將無同，是非空諸所。即今四海內，道路多豺虎。師於高座上，瓣香祝君父。欲使菩提樹，徧蔭諸國土。洱水與蒼山，佛教之齊魯。陳鼎《滇黔紀遊》：「點蒼山一名靈鷲，梵語耆闍崛。列剎相望，在天竺幅員之內，為河育王故封。曾建八萬四千塔，大理塔基數百，皆其舊址。宋乾德二年，詔沙門三百人入天竺求舍利及梵書，至開寶九年始歸。其紀錄行程，曰巍峰，曰誰足山，曰憂波掬多石室，曰王舍城，曰鷲峰，曰阿雞半身舍利塔，曰畢羅鉢窟。以今考之，皆大理故蹟也。蓋當日由西番行入天竺，而轉東行，以達大理，黔、蜀之道尚不通也。今雞足與靈鷲相望，而畢鉢羅窟、舍利塔現存。然則世之所謂佛國者，即在滇南。」一屐遊中原，五嶽問諸祖。稽首香花巖，妙義足千古。

贈蒼雪若鏡〔註31〕兩師見訪

孤雲所宿處，清磬出層陰。高座惟師道，扁舟亦此心。尋秋逢講樹，到海發禪音。月色霜天正，吾師詩思深。

謝蒼雪〔註32〕葉染道衣

娑羅多寶樹，煎水衲衣黃。不染非真色，拈來有妙香。足跌僧相滿，手錠〔註33〕戒心長。一笠支郎許，安禪向石旁。

〔註28〕眉批：按：《西域記》：無著菩薩是天親菩薩之兄。佛滅十年，從沙彌寒部出。兄弟俱為應化聖賢。

〔註29〕「初學集」，楊學沆本作「無名氏」。

〔註30〕眉批：何衡陽，宋何承天也，有與宗炳。論難佛經書，見《弘明集》。劉少府，臨川王劉義慶也。亦見《弘明集》。

〔註31〕「若鏡」，楊學沆本誤作「鏡若」。

〔註32〕楊學沆本此處有「贈」字。

〔註33〕「錠」，楊學沆本作「綻」。

題歸玄恭僧服小像玄恭名莊，後改字元公，崑山人。王崇簡《青箱堂集》：「余年友刑部公震復之子孝儀，公車來都下，惠以新刻《震川先生集》，見其跋語，乃偕先生孫文休與其子元公編輯，為牧齋先生所次第。」

　　豈是前身釋道安，遇人不著鹿皮冠。接籬漉酒科頭坐，只作先生醉裏看。原注：好酒。

　　金粟山人道者裝，玉山秋盡草堂荒。劫灰重作江南夢，一曲開元淚萬行。原注：能詩。顧阿瑛號金粟道人，著《天寶遺事詩》，談庚申君事。○楊維楨《鐵崖集》：「崑隱居顧仲瑛氏，其家世在崑之西界，溪之上為園池別墅，名其前之軒曰桃源，中之室曰芝雲，東曰可詩齋，西曰讀書舍，後之館曰碧梧翠竹，亭曰種玉，合而稱之，則曰玉山佳處。」按：顧德輝一名阿瑛，字仲瑛，舉茂才，署會稽教諭，力辭不就。後用子恩封武略將軍、錢唐縣男。明初以富徙實鳳陽，其自題畫像有「儒衣僧帽道人鞋」句，故此引為比。庚申君，元順帝也。袁忠徹著《符臺外集》，戴元順帝為瀛國公子，而《初學集》復援引證實其事，蓋實始於仲瑛。

　　共道淇園長異材，風欺雪壓倩誰栽。道人掃向維摩壁，千尺蒼龍護講臺。〔註34〕

梅花菴同林若撫話雨聯句林若撫，名雲鳳，蘇洲人。《臥龍山人集》：「吳門林若撫詞場耆艾，少時及見臨川湯義仍，相與酬唱，凡連床刻燭，必窮日竟夜卒之，氣盡而止。」《州乘備採》：「梅花菴在鹿蕉書屋後，今為尼居。」追次生平，排比終始。公詩自敘，此章獨見其詳。

　　放策名園勝，停驂客思淹。雲鳳。初涼欣颯爽，入夜苦霡霖。偉業。有待聞乾鵲，無因見皎蟾。鳳。蒲荒迷鷺彩，花落冷魚喲。鳥語枝頭咽，蟲鳴葉底潛。清齋幽事足，良會逸情兼。業。貧士藏書富，高人取友嚴。膏騰長自臥，剝啄遣童〔註35〕覘。北郭余偕隱，東山爾共瞻。鳳。○以上感時物而敘會晤之由也。生來門是德，住處水名廉。業。觸地詞源湧，摧鋒筆陣鈷。萬言成寸晷，一字直三緤。雜佩紉蘭茝，名材貢杞枏。三千登甲第，四十到宮詹。鳳。仙樂清商奏，天廚法酒霑。使車遊宛洛，樓艦出沱灉。職亞成均掌，官同秘院僉。含毫芸閣草，插架石渠籤。業。○記

〔註34〕按：楊學沆本有原注：畫竹。另有第四首：中山絕技妙空群，智永傳家在右軍。
　　　　為寫頭陀新寺額，筆鋒蒸出墨池雲。原注：工書。
〔註35〕「童」，楊學沆本作「僮」。

—79—

公盛藻魏科，封藩於鄭，典試於楚，官至司成詹事。〔註36〕道已銘鍾鼎，交仍隔釜鬵。雲霄三省相，虎豹九關闔。業。害物摩牙慘，持權炙手炎。遊夫空掉闖，武士浪韜鈐。鳳。海寓洪罏熠，民生沸鼎燖。天心何叵測，宸極竟危阽。業。夏社松陰改，周原麥秀漸。詩書遭黨錮，冠蓋受鬠鉗。鳳。暴骨巖城陷，燒屯甲士殲。子民餘爨爆，尺土剩滇黔。業。○悼溫、蔡諸姦通奄亂政，馴致神州陸沉，民生塗炭也。時贛、閩已失，永明王由桂入滇。越俗更裳珮，秦風失帽襜。短衣還戍削，長帶夙蠻襳。絕跡違朝市，全身混里閻。鳳。挐舟浮碿曲，扶杖度山崦。篰閣迎寒葺，茅亭帶雨苫。業。冥鴻思避弋，老馬脫銜箝。朋舊從頭數，篇章信口占。鳳。境奇窮想入，才退苦言砭。大曆場誰擅，元和體獨纖。聆音嗤下里，睹貌歎無鹽〔註37〕。好句奚囊貯，清談塵尾拈。飛觴邀阮籍，豎義問劉惔。業。○言易姓改制後惟志隱居，託詩自遣也。情洽覼苛禮，形忘略小嫌。詆諧文乞巧，憔悴賦驅痁。書擬中郎秘，香憑小史添。搴蘭將滿握，採菊不盈襜。鳳。紙帳蛛絲冑，紗屏蝶粉黏。試茶追陸羽，退筆弔蒙恬。玩物高居澹，安心老境恬。食羹調芍藥，釀法制蒫簽。黃擘團臍蟹，霜批巨口鮎。香流金杏酢，脆入玉梅醃。送酒橫波豔，調箏素手摻。新聲歌緩緩，沉飲醉厭厭。業。○又雜敘隱居瑣事，若將終焉如此也。梅老看圍屋，花開待放簷。道人君弗愧，處士我何謙。鳳。綠印苔間屐，青飄柳外簾。池流緣岸折，峰勢出牆尖。業。興到〔註38〕神偏旺，狂來語類譫。徘徊吟數過，撚斷幾枯髯。鳳。○末始及梅花菴聯句之意。

送照如禪師還吳門《州乘備採》：「照如，俗曹姓、州人，名洵，字元孟。祖為魯川先生，著書數百卷，論浮屠與孔子之道合。照如以州庠生出家，住吳郡西郊之華雨菴。」

秋氣肅群慮，衲衣還故棲。雲生孤枝迥，月出萬山低。乞火青楓寺，疏泉紫芋畦。石床椷拂子，盡說似曹溪。

吳門遇劉雪舫按：《明史·外戚傳》：「劉文炳同弟文燿及叔繼祖俱投井死，妻妾登樓自焚，闔門死者四十二人，惟弟文照逃去。」雪舫或即文照，或另一人。《州乘備

〔註36〕楊學沆本此處有「翰染丹青障，棋分黑白奩。望崇敦雅素，氣直折壬憸（鳳）」。
〔註37〕「鹽」，底本作「言」，據眉批「『言』當作『鹽』」改。
〔註38〕「到」，楊學沆本作「劇」。

採》：「《梅村集》有《吳門遇劉雪舫》詩，頗疑新樂之弟何緣至吳門，且《明史・新樂傳》闔門殉難，僅存文照，亦未詳其後也。今考得明季有劉文炯，以宛平籍新樂弟來任吾州管糧判官。國變後，寓郡中。意當時外戚或以東南為遺種處，而謀為是官，因此雪舫來遊吳，而史傳所載特未備也。」雪舫有詩集曰《攬蕙堂偶存》。

　　出門遇高會，雜坐皆良朋。排闔一少年，其氣為幽并。羌裘雖裹膝，目乃無諸傖。忽然語笑合，與我談生平。亡姑備宮掖，吾父天家婿。先皇在信邸，隆禮如諸甥。長兄進徹侯，次兄拜將軍。《明史・外戚傳》：「劉文炳，宛平人。祖應元，娶徐氏，生女入宮，即莊烈帝生母孝純皇太后也。應元早卒。帝即位，封太后弟效祖新樂伯，即文炳父。八年，卒。九年進文炳侯。十三年，贈應元瀛國公，封徐瀛國太夫人。文炳晉少傅，叔繼祖、弟文燿、文照俱晉爵有差。」按：文燿官至左都督，故有拜將軍句。先皇早失恃，寤寐求音形。太常奉睿容，流涕朝群臣。《明史・后妃傳》：「帝五歲失太后，問左右遺像，莫能傳。傅懿妃者，舊與太后同為淑女，比宮居，自稱習太后。言宮人中狀貌相類者，命後母瀛國太夫人指示畫工。圖成，由正陽門具法駕，帝跪迎於午門，呼老宮婢視之，或曰似，或曰否，帝雨泣。」周在浚《燕舟客話》：「長椿寺大殿旁小室內藏佛像十餘軸，中二軸黃綾繫褾，一繪九朵青蓮花，捧一牌，題曰九蓮菩薩之位，明神宗母李太后也；一繪女像，具天人姿，戴毘盧帽，衣紅錦袈裟，題菩薩號，下注崇禎庚辰年恭繪，烈皇生母孝純劉太后也。二圖不知何時安奉寺內，今乃委積塵埃中。」新樂初受封，搢笏登王廷。至尊亦豐頤，一見驚公卿。兩宮方貴重，通籍長安門。周侯累纖微，鄙哉無令名。田氏起輕俠，賓客多縱橫。《外戚傳》：「周奎，蘇州人，莊烈帝周皇后父也。崇禎三年，封嘉定伯，賜第於蘇州之葑門。帝常諭奎及田貴妃父弘遇、袁貴妃父祐宜恪遵法度，為諸戚臣先。祐頗謹慎，唯弘遇驕縱，奎居外戚中，碌碌而已。」不比先後家，天語頻諄諄。獨見新樂朝，上意偏殷勤。愛其子弟謹，憂彼俸給貧。每開三十庫，手賜千黃金。按：《崇禎遺錄》：「承運庫：金、銀花供后妃金花及宦官宮妾賞賚，責輕銀以為勳戚及京衛武臣俸祿。」此蓋侈言之。長戈指北闕，鼙鼓來西秦。寧武止一戰，各帥皆投兵。楊士聰《甲申核真略》：「賊之陷二關而入也，守寧武關者，總兵周遇吉夫婦，臨陣殲賊無數。賊誘降，不從。力盡，全家赴火。賊屠其城，歎曰：『使守將盡如周將軍，吾何以得至此。』是日至宣府，白廣恩、官撫民，與總兵姜瓌約降。至居庸，太監杜之秩與唐通俱降。」漁陽股肱郡，千里無堅城。嗚呼四海主，此際唯一身。彷彿萬歲山，先後輼輬迎。辛苦十七年，欲訴知何因？今纔識母面，同去朝諸陵。《外戚傳》：「三月初一日，賊警益急，命文定、勛戚分守京城，繼祖守東安門，文燿守永定

門，鞏永固守崇文門。文炳以繼祖、文燿俱守城，故未有職事。十六日，賊攻西直門，勢益急，文炳母杜氏於樓上作七八縋，命積薪樓下，又念瀛國篤老，不可俱燼，計匿之申湛然家。十八日，帝密召文炳、永固，時外城已陷，帝曰：『二卿所糾家丁，能巷戰乎？』文炳以眾寡不敵對，帝愕然。永固奏曰：『臣等已積薪第中，當闔門焚死，以報皇上。』帝曰：『朕志決矣，朕不能守社稷，能死社稷。』兩人皆涕泣，誓效死出。」**我兄聞再拜，慟哭高皇靈。烈烈鞏都尉，揮手先我行。寧同英國死，不作襄城生。**《外戚傳》：「兩人出，馳至崇文門。須臾，賊大至，永固射賊，文炳助之，殺數十人。十九日，城陷，文炳歸，見第焚，火烈不得入。入後園，適申湛然至，曰：『鞏都尉已焚府第自刎矣。』文炳曰：『諾。』將投井，忽止，曰：『戎服也，不可見皇帝。』湛然脫己幘冠之，遂投井死。」鄒漪《明季遺聞》：「英國公張世澤城陷即死，襄城伯李國楨請賊勿犯陵寢、改殯先帝后、勿害太子二王三事，賊並諾。數日後，葬帝田貴妃墓，惟國楨一人往哭送，隨自殺。」**我幼獨見遺，貧賤今依人。**詳此或是文炤。《外戚傳》：「十九日，文炤方侍母飯，家人急入曰：『城陷矣！』文炤盌忽脫地，直視母。母繼起登樓，眾從之。懸孝純像，母率眾哭拜，各縊死。文炤入，縋墮，撫母背，連呼曰：『兒不能死矣！從母命留侍太夫人。』遂逃去。家人共焚樓。」**當時聽其語，剪燭忘深更。長安昔全盛，曾記朝元正。道逢五侯騎，願皙為卿兄。**考《明史》，崇禎未封爵，現存者，伯六人：鼓城、惠安、永年、永寧、太康、嘉定；侯四人：武清、新城、新樂、博平也。**即君貌酷似，豐下而微黔。貴戚諸舊遊，追憶應難真。依稀李與郭，**《外戚傳》：「孝定李太后父偉封武清侯，至曾孫國瑞當嗣，詔借餉，悸死，復其爵。光宗孝元郭皇后父維城封博平伯，進侯，卒，兄振明嗣。」**流落今誰存？君曰欲我談，清酒須三升。舊時白石莊，萬柳餘空根。**孫國敉《燕都遊覽志》：「駙馬都尉萬公白石莊在白石橋北，臺榭數里，古木多合抱，竹色蔥蒨，盛夏不知有暑。駙馬園亭當為第一。」劉侗《帝京景物略》：「萬駙馬白石莊有爽閣、郁岡軒、翳月池。」《明史·外戚傳》：「神宗同母妹瑞安公主下嫁萬煒。崇禎時，煒至太傅，文華進講，佩刀入直，年七十餘。國變，同子長祚死於職。」**海淀李侯墅，秋雁飛沙汀。**王嘉謨《薊丘集》：「海淀在甕山東五里，西湖正當其前。湖北岸長隄五六里，柳多合抱。」沈光裕《礜莳》：「海淀清華園，戚畹李侯之別業也。初至，見茅屋數間。入重門，境始大。池中金鱗長至五尺，別院二，邐麗各極其致。為樓百尺，對山瞰河。隄柳長二十里。亭曰花聚，芙藻繞亭。池東置斷石，西折為閣，為飛橋，為山洞。西北為水閣，壘石以激水，其形如簾，其聲如瀑。禽魚花木之盛，南中無以過。」**博平有別業，乃在西**

湖濱。李東陽《懷麓堂集》：「西湖方十餘里，左田右湖。」袁宗道《瀟碧堂集》：「西湖蓮花千畝，步長堤，息龍王廟，香風繞袖。」亓翔《夢遊錄》：「郭皇親新園，與望湖亭正對。」**惠安畜名花，牡丹天下聞。**《外戚傳》：「張昇以英宗初太皇太后弟封惠安伯。崇禎中，慶臻襲封。賊陷都城，自燔死。」《燕都遊覽志》：「太傅惠安伯張公園在嘉興觀之右，牡丹、芍藥各數百畝。花時，主人製小兒供遊客，行花塍中。」《袁中郎集》：「惠安伯張元善園中牡丹，自言經營四十餘年，筋力悉疲於此。花自籬落至門屏，無非牡丹也。最後一空亭，周遭皆芍藥，密如生畦，約有十餘萬本。」**富貴一朝盡，落日浮寒雲。走馬南海子，射兔西山陰。路旁一寢園，御道居人侵。碑鑴孝純字，僵石莓苔青。下馬向之拜，見者疑王孫。詢是先後姪，感歎增傷心。**《后妃傳》：「后初入宮，為淑女，萬曆三十八年十二月生莊烈帝，已失光宗意，被譴，薨。光宗中悔，恐神宗知之，戒掖庭勿言，葬於西山。及帝長，封信王，追進賢妃。時帝居勗勤宮，問近侍曰：『西山有申懿王墳乎？』曰：『有。』『旁有劉娘娘墳乎？』曰：『有。』每密付金錢往祭。及即位，上尊諡曰孝純恭懿淑穆莊靜毗天毓聖皇太后，遷葬慶陵。」**落魄遊江湖，蹤跡嗟飄零。傾囊縱蒲博，劇飲甘沉淪。不圖風雨夜，話舊同諸君。已矣勿復言，淚下沾衣襟。**

贈徐子能〔註39〕原注：子能病蹇。○子能，名增，吳縣人。《初學集》：「乙亥秋，子能訪余於虎丘，膚神清令，出其《芳草》詩，名章繡句，絡繹奔會。余與西蜀尹子求共歡賞之。更數年，而子能之著作益富，名益成。」

　　如子聲名早，相聞盡故人。嬾餘交太晚，知我話偏真。道在應非病，詩成自不貧。休教嗟拊髀，纔得保沉淪。

　　未卜林塘隱，還將野興消。鶴聲常入市，樹勢欲侵橋。老病人扶拜，狂吟客見招。知從甫里近，白首共逍遙。

玄墓謁剖公剖石，名璧。《文集》：「當三峰舉揭臨濟宗旨，剖石與黃龍並出其位下。其後黃龍走之章門、廬嶽，而剖石補其師故處，修祖庭以化導吳人者三十年。」見後《雨過鄧尉》詩。

　　一衲消群相，孤峰占妙香。經聲清石骨，佛面冷湖光。花落承跌坐，雲歸識講堂。空潭今夜月，鍾鼓祝前王。

〔註39〕眉批：王晫《今世說》：「子能和牡丹詩，得百餘首，貫華結鬘，香粉散落，吳人傳寫，為之手馥。」

過聞果師園居

帆影窗中沒，鐘聲樹杪移。簷依懸果近，閣避偃松欹。菜甲春來早，茶槍雨後遲。散齋閒獨往，應與道人期。

遊西灣

斷壁猿投栗，荒祠鼠竄藤。鐘寒難出樹，雲靜恰依僧。選勝從吾意，捫危羨客能。生來幾量屐，到此亦何曾。

過甫里謁願公因遇雲門具和尚戒顯《現果隨錄》：「甫里許孟宏請晦山闢梅苑墅為海藏菴。張受先遺書獎曰：『原達以勝人宜居勝地。』」

晴湖百頃寺門橋，梵唱魚龍影動搖。三要宗風標漢月，原注：具公之師，同論三玄三要。○具公之師，即漢月也。《文集》：「漢月於臨濟一句分明之中，有之有要，照用權實，料簡回互，賓主歷然。」按：詩句指漢月禪燈，故不作僧名用。四明春雪送歸潮。原注：具公，越人。高原落木天邊斷，獨夜寒鐘句裏消。布韈青鞋故山去，扁舟蘆荻冷蕭蕭。原注：時應佛日請，將行。○《文集》：「具師開期有三，而杭之佛日、靈隱、徑山，又還自江北，主焉者也。」

代具師答贈

微言將絕在江南，一杖穿雲過石龕。早得此賢開講席，便圖作佛住精籃。松枝豎義無人會，貝葉翻經好共參。麈尾執來三十載，相逢誰與使君談。

晚泊

寒鋤依岸直，輕槳蕩潮斜。樹脫餘殘葉，風吹亂晚鴉。沙深留冢跡，溪靜響魚叉。乞火村醪至，炊煙起荻花。鋤，當作剻。鄭注《周禮·大司徒》：「剻，里宰治處。若今街彈之室。」趙明誠《金石錄跋》：「昆陽城中漢街彈碑云：『周名剻，漢名街彈。』今申明亭也。」

吳梅村詩箋卷二終

吳梅村詩箋　卷第三

鶴市迂亭程穆衡　輯

古近體詩七十四首起丁亥遊越，盡庚寅。

南生魯六真圖歌並序○生魯，名洙源，濮州人。歷官至湖廣布政。

　　山東南生魯官浙之觀察，命謝彬畫己像，《續圖繪寶鑑》:「謝彬，字文侯，上虞人。久居錢唐，善寫小像，神清浹洽，眉目照映，海內稱首。」而劉復補山水。復，常熟人。隱居五渠，盡師董源。凡六圖。其一坐方褥聽雨，兩姬搊箏吹洞簫。其一焚香彈琴，流泉瀉堦下，旁一姬聽倦，倚石一會，兩少年蹴踘戲，球擲空中，勢欲下。一圖書滿床，公左顧笑，有髫而秀者，端拱榻前，若受書狀，則公子也。餘二圖，一則畫藤橋橫斷壑中，非人境，公黃冠梭拂，掉首不顧；一則深巖枯木，有頭陀趺坐披布衲，即公也。予為作《六真圖歌》，鑱之石，覽者可以知其志矣。

　　明湖夜雨天涯客，握手停杯話疇昔。人生竟作畫圖看，拂卷生綃開數尺。長身玉立於思翁，美人促柱彈春風。一聲兩聲玉簫急，吹落碧桃無數紅。旁有一姝嬌倚扇，聽君手拂湘妃怨。抱琴危坐鬚飄然，知入清徽廣陵散。出門逐伴車如風，築毬會飲長安中。歸來閉門閒課子，石榻焚香列圖史。我笑此翁何太奇，彈琴蹴踘皆能為。讀書終老豈長策，乘雲果欲鞭龍螭。神仙吾輩盡可學，六博吹笙遊戲作。不信晚年圖作佛，[註1]趺坐蒲團貪睡著。丈夫雄心竟若此，世事悠悠何足齒。興來展玩

〔註 1〕眉批:「圖作佛」，見《世說‧排調》篇阮思曠語。

自掀髯，椶拂藤鞋自茲始。劉君水石謝君圖，解衣盤薄工揣摩。平生嗜好經想像，須臾點出雙清矑。置身其間真快樂，聲酒琴書資笑謔。縱然仙佛兩無成，如此溪山良不惡。吾聞宗少文，曾寫尚子平。阮生長嘯逢蘇門，祖孫妙筆多天真。〔註2〕君不見興宗年少香山老，不及丹青似舊人。

謁范少伯祠原注：在金明寺中，有陶朱公里四字碑。

　　觴棹滄江學釣魚，五湖何必計然書。山川禹穴思文種，烽火蘇臺弔五胥。浪擲紅顏終是恨，拜辭鳥喙待何如。卻嗟愛子猶難免，〔註3〕霸越平吳事總虛。

鴛湖感舊原注：予曾過吳來之竹亭湖墅，出家樂張飲。後來之以事見法，重遊感賦此詩。○蔣薰《留素堂詩集》：「吳昌時園曰南湖渚室，亭名竹亭。」按：吳來之本吳江人。《復社紀略》：「太倉張溥逃籍吳江，昌時館之於家。」《明史·熊開元傳》亦云：「吳昌時者，開元知吳江時所拔士。」《周延儒傳》則云：「昌時，嘉興人。」意所云竹亭湖墅或其別業在檇李乎？

　　落日晴湖放棹迴，故人曾此共登臺。風流頓盡溪山改，富貴何常簫管哀。燕去妓堂荒蔓合，雨侵鈴閣野棠開。停橈卻望煙深處，記得當年載酒來。

鴛湖曲

　　鴛鴦湖畔草黏天，二月春深好放船。柳葉亂飄千尺雨，桃花斜帶一溪煙。《嘉興府志》：「鴛鴦湖在府城南，一名南湖，煙雨樓踞其上，五代時建。」煙雨迷離不知處，舊堤卻認門前樹。樹上流鶯兩三聲，十年此地扁舟住。主人愛客錦筵開，水閣風吹笑語來。畫鼓隊催桃葉伎，玉簫聲出柘枝臺。〔註4〕輕靴窄袖嬌粧束，脆管繁絃競追逐。雲鬟子弟按霓裳，雪面參軍舞鸜鵒。〔註5〕酒盡移船曲樹西，滿湖燈火醉人歸。朝來別奏新翻麯，更出紅粧向柳堤。歡樂朝朝兼暮暮，七貴三公何足數。十幅蒲帆幾尺風，吹君直上長安路。程穆衡《復社年表》：「昌時以崇禎十一年授行人。十二年三月，

〔註2〕眉批：俱見《世說》。
〔註3〕眉批：愛子事，見《史記·越世家》。
〔註4〕眉批：柘枝，見《樂府總考》。
〔註5〕眉批：鸜鵒舞，謝尚事。

考選授科，欽改禮部主事。十三年，薛國觀即訊。十二月，昌時給假歸。十四年六月，薛國觀賜死。十五年三月，昌時起官禮部主事，尋改文選司郎中。十六年十二月，棄市。」長安富貴玉驄驕，侍女薰香護早朝。分付南湖舊花柳，好留煙月伴歸橈。那知轉眼浮生夢，蕭蕭日影悲風動。中散彈琴竟未終，山公啟事成何用。東市朝衣一旦休，北邙杯土亦難留。白楊尚作他人樹，紅紛知非舊日樓。〔註6〕《明史·周延儒傳》：「延儒信用文選郎吳昌時，昌時有幹材，頗為東林效奔走，然為人墨而傲，通廠衛，把持朝官。同朝咸嫉之。會以年例，昌時出言路十人於外，言路大譁。掌科給事中吳麟徵、掌道御史祁彪佳劾昌時挾勢弄權。十六年四月，大清兵略山東，還至近畿，延儒視師還。駱養性及中官盡發所刺軍中事，帝怒，放延儒歸。已而御史蔣拱宸劾昌時贓私鉅萬，牽連延儒，而中言昌時通中官李端、王裕民，洩漏機密，重賄入手，輒豫揣溫旨告人。帝怒甚，御中左門，親鞫昌時，折其脛，無所承，怒不解。拱宸面訐其通內，帝察之有跡。初，薛國觀賜死，謂昌時致之，其門人魏藻德新入閣，有寵，恨昌時甚，因與陳演共排延儒，帝遣緹騎逮入京。十二月，昌時棄市，命勒延儒以自盡，籍其家。」《薛國觀傳》：「行人吳昌時虞考薛國觀將抑己，因其門人以求見，國觀偽與交歡，昌時益恨其賣己，發丁憂侍郎蔡奕琛行賄國觀事，國觀臨刑，不能出聲，但言吳昌時殺我。」《復社紀略》：「國觀將死，語上聞，來之不以為憂，顧色喜。來之不知書，粗有知計，尤貪利嗜進，難以獨任。比陽羨得志，自以為功，專擅權勢，隔羨反為所用。山陰、江北諸君子不能平，面責數之於朝。無何，首臣為所累，與俱敗。」烽火名園竄狐兔，畫閣偷窺老兵怒。寧使當時沒縣官，不堪朝市都非故。楊陸榮《三藩紀事本末》：「乙酉六月，我貝勒留兵二千駐吳閶，大軍悉趨杭州，掠嘉興而過。時潞王常淓在杭，撫按請命，奉書迎降。而嘉興士紳屠象美等復集兵據城守，大兵還攻，半月而破。」我來倚棹向湖邊，煙雨臺空倍惘然。芳草乍疑歌扇綠，落英錯認舞衣鮮。人生苦樂皆陳跡，年去年來堪痛惜。聞笛休嗟石季倫，〔註7〕銜杯且效陶彭澤。君不見白浪掀天一葉危，收竿還怕轉船遲。世人無限風波苦，輸與鴛湖釣叟知。

題心函上人方菴

　　項相安單穩，圓塵覆缽銷。誰知眠丈室，不肯效團焦。石鼎支茶竈，匡床掛瘦瓢。一枝方竹杖，夜雨話參寥。

〔註6〕眉批：白詩：見說白楊堪作柱，思教紅粉不成灰。
〔註7〕眉批：「聞笛」句，向秀事。

題微上人代笠

空山無住著，就石架孤筇。愛雪編茅整，愁風剪箬工。樹陰休灌叟，簑雨滴漁翁。要自謀安隱，吾師息此中。

項黃中家觀萬歲通天法帖 〔註8〕高士奇《城北集》：「禾中項墨林天籟閣收藏最富。墨林曾孫東井年八十餘，善畫畫，必題詩其上。」

王氏勳名自始興，後人書法擅精能。江東將相傳家在，翰墨風流天下稱。前有琅邪今檇李，項氏緜來堪竝美。襄殺旂常戰伐高，《明史》本傳：「項忠，天順七年討降洮羌。成化二年，毛里孩寇延綏，詔忠討之。四年，滿俊反，據石城，忠討擒之。李鬍子者，名原，偽稱平王，掠渭南諸縣。忠擊擒原。移軍竹山，捕餘孽，招流民五十萬，斬俘三萬餘。拜刑部尚書，尋為兵部。弘治十五年卒，年八十二，贈太子太保，諡襄毅。子經，經子錫，錫子治元，皆舉進士。經，江西參政。錫，南光祿寺卿。治元，員外郎。」墨林書畫聲名起。姜紹書《韻石齋筆談》：「項元忭墨林生嘉、隆承平之世，貲力雄贍，出其緒餘，購法書名畫及鼎彝奇器。三吳珍強，歸之如流。王弇州與之同時，主盟風雅，蒐羅名品，不遺餘力，然所藏不及墨林遠甚。墨林不惟好古，兼工繪事。」按：項氏收藏，多見高士奇《江村銷夏錄》。當時海內號收藏，秘閣圖書玉軸裝。近代丹青推董巨，名家毫素重王鍾。鍾王妙蹟流傳舊，貞觀在御窮搜購。盡隨萬乘入昭陵，人間一字無遺漏。碑石猶存腕鋒出，風催雨剝苔文蝕。棗木鑴來波磔非，〔註9〕賤床搨就戈鉉失。孫承澤《春明夢餘錄》：「唐太宗聞蘭亭真蹟在僧辨才處，特遣御史蕭翼賺得。武德四年，收入秦府。貞觀十年，始命湯普徹、馮承素、諸葛貞、歐陽詢、褚遂良臨之，而歐、褚留傳最著。」按：昭陵後以蘭亭殉葬。迨溫韜發唐諸陵，復出人間。君家此書何處博，云是萬歲通天年。則天酷嗜二王法，詔求手蹟千金懸。從官方慶拜表進，臣祖羲獻與僧虔。生平行草數十紙，龍蛇盤蹴開天顏。賜官五階帛白尺，仍勅能手雙鉤填。〔註10〕裝成用寶進御府，不知何事

〔註8〕眉批：項黃中，名鼎鉉，萬曆辛丑進士。其祖名篤壽，字子長，嘉靖壬戌進士。入詞林，性好藏書，見秘冊必抄儲之。《曝書亭集》：「子長季弟子京，以善治生產富，能鑒別古人書法金石文玩。予價或浮，至憂形於色。子長必謬賞擊，如子京所與值價焉，取以歸，其友愛如此。」

〔註9〕眉批：杜詩：「嶧山之碑野火焚，棗木傳刻微失真。」

〔註10〕眉批：《曝書亭集》：「此帖用白麻紙雙鉤書，鉤法精妙，鋒神筆備，而用墨濃淡，不露纖痕，正如一筆獨寫。」按：「筆」，《曝書亭集》卷五十三《書萬歲通天帖舊事》作「畢」。

流人間。邵經邦《弘簡錄》：「《王方慶傳》：『則天後嘗就覓遠祖義、獻墨蹟，因併上十一代祖導、十代祖洽、九代祖珣、八代祖曇首、七代祖僧綽、六代祖仲寶、五代祖騫、高祖規、曾祖褒等，凡二十二人〔註11〕書。後御武成殿，詔中書舍人崔融序次之，號《寶章集》。』」我思義之負遠略，北伐貽書料強弱。惜哉徒令書畫傳，誓墓功名氣蕭索。江東無事富山水，興來灑筆臨池樂。足知文采賴升平，父子優游擅家學。只今海內多高門，稽山越水煙塵作。春風掛席由拳城，夜雨君家話疇昔。嗚呼吾友雅州公，舒毫落紙前人同。一官烏撒沒坏土，萬卷青箱付朔風。此謂項聲國仲展也。《明史・地理志》：「雅州，明直隸。洪武四年，州治嚴道縣省入，領縣二。烏撒軍民府，以十五年為府，屬雲南。十六年，改屬四川。十七年，升軍民府。」少伯湖頭鼙鼓動，尚書第內煙塵空。可憐累代圖書盡，斷楮殘編墨林印。此卷仍逃劫火中，老眼縱橫看筆陣。〔註12〕《韻石齋筆談》：「墨林每得名蹟，以印鈐之，纍纍滿幅，亦是書畫一厄。覆載其價於楮尾，不過欲子孫長守，貽謀亦既周矣。甲申歲，北兵至嘉禾，項氏累世之藏盡為千夫長汪六水所掠，蕩然無遺。」君真襄毅之子孫，相逢意氣何相親。即看書畫與金石，訪求不屑辭家貧。嗟乎！世間奇物戀故主，留取縹緗傲絕倫。

送徐次桓歸胥江草堂次桓名賫，嘉興人，張溥姪壻。胥山草堂，元初項冠建。

春來放檝鴛湖遊，杉青插畔登高樓。褐裘徐郎最年少，坐中搖筆煙霞收。裝隨到我海濱去，〔註13〕雞黍流連別何遽。雲過胥江舊草堂，乃父淒涼讀書處。〔註14〕滄山突兀枕江濆，低相祠荒對夕曛。我是故人同季子，十年相識憶徐君。只今孤子飄零客，蘆中窮士無人識。〔註15〕掛劍雖存舊業非，吹簫未遇吾徒惜。歸去還登漁父船，南枝越鳥竟誰憐。投金瀨在王孫泣，白馬江聲遶舍邊。

〔註11〕眉批：俱見《晉書》本傳。
〔註12〕眉批：《曝書亭集》：「子京子六人，無一達者。子長子德楨，萬曆丙戌進士。夢原，萬曆己未進士。德楨子鼎鉉，萬曆辛丑進士。聲國，崇禎甲戌進士。聲國，余祖姑歸焉，卒於京師。乙酉之亂，祖姑納此卷枕中，亂定依然完好。祖姑歿，項氏日貧，嗣子遂售於人，轉入勢家。」
〔註13〕眉批：「裝隨」句，言從公自嘉興來太倉。
〔註14〕眉批：次桓父名梛臣，字亦於。崇禎丙子舉人。
〔註15〕眉批：次桓因外家，故數往來太倉。後遇湖冦，沉水死。陳子莊輓之曰：「豈有離騷懷石處，竟同濁黨入流時。」子莊名邂言，夏次子也。

武林謁同門張石平原注，河南人，官糧儲觀察。○石平，名天機，蘭陽籍，開封人。

湖山曉日鳴笳吹，楊柳春風駐羽幢。二室才名官萬石，兩河財賦導三江。舊遊笑我連珠勒，多難逢君倒玉缸。十載弟兄無限意，夜深聽雨話西窗。

亂後過湖上山水盡矣感賦一絕

柳樹桃蹊事已空，尤侗《西堂雜組》有《六橋泣柳記》，言西湖桃柳斬伐無遺。斷槎零落敗垣風。莫嗟客鬢重遊改，恰有青山似鏡中。

登數峰閣禮浙中死事六君子原注：鴻寶倪公、茗柯凌公、巢軒周公、四名施公、磊齋吳公、賓日陳公。○《西湖新志》：「孤山寺，楊璉真伽改萬壽寺，元末燬。洪武初，誠意伯復建，歲久圮。崇禎甲申，杭人即其外建數峰閣。蔣薰《留素堂詩集》有《謁忠烈祠次壁間吳梅村韻》詩，敘云：「祠為宋惠勤講堂遺址，今西湖廣化寺也。建自乙酉，專祀倪、吳六先生，皆浙人。後益二十餘公，明季殉難者多與焉。」則六君子後，又建祠增祀矣。

四山風急萬松楸，遺廟西泠枕碧流。故國衣冠懷舊友，孤忠日月表層樓。赤虹劍血埋燕寺，白馬銀濤走越州。盛事若修陪祀典，漢家園寢在昭丘。《東林列傳》：「倪元璐，字玉汝，上虞人。天啟壬戌進士，授編修。崇禎初，疏劾逆黨楊維垣，請毀《三朝要典》，遷侍講右中允。又攻逆黨張捷，上捐賦改折諸疏，皆允行，陞祭酒。奸相溫體仁斥之去位，特起兵部右侍。時京師戒嚴，毀家召募。及弟元瓚率家徒達京師，轉戶尚。京城陷，束帶稽首謝天子，援筆題案，自謚〔註16〕死。南都贈太保、吏部尚書，諡文正。我朝易諡文貞，賜地七十畝。」○凌義渠，字駿甫，烏程人，天啟乙丑進士。美鬚髯，頎體秀眉，翛然塵〔註17〕外。及抗論國事，侃如也。歷禮、戶科給事中，主山東鄉試，權兵科都給事中。在省垣，殫思極慮。諸凡寇敵情形、撫鎮功罪，目灼心衝，洞中窾會，而言流賊及島事，人尤稱之。十六年，陞大理寺卿。京師陷，得帝凶問，具緋衣向闕拜，復南向稽首，作書與父，自縊死。○周鳳翔，字儀伯，山陰人，以大興籍登崇禎戊辰進士。歷官司業，遷諭德。嘗爭許士柔不當，因撰高攀龍詬降官，又持不可稅間架錢。京師陷，作書與二親，自經死。順治九年贈禮部侍郎，諡文忠。○施邦耀，字爾韜，餘姚人。萬曆四十一年進士。由繕部員外忤逆奄，出知漳州府，平海盜劉香、李魁奇。歷擢閩蜀臬藩，入為光祿卿，坐黃道

〔註16〕「謚」，疑當作「縊」。
〔註17〕「塵」，底本作空格，據陳鼎《東林列傳》卷九《凌義渠傳》補。（廣陵書社2007年版，第171頁）

周事奪官。再召為左副都御史，距國難僅數旬矣。城破，賊滿街巷，不得還，即取砒霜雜燒酒飲之，九竅血裂死。我朝諡忠介。○吳麟徵，字聖生，海塩人。天啟壬戌進士。逆璫屢使人招之，不赴。崇禎時，官太常寺少卿。城陷，即自經死。南都贈兵部右侍郎，諡忠節。○陳良謨，初名天工，字士亮，鄞縣人。崇禎辛未進士，以大理寺推官入為御史，巡按四川。城陷，自縊死。妾時氏年十七，歸良謨方百餘日，欲遣歸母家，時執不可，嚴粧與良謨同盡。南都贈太僕寺少卿，諡恭節。

過南屏訪無生上人

《西湖新志》：「南屏興教寺，元末已圮，唯南屏雷嶂塔之陰留錫菴者，向為白蓮寺。順治丁亥，僧虛舟即其址建菴，曰留錫。」按：此或無生，即虛舟也。

　　謂此一公住，偶來聞午鍾。山容參雪嶠，〔註18〕原注：無生壁間有雪嶠大師畫。佛火隱雷峰。路細因留竹，雲深好護松。精廬人不到，相對話南宗。

陳青雷以半圖索題走筆戲贈

青雷名震生，杭州人。崇禎癸未進士。

　　半間茅屋半床書，半賦閒遊半索居。領略溪山應不盡，平分明月復何如。點癡互有纔忘世，廉讓中間好結廬。自是圖全非易事，與君隨意狎樵漁。

題西泠閨詠並敘

○《西泠閨詠》者，杭州女士吳巖子偕其女卞玄文所作詩卷也。《西湖新志》：「吳山，字巖子，太平人。居湖上三年，武林名流多所推重。卞玨，字玄文，巖子之女。落筆踈秀，有其母風。」《續圖繪寶鑑》：「巖子，縣丞卞琳之室，詩文甚富，畫唯寫意山水，書工草楷。」按：錢《箋》：卞玄文嫁揚州劉峻度。而《婦人集》及《本事詩》皆云適廣陵劉孝廉，名師峻。

　　石城卞君者，系出田居，偕隱蠶室。巖子著同聲之賦，母。元文詠嬌女之篇。女。辭旨幽閒，才情明慧。寫柔思於郤扇，選麗句以當窗。足使蘇蕙扶輪，左芬失步矣。故里秦淮，早駕木蘭之楫；僑居明聖，重來油壁之車。風景依然，湖山非故。趙明誠金石之錄，卷軸無存；蔡中郎虀臼之辭，紙筆猶在。予覽其篇什，擷彼風華，體寄七言，詩成四律。愧非劉柳，聞白雪之歌；《世說》：「謝夫人嫠居會稽，太守劉柳聞其名，請與談義。」時巖子必已稱未亡人，故以柳自況。謬學徐陵，敘玉臺之詠云爾。

〔註18〕眉批：李流芳《檀園集》：「雪嶠，嘉定縣人。出家六年，始從師於雙徑。師令參無字語，參訪無所遇。一日，忽有得，大笑，失足墮崖下，遂損其鼻。後住雙髻峰，有詩云：『青山箇箇伸頭看，看我菴中喫苦茶。』」

　　落日輕風雁影斜，蜀牋書字報秦嘉。絳紗弟子稱都講，碧玉才人本內家。神女新詞填杜若，如來半偈繡蓮花。粧成小閣薰香坐，不向城南鬪鈿車。

　　晴樓初日照芙蕖，姑射仙人賦子虛。紫府高閒詩博士，青山遺逸女尚書。錢《箋》：「魏明帝置女尚書六人。」〔註19〕賣珠補屋花應滿，刻燭成篇錦不如。自寫雒神題小像，一簾秋水鏡湖居。

　　五銖衣怯鳳凰雛，珠玉為心冰雪膚。綠扄侍兒春祓禊，紅牙小妹夜樗蒱。瓊窗日煖櫻桃賦，粉篚風輕蛺蝶圖。頻欲翠蛾人不識，自將書札問麻姑。

　　石城楊柳碧城鶯，謝女詩篇張女彈。鸚鵡歌調銀管細，琅玕字刻玉釵寒。雙聲宛轉連珠格，八體濃纖倒薤看。閒整筆床攤素卷，棠梨花發倚闌干。

海市四首原注：次張石平觀察韻。〇魏際端《海市記》：「海塩有放生菴，嘗見海市城郭人民樓觀，猶登州也。中丞范公巡海甸，予與同志者登涉園之石以觀於海。公忽遣騎來言曰：『海之北樓出臺矣。』眾皆騎而往，則有若堡者，若松林者，若城垣雉堞者。於是若堡者變而為亭，林木者為楠山，城垣雉堞者互而為橋，橋之上若二人扛帷橋而徐徐其行。又有山正方如屏，折其角而矗然為單峰如筆。於是而亭者復為芝，芝為蓋，蓋為盤盂，皆有跗承之，業業然如籩豆。楠之山半析為二，一伏一踞分焉。於是與盤盂皆變為亭，而正方之矗然者為亞字，又為圓，又析為峰，而盤盂楠山之為亭者又為腰鼓，而橋不可復見。自午以至未末，山亦杳然沒矣。」

　　仙人太乙祀東萊，不信蓬瀛此地開。虹跨斷崖通羽蓋，魚吞倒景出樓臺。碧城煙合青蔥，樹赤霞蒸絳雪堆。聞道秦皇近南幸，舳艫千里射蛟回。玩此起結，知為海塩所見，非登州矣。

　　灝氣空濛萬象來，非煙非霧化人栽。仙家困為休糧閉，《晉書》：「劉驎之採藥衡山，深入忘反，見一澗水。水南有二石囷，一囷閉，一囷開。」河伯宮因娶婦開。此出《史記》，非僻。金馬衣冠蒼水使，石鯨風雨濯龍臺。鑿空博望頻回首，〔註20〕天漢乘槎未易才。

〔註19〕眉批：按：《北史》，北魏諸帝俱有女尚書，非獨元明帝。
〔註20〕眉批：張騫鑿空，見《大宛傳》。

東南天地望中收，神鬼蒼茫百尺樓。秦時長松移絕島，梁園脩竹隱滄洲。雲如車蓋旌旗繞，峰近香鑪煙靄浮。卻笑燕齊怪迂士，秪〔註21〕知碣石有丹丘。此首又明其在越。

激浪崩雲壓五湖，天風吹斷海城孤。千門聽擊馮夷鼓，六博看投玉女壺。蒲類草荒春徙帳，滄溟月冷夜探珠。誰知曼衍魚龍戲，翠蓋金支滿具區。

贈吳錦雯兼示同社諸子 錦雯，名百朋，錢唐人。錢唐社名莊社。〔註22〕

吾家季重才翩翩，身長七尺虹蝀髯。投吾新詩百餘軸，滿床絹素生雲煙。自言里中有三陸，三陸，謂鯤庭、麗京、梯霞也。鯤庭名培，父侯思名，進士。任吉水知縣，娶裘氏，生三子。而錦雯之子鷹即鯤庭之婿，故言如此。長衫拂髀矜豪賢。弟先兄舉致身早，我亦挾策遊長安。其餘諸子俱嶽嶽，感時上策愁祁連。會飲痛哭岳祠下，聞者大笑驚狂顛。皋亭山頭金鼓震，萬騎蹴踏東南天。貽書訣別士龍死，嗚呼吾友非高官。《東林列傳》：「陸培，仁和人。崇禎十三年進士，例授，行人。需次還，益縱覽古文奇書，勤敏過諸生時。與其兄弟收召名士，日夜為賢豪歡，稱詩角藝，一時號西陵體。客過武林者，爭先從陸氏昆弟遊。既而與王道焜遊東林，講學大悟。杭州下，培跪白母，願就死。家人晝夜侗守，乃佯酌酒引卮，誘令出，自經，年二十九。道焜，字昭平。人與培平稱，亦同死。」餘或脫身棄妻子，西興潮落無歸船。東軒主人《述異記》：「陸圻，字麗京。削髮棄家，挈一老僕行遊，後併遣還，遂不知所在。子寅，字冠周。求父足跡，幾徧海內。」按：麗京棄家不歸，或云在嶺南為僧，名今龍。此《漁洋詩話》所載，而朱彝尊乃謂其人武當為道士。審爾，則其子豈有求之不得者？皆不知何所據也。

我因親老守窮巷，買山未得囊無錢。息心掩關謝時輩，五年不到西溪邊。比因訪客過山寺，故人文酒相盤桓。手君詩篇令我讀，使我磊落開心顏。豈甘不死愧良友，欲使奇字留人間。跳刀拍張雖將相，〔註23〕有書一卷吾徒傳。錦雯以崇禎癸未會試下第歸，母夫人已病，尋卒，獨奉其父流離

〔註21〕「怪迂士，秪」，底本作「怪迂秪」，下為一空格。據楊學沆本改。
〔註22〕眉批：《今世說》：「吳錦雯，壬午舉於鄉，兩為司李。有異政。改令南和，尤得民心，歿於官。百姓如失父母，建祠祀之。」又曰：「錦雯博學洽聞，貫串經史，嘗與徐世臣輩軸為恢麗瑰瑋之文，天下誦之，號西陵體。陸麗京目之曰：『天下經綸徐世臣，天下青雲吳錦雯。』徐名繼恩，亦仁和人。」
〔註23〕眉批：拍張，見《南史・王敬則傳》。

兵大閒。見其《哭母文》自敘。吾聞其語重歎息，平生故舊空茫然。不信扁
舟偶乘興，丁儀吳質追隨歡。錢《箋》：「丁儀，謂丁澎也。」酒酣對客作長
句，十紙謖謖松風寒。後來此會良不易，況今海內多艱難。安得與君結
廬住，南山著述北山眠。

別丁飛濤兄弟 林璐《丁飛濤傳》：「丁藥園，名澎，仁和人。世奉天方教，戒飲酒。
而藥園顧嗜酒，飲至一石。與仲弟景鴻、季第瀠皆以詩名。藥園日去紙一寸。官法曹，
與宋荔裳等稱燕臺七子。貢使至，譯問，知其名，持紫貂、銀鼠、美玉、象犀易其詩
歸國。謫居東，崎嶇三千里出關。初至靖安，卜築東岡，躬自飯牛，與牧笠同臥起，
困甚。塞上風刺人骨，秋即雨雪。日晡，山鬼夜啼。忽聞叩門客，翻然有喜，從隙中
窺之，虎方以尾擊戶。居東凡五遷，家日貧，又一年始得歸。」按：景鴻字弋雲，瀠
字素涵。

把君詩卷過扁舟，置酒離亭感舊遊。三陸雲間空想像，二丁鄴下自
風流。湖山意氣歸詞苑，兄弟文章入選樓。為道故人相送遠，藕花蕭瑟
野塘秋。

贈馮子淵總戎 馮武卿，浙江人。順治八年，任狼山總兵。

令公專閫擁旌旄，鸜鵒秋風賜錦袍。十二銀箏歌芍藥，三千練甲醉
蒲萄。若耶谿劍凝寒水，秦望樓船壓怒濤。自是相門雙戟重，野王父子
行能高。〔註24〕

簡武康姜明府 姜會昌，山東掖縣舉人，順治二年，任湖州武康知縣。

地僻誰聞政，如君自不同。衙參山色近，琴韻水聲中。竹稅官橋市，
茶商客渚篷。前溪歌舞在，父老習遺風。

花發訟庭香，松風夾道涼。溪喧因紙貴，邑靜為蠶忙。魚鳥高人政，
煙霞仙吏裝。知君趨召日，取石壓歸帆。

園居

傍城營小築，近水插疎籬。岸曲花藏釣，窗高鶴聽碁。移床穿磴遠，
喚茗隔溪遲。自領幽居趣，無人到此知。

〔註24〕眉批：馮野王，見《漢書》本傳。

送吳門李仲木出守寧羌 李仲木，名楷。兄模，進士，官御史。仲木由長洲學中崇禎壬午鄉試。入本朝，官工部虞衡司員外，出知寧羌州。李氏自仲木父進士湖廣副使吳滋聚子姪居羌州，至今無他徙者。其先本太倉州人。王貽上《蜀道驛程記》：「寧羌州在亂山中，無城堞，本河縣羊鹿坪地。明洪武中，以山寇，始置衛於此。」

君到南山去，興元驛路長。孤城當沮口，舊俗問華陽。稻近磻溪種，魚從丙穴嘗。殘兵白馬戍，廢堠赤亭羌。鐵鎖穿天上，金牛立道旁。《蜀道驛程記》：「大安驛西南至金牛驛。驛西三里，有路通陽平關，稍南入五丁峽口，懸崖萬仞，陰風颯然。」醜囂宮尚在，諸葛壘應荒。往事英雄恨，新愁旅客裝。七盤遮駱谷，《蜀道驛程記》：「利州七盤嶺雞頭關，盤旋而上，去天尺五。」十口隔秦倉。下柴關嶺，即古陳倉道。黑水分榆柳，青泥老鶺鴒。不堪巴女曲，尚賽武都王。

丁亥之秋王煙客招予西田賞菊踰月蒼雪師亦至今年余既臥病同遊者多以事阻追敘舊約為之慨然因賦此詩

露白霜高九月天，匡床臥疾憶西田。黃雞紫蟹堪攜酒，紅樹青山好放船。秔稻將登農父喜，茱萸徧插故人憐。舊遊多事難重省，記別蒼公又二年。西田堂田〔註25〕農慶堂，故有第五句。

與友人談遺事 錢《箋》：「本色高華。」

曾侍驪山清道塵，六師講武小平津。〔註26〕雲旄大纛星辰動，天策中權虎豹陳。《明史·兵志》：「崇禎十年八月，車駕閱城，鎧甲旌旗甚盛。群臣悉鸞帶策馬從，六軍望見乘輿，皆呼萬歲，帝大悅，召戎政侍郎陸完學入御幄獎勞，酌以金卮。是年，公正以編修兼東宮講讀，在禁近也。」一自羽書飛紫塞，長教鉦鼓恨黃巾。孤臣流涕青門外，徒使田橫客笑人。

友人齋說餅 〔註27〕張石公園中也。

舍北溪南樹影斜，主人留客醉黃花。水溲非用淘槐葉，蜜餌寧關煮蕨芽。閣老膏環常對酒，徵君寒具好烹茶。食經二事皆堪注，休說公羊賣餅家。今市肆中有太師餅、眉公餻，云昉自王荊石、陳仲醇。詩謂此二事可補《食經》也。

〔註25〕「田」，楊學沆本作「曰」。
〔註26〕眉批：《通鑑》：「建武三年，北魏孝文帝講武於小平津。」
〔註27〕梁吳筠有《餅說》。

聽女道士卞玉京彈琴歌余懷《板橋雜記》:「卞賽,字賽賽,後稱玉京道人。亂後遊吳門,作道人裝,然亦間有所主。」《梅村詩話》:「玉京,字雲裝。」餘見後詩。

　　駕鵞逢天風,北向驚飛鳴。飛鳴入夜急,側聽彈琴聲。借問彈者誰,云是當年卞玉京。玉京與我南中遇,家近大功坊底路。《南畿志》:「大功坊東抵秦淮,西通古御街。中山王徐達第宅在焉。」陳圻《金陵世說》:「坊在聚寶門內,中山賜第,故名大功。」《續金陵瑣〔註28〕事》:「或謂西邊坊太祖所造,東邊坊中山王自造以配之。今皆工部修理。」小院青樓大道邊,對門卻是中山住。《板橋雜記》:「舊院人稱曲中前門對武定橋,後門在鈔庫街,長板橋在院牆外數十步,鷲峰西寺夾之中,山東花園互其前,秦淮朱雀桁遶其後。」中山有女嬌無雙,清眸皓齒垂明璫。曾因內宴直歌舞,坐中瞥見塗鴉黃。問年十六尚未嫁,知音識曲彈清商。歸來女伴洗紅粧,枉將絕伎矜平康,如此纏足當侯王。按:中山王後,魏、定兩公分居兩京。時嗣魏國公者為徐弘基,京城破,定國公徐允貞死於賊。萬事倉皇在南渡,大家幾日能枝梧。詔書忽下選蛾眉,細馬輕車不知數。朱璘《明紀輯略》:「時以選妃為急,徧選不中,唯太監田壯國在杭州選陳氏、王氏、李氏三人,命入元暉殿。」中山好女光徘徊,一時粉黛無人顧。豔色知為天下傳,高門愁被旁人妬。盡道當前黃屋尊,誰知轉盼紅顏誤。南內方看起桂宮,北兵早報臨瓜步。聞道君王走玉驄,犢車不用聘昭容。幸遲身入陳宮裏,卻早名填代籍中。〔註29〕夏存古《弘光實錄》:「選后徐氏,中山王女也。冊立有日,而大兵渡江,弘光走黃得功營。得功戰死,檻車北轅。錢謙益既歸順,謀復大宗伯原官,手進選后徐民於豫王,遂同歐去。」按:卞玉京即發此事于謙益之座,固所以愧謙益,而公詩於卞所述,不勝流連嗟歎,亦深致不滿之意焉耳。依稀記得祁與阮,同時亦中三宮選。此未詳。可憐俱未識君王,軍府抄名被驅遣。漫詠臨春瓊樹篇,玉顏零落委花鈿。〔註30〕當時錯怨韓擒〔註31〕虎,張孔承恩已十年。但教一日見天子,玉兒甘為東昏死。〔註32〕羊車望幸阿誰知,青冢淒涼竟如此。我向花間拂素琴,一彈三歎為傷心。暗將別鵠離鸞引,寫入悲風怨雨吟。昨夜城頭吹篳篥,教坊也被傳呼急。潘之恒《曲中志》:「教坊司,御樂也。國制,宮綵奉直,未聞選召斜曲中人。雖三十

〔註28〕「瑣」當作「瑣」。
〔註29〕眉批:「名填代籍」,見《寶太后傳》。
〔註30〕眉批:俱見《陳書》。
〔註31〕「擒」當為「擒」之誤。
〔註32〕眉批:玉兒,見《南齊書》。

四樓歌舞喧闐，朝抱樂器，暮或連袂而歸，亦唯王公神第呼之。」**碧玉班中怕點留，樂營門外盧家泣。**〔註 33〕**私更裝束出江邊，恰遇丹陽下渚船。剪就黄絁貪入道，攜來綠綺訴嬋娟。此地繇來盛歌舞，子弟三班十番鼓。月明絃索更無聲，山塘寂寞遭兵苦。**《板橋雜記》:「玉京居虎丘，湘簾棐幾，地無纖塵。見客初不甚酧對，若遇佳賓，則諧謔間作。」**十年同伴兩三人，沙董朱顏盡黄**〔註 34〕**土。**徐釚《本事詩》注:「沙丘〔註 35〕在，字嫩兒，桃葉女郎，有《蜨香集》。當時曲中以沙嫩簫第一。」《板橋雜記》:「沙才美而豔，豐而逸，善奕棋，長面修容。後攜其妹曰嫩〔註 36〕者，居半塘，人以二趙、二喬目之。惜也才以瘡發，剜其半面；嫩歸叱利，鬱鬱死。」又:「董年與小宛姊妹行，名亦相頡，張紫澱有『美人在南國，餘見兩雙成』句。」按:小宛名白，見後七絕。**貴戚深閨陌上塵，吾輩漂零何足數。坐客聞言起嗟歎，江山蕭瑟隱悲笳。莫將蔡女邊頭麴，落盡吳王苑里花。**

琴河感舊並敘〔註 37〕詳後《過錦樹林》詩敘，即所謂「賦四詩以告絕」者也。

楓林霜信，放棹琴河。忽聞秦淮卞生賽賽到自白下。適逢紅葉，余因客座，偶話舊遊，主人錢謙益。**命犢車以迎來，持羽觴而待至。停驂初報，傳語更衣，已託病痁，遷延不出。知其憔悴自傷，亦將委身於人矣。**將適鄭建德先〔註 38〕生。**予本恨人，傷心往事。江頭燕子，舊壘都非；山上蘼蕪，故人安在？久絕鉛華之夢，況當搖落之辰。相遇則惟看楊柳，我亦何堪；為別已屢見櫻桃，君還未嫁。聽琵琶而不響，隔團扇以猶憐，能無杜秋之感、江州之泣也？漫賦四章，以誌其事。**《梅村詩話》:「玉京過尚湖，余在牧齋宗伯座，談及故人，牧齋云:『力能致之，報至矣。』已而登樓，託痁發，請以異日訪余山莊。余詩:『緣知薄倖逢應恨，恰便多情喚卻羞。』此當日情景語也。又過三月，為辛卯初春時，乃得扁舟見訪，共載橫塘，始將前四詩書以贈之。而牧齋讀余詩有感，亦成四律。〔註 39〕」按:此則與前章同為庚寅秋末所作。

〔註 33〕眉批：比紅兒傳「樂營門外柳如陰，中有佳人畫閣深」之句。

〔註 34〕「黄」，底本作「王」，據眉批「『黄』誤寫『王』」改。

〔註 35〕按:「丘」當為「宛」之誤。

〔註 36〕「嫩」,《板橋雜記》作「嫩」。下同。

〔註 37〕眉批：琴河，見《常熟縣志》。

〔註 38〕「先」，楊學沆本作「允」。

〔註 39〕錢謙益《牧齋有學集》卷四《讀梅村宮詹豔詩有感書後四首（有序）》（上海古籍出版社 1996 年版，第 116～119 頁）:

　　白門楊柳好藏鴉，誰道扁舟蕩槳斜。金屋雲深吾谷樹，玉杯春煖尚湖花。見來學避低團扇，近處疑嗔響鈿車。卻悔石城吹笛夜，青驄容易到盧家。

　　油壁迎來是舊遊，尊前不出背花愁。緣知薄倖逢應恨，恰便多情喚卻羞。故鄉閒人偷玉筯，浪傳好語到銀鉤。五陵年少催歸去，隔斷紅牆十二樓。詩寓告絕之意，故皆於結語示意。此章諷刺尤深。

　　休將消息恨層城，猶有羅敷未嫁情。車過捲簾勞悵望，夢來攜袖費逢迎。青山憔悴卿憐我，紅粉飄零我憶卿。記得橫塘秋夜好，玉釵恩重是前生。

　　長向東風問畫蘭，玉人微欹倚闌干。乍拋錦瑟描難就，小疊瓊牋墨未乾。弱葉嬾舒添午倦，嫩芽嬌染怯春寒。書成粉篋憑誰寄，多恐蕭郎不忍看。玉京工畫蘭。末章獨藉以託興。

觀棋 原注：和錢牧齋先生。〔註40〕

　　余觀楊孟載論李義山《無題》詩，以為音調清婉，雖極穠麗，皆託於臣不忘君之意，因以笑語風人之旨。若韓致堯遭唐末造，流離閩、越，縱浪香奩，亦起興比物中寫託寄，非猶夫小夫浪子沉湎流連之云也。頃讀梅村宮詹豔體詩，見其聲律妍秀，風懷惻愴。於歌禾賦麥之時，為題柳看花之句。傍徨吟賞，竊有義山致堯之遺感焉。雨窗無俚，援筆屬和。秋蛩寒蟬，吟噪咽唽，豈堪與間關上下之音希風說響乎？《河上》之歌，聽者將同病相憐。抑或以為同床各夢，而輾爾一笑也。時歲在庚寅玄冥之小春十五日。
　　上林珠樹集啼烏，阿閣斜陽下碧梧。博局不成輸白帝，聘錢無藉賮黃姑。投壺玉女和天笑，竊藥姮娥為月孤。淒斷禁垣芳草地，滴殘清淚殺蘼蕪。
　　靈璅森沉宮扇回，屬車轔轆殷輕雷。山長水闊欺魚素，地老天荒信鴆媒。袖上唾成看紺碧，夢中泣忍作瓊瑰。可憐銀燭風前淚，留取胡僧認劫灰。
　　摑鼓吹簫罷後庭，書幃別殿冷流螢。宮衣蛺蝶晨風舉，畫帳梅花夜月停。（蝶衣梅帳，皆天寶近事。）街壁金缸憐旖旎，翻階紅藥笑娉婷。水天閒話天家事，傳與人間總淚零。
　　銀漢依然戒玉清，行宮香爐露盤傾。石碑街口誰能語，棋局中心自不平。祓日更衣成故事，秋風紈扇又前生。寒窗擁髻悲啼夜，暮雨殘燈識此情。
〔註40〕錢謙益《牧齋有學集》卷一《觀棋絕句六首》（上海古籍出版社1996年版，第30～33頁）：
　　當局休論下子遲，爭先一著有人知。由來國手超然處，正在推枰斂手時。
　　一局分明甲子期，餘尊尚湛日初移。居中敵對神仙手，輸與樵夫會看棋。
　　黑白相持守壁門，龍拏虎攫賭侵分。重瞳尚有烏江敗，莫笑湘東一目人。
　　渭津老子解論兵，半局偏能讓後生。奕到將殘休戀殺，花陰漏日轉楸枰。
　　冠鷫巾鷗趁劫灰，西園諧價笑喧豗。白身誰以羊玄保，賭得宣城太守回。

深院無人看劇棋，三郎勝負玉環知。康猵亂局君王笑，一道哥舒布籌遲。

小閣疏簾枕簟秋，晝長無事為忘憂。西園近進脩宮價，博進知難賭廣州。〔註41〕

閒向松窗覆舊圖，當年國手未全無。南風不競君知否，抉眼胥門看入吳。

碧殿春深賭翠鈿，壽王遊戲玉床前。可憐一子難饒借，殺卻拋殘在局邊。

玄黃得失有誰憑，上品還推國手能。公道世人高下在，圍棋中正柳吳興。

莫將絕藝向人誇，新勢斜飛一角差。局罷兒童閒數子，不知勝負落誰家。錢《箋》:「低棋語。」

後東皋草堂歌《詩話》:「瞿稼軒偕錢宗伯逮就獄，余時在京師。所謂《東皋草堂歌》者，贈稼軒於請室也。後數年，余再至東皋，則稼軒唱義粵西，其子伯升，門戶是懼。故山別墅，皆荒蕪斥賣，無復向者之觀。余為作《後東皋草堂歌》。」按:稼軒名式耜，萬曆癸未進士。《前歌》，集中逸。

　　君家東皋枕山麓，百頃流泉浸花竹。陳祖範。《昭文縣志》:「瞿式耜父汝悅，字星卿，辛丑進士，為都水司員外。告歸，始築東皋別業，顏其堂曰浣溪。」石田書畫數百卷，酷嗜平生手藏錄。《初學集》:「稼軒苦愛石田畫，縑片一紙，搜訪不遺餘力，題其齋曰耕石。」隱囊塵尾寄蕭齋，鴻鵠高飛鷹隼猜。白社青山舊居在，黃門北寺捕車來。有詔憐君放君去，重到故鄉樓隱處。短策仍看屋後山，扁舟卻繫門前樹。此時鈎黨雖縱橫，終是君王折檻臣。放逐縱緣當事意，江湖還賴主人恩。《明史·溫體仁傳》:「張漢儒訐錢謙益、瞿式

　　疏簾清簟楚江秋，剝啄叢殘局未收。四句乘除老僧在，看他門外水西流。
《後觀棋絕句六首》:
客舍蕭辰看奕棋，秋風卷籜響枯枝。空庭落葉聲如掃，爭似盤中下子遲。
一枰舉確競秋風，對局旁觀意不同。眼底三人皆國手，莫將鼎足笑英雄。(是日周老、姚生對奕，汪幼清旁看。)
寂莫枯枰響沈漻，秦淮秋老咽寒潮。白頭鐙影涼宵裏，一局殘棋見六朝。
飛角侵邊劫正闌，當場黑白尚漫漫。老夫袖手支頤看，殘局分明一著難。
霜落鍾山物候悲，白門楊柳總無枝。殘棋正似烏棲候，一角斜飛好問誰。
閬江樓下草迷離，江水遙連汜水湄。傳語八公閒草木，謝公無事但圍棋。
〔註41〕眉批:西園，見《通鑑》光和二年。賭廣州，宋明帝事。

耜居鄉不法事，體仁故仇謙益，擬旨建千人，下詔獄嚴訊。謙益等危甚，求解於司禮太監曹化醇，漢儒偵知之，告體仁，體仁密奏，請併坐化淳罪。帝以示化淳，化淳懼，自請案治，乃盡得漢儒等妍裝及體仁密謀，獄上，始悞體仁有黨。會撫寧侯朱國弼再劾體仁，帝命立枷死漢儒等，錢、瞿之獄始解。」按：《明史》逮問在丙子，獄解在丁丑，而《初學集》皆在丁丑。一朝龍去辭鄉國，萬里烽煙歸未得。楊陸榮《三藩紀事》：「乙酉八月，福王起式耜右僉都御史。九月，唐王死於汀州，式耜與丁魁楚奉永明王由榔監國肇慶。丁亥，大兵逼梧州，王奔全州，進式耜文淵閣大學士，兼吏、兵兩部尚書，守桂林。三月，大兵薄桂，突入文昌門，登城樓以瞰式耜署。式耜身立矢石中，拒戰甚力。妻邵捐簪珥助餉，人無叛志。於是焦璉復陽朔、平樂，陳邦傳復潯，合兵復梧州。王聞捷，封式耜臨桂伯。十一月，大兵自湖南逼桂林，式耜與何騰蛟拒卻之。戊子十一月，永州、衡州、寶慶相繼恢復，式耜以機會可乘，請王還桂林，以圖出楚，不聽。己丑二月，命式耜留守督師，兼督江、楚各省軍馬。我朝亦遺書招式耜，式耜不從。」可憐雙戟中丞家，門帖淒涼題賣宅。有子單居持戶難，稼軒子嵩錫，崇禎壬午舉人。呼門吏怒索家錢。窮搜廢篋應無計，棄擲城南五尺山。任移花藥鄰家植，未剪松杉僧舍得。漁舟網集習家池，官道人牽到公石。〔註42〕石〔註43〕礎雖留不記亭，〔註44〕槿籬還在半無門。欹橋已斷眼僵柳，醉壁誰扶倚瘦藤。尚有荒祠叢廢棘，豐碑草沒猶堪識。堦前田父早歌呼，陌上行人增歎息。《昭文縣志》：「東皋有貫清堂諸勝，今廢。」我初扶杖過君家，開尊九月逢黃花。秋日溪山好圖畫，《據梧齋塵談》：「石田《秋日溪山圖》長卷，餘見王翬臨本，筆法學黃子久，煙嵐明秀可愛。」石田真蹟深諸嗟。傳聞此圖再易主，同時賓客知存幾。又見溪山改舊觀，雕闌碧檻今已矣。搖落深知宋玉愁，衡陽雁斷楚天秋。斜暉有恨家何在，極浦無言水自流。《三藩紀事》：「庚寅九月，全州破，大兵入嚴關。十月，榕江不守。十一月，諸將皆逃，城中無一兵。式耜端坐府中就執。閏十一月，殺之風洞山下。故給事中金堡時已為僧，名澹歸，上書定南王，請收瘞，不報。吳江吳秋收而瘞之北門之園。」《梅村詩話》：「有舊給事中已出家號性因者，收其骨，義士楊碩父藏其稿。稼軒孫昌文間關歸，以其臨難時與督臣張同敞倡和詩並表刻之吳中，為《浩氣吟》。」按：俱惟因〔註45〕即澹歸。吳秋，他書作楊沆，意碩父即秋也。我來草堂何處宿，挑

〔註42〕眉批：到公石，到彥之也。

〔註43〕「石」，底本脫，據楊學沆本補。

〔註44〕底本此處衍一「石」字。

〔註45〕按：前文作「性因」。

燈夜把長歌續。十年舊事總成悲，再賦閒愁不堪讀。魏寢梁園事已空，杜鵑寂寞怨西風。平泉獨樂荒榛裏，寒雨孤村聽暝鐘。

破山興福寺僧鶴如五十《吳郡志》：「破山在虞山北，傳龍鬭破山，故名。興福寺在破山北嶺下，齊始興五年，邑人郴州牧倪德光捨宅建，始名大慈。梁大同三年改興福，唐咸通九年賜額。」

聽法穿雲過，傳經泛海來。花深山徑遠，石破講堂開。潭出高人影，泉流古佛苔。長留千歲鶴，聲遶讀書臺。

宴孫孝若山樓賦贈孝若名魯，常熟人。順治壬辰進士。叔朝讓，字光甫，與公辛未同年，泉州知縣。父朝肅，字恭甫，萬曆丙辰進士，由刑部主事出知兗州府，平白蓮賊，歷陞廣東布政使。

千章喬木俯晴川，高閣登臨雨後天。明月笙歌紅燭院，春山書盡綠楊船。郗超好客真名士，蘇晉翻經正少年。《昭文縣志》：「孫魯知大同府，請終養歸。自少留意梵夾，晚蓋耽嗜。」最是風流揮玉麈，煙霞勝處著神仙。《文集》：「孝若風流醖藉，機神警速，其天才之所軼發，家學之所纘承，足以囊括古今，貫穿經史。」

毛子晉齋中讀吳菊菴手抄謝翺西臺慟哭記毛子晉，初名鳳苞，後改晉，家常熟七星橋，自稱南湖主人。博雅好古，藏書極富，汲古閣鋟板精工，馳天下。吳菊菴，名寬，字原博，長洲人。舉鄉試第三人，會試、廷試皆第一，授修撰，仕至禮部尚書，掌詹事，太子太保。卒年七十九，謚文定。

扁舟訪奇書，夜月南湖宿。主人開東軒，磊落三萬軸。別度加收藏，前賢矜手錄。北堂學士鈔，南宋遺民牘。言過富春渚，登望文山哭。謝翺，字臯羽，福之長溪人，徙浦城。方鳳《謝臯羽行狀》：「臯羽慕屈原，懷郢都，讀《離騷》。二十五，託興遠遊，以《晞髮》自命其詩。」子陵留高臺，西面滄江綠。〔註46〕婦翁為神仙，謂嚴光婦翁梅福也。天子共遊學。攜家就赤城，高舉凌

<hr>

〔註46〕眉批：韋居安《梅磵詩詩》：「永嘉徐照《題釣臺》：『梅福神仙者，新知是婦翁。』王實齋詩：『梅公仙去嚴公婿，出處同時道不同。吳市尚猶輕一尉，羊裘何必羨三公。』子陵為梅公婿，傳記所不載。二年詩必有所本」云云。乃眉公筆記：子陵娶梅福季女，生子茂，茂生隆，隆生卓。子陵年八十。終不知出何書也。

　　按：此眉批，楊學沆本作夾註，無「云云」以後文字。「《梅磵詩詩》」，楊學沆本作「《梅磵詩話》」。「二年詩」，楊學沆本無「年」字。

黃鵠。尚笑君房癡，寧甘子雲辱。七里溪光清，千仞松風謖。以上先敘西臺。盧陵赴急難，幕府從羈僕。運去須武侯，君存即文叔。臣心誓弗諼，漢祚憂難復。次入皐羽《西臺慟哭記》：「公開府南服，余以布衣從。明年，別公於漳水湄。」昆陽大雨風，虎豹如蜎縮。詭譎滹沱冰，倉猝蕪亭粥。所以恢黃圖，無乃資赤伏。即今錢唐潮，莫救厓山麓。空坑戰士盡，柴市孤臣戮。一死之靡他，百身其奚贖。以上援嚴以起謝，言文山之不得比子陵。龔生夭天年，翟公湛家族。會稽處士星，求死得亦足。安能期故人，共臥容加腹。巢許而蕭曹，遭遇全高躅。文山竟以殉，趙社終為屋。再援嚴以比謝，言子陵不欲見故人，文山則自有門人也。海上悲田橫，國中痛王蠋。門人嵩裏歌，故吏平陵曲。彼存君臣義，此制朋友服。相國誠知人，舉事何顛蹶。丈夫失時命，無以辭碌碌。正敘慟哭西臺。《慟哭記》：「余恨死無以籍手見公，而獨記別時語。每一動念，或與所別之處及其時適相類，則律徊顧盼，悲不敢泣。又後三年，望夫差之臺，始哭公焉。又後五年，及今而哭於子陵之臺。」又曰：「謁子陵祠，登西臺，設主於荒野，再拜號慟，念余且老，復東望泣拜不已。乃以竹如意擊石，作楚歌招之曰：『魂朝歸兮何極，暮歸來兮關水黑，化為朱鳥兮有咮焉食。』歌闋，竹石俱碎。」看君書一編，俾我愁千斛。禹跡荒煙霞，越臺走麋鹿。不圖疊山傳，再向嚴灘續。配食從方干，豐碑繼梅福。程克勤《宋遺民錄》：「翱以朋友道喪，作《許劍錄》，至元乙未卒。其友方鳳、吳思齊、方幼學葬之子陵臺，南為作許劍亭於墓右。」《范文正公集·方干舊隱詩》：「風雅先生舊隱存，子陵臺下白雲村。」注：桐廬縣西有白雲村，唐方干故居，子孫至宋猶盛。主人更命酒，哀吟同擊筑。《宋遺民錄》：「翱賦《續琴操·哀江南》四章。」又，宋濂《謝先生傳》：「《天地間集》五卷。翱所編家鉉翁、文天祥、文及翁、謝枋得等十七人詩。」四座皆涕零，霜風激群木。嗟乎誠義士，已矣不忍讀。

汲古閣歌〔註47〕陳瑚《確菴文藁》：「虞山之陽，星橋之偏，望之巋然傑出者汲古閣，昆湖毛氏藏書處也。」

嘉隆以後藏書家，天下毘陵與琅邪。毘陵，唐襄文公應德順之。琅邪，王元美世貞也。《焦弱侯文集》：「荊川先生於載籍無不窺，其編纂成書以數十，計有曰《左編》、《右編》、《稗編》者，而《左編》最為經世之書。」《梅村文集》：「應德以古文名其家，繞經世大略，其學於地理阨塞，兵機成敗，無所不通。」陳繼儒《史料序》：

〔註47〕眉批：閣名取韓詩：「汲古得修綆。」

「弇州先生束楚入朝行，上自列聖之彙言，累朝之副草，旁及六曹九鎮畿省之便利要害，大家委巷之舊聞，文學掌故之私記，皆蒐羅札錄者耳。」整齊舊聞收放失，後來好事知誰及。比聞充棟虞山翁，錢謙益絳雲樓。里中又得小毛公。搜求遺逸懸金購，繕寫精能鏤版工。繇來斯事推趙宋，歐虞楷法看飛動。集賢院印校讐精，太清樓本裝潢重。屠隆《考槃餘事》：「太清樓帖者，大觀年中，徽宗以《淳化帖》選考數帖，重刻於太清樓下。模自蔡京，筆偏於縱，賴刻手精工，猶勝他帖。」高士奇《歸田集》：「帖中如躋晉宣帝於武帝之前，敘子玉於伯英之上，正茂先非臺鼎之尊〔註48〕，又如《汝殊愁帖》處字不分、耳字不減之類，俱足正王著之失。帖石淪沒於金。」損齋手跋為披圖，損，齊宋思陵宮內齋名也。按：周密《志雅堂雜抄》：「高宗御書損齋二大字並《損齋記》，後有左沈該以下僕射聯名。」蘇氏題觀在直廬。《考槃餘事》：「帖今存者，蘇子瞻書《表忠觀碑》。」館閣百家分四庫，巾箱一幅盡三都。高似孫《緯略》：「祖宗時，內則太清樓藏書、龍圖閣藏書、玉宸殿藏書，外則三館、秘閣。凡四處藏書。元豐中，三館併歸省中，書亦隨徙。」本朝儒臣典制作，累代縹緗輸秘閣。徐廣雖編石室書，孝徵好竊華林略。

〔註49〕王肯堂《鬱岡齋筆塵》：「文淵閣藏書，皆宋元秘閣所遺，雖不甚精，然無不宋、元板者。因典籍多，貲生既不知愛書，閣老亦漫不檢省，往往為人竊去，今所存者僅千百之一矣。」兩京太學藏經史，奉詔重脩賜金紫。高齋學士費飧錢，故事還知寫黃紙。顧炎武《日知錄》：「嘉靖初，南京國子監祭酒張邦奇等請校刻史書。萬曆中，北監又刻十三經、二十一史，校勘不精，訛舛彌甚，且有不知而妄改者。」又曰：「永樂中，命儒臣纂修《四書大全》，全取倪天《四書輯釋》；《春秋大全》則全襲元人汪克寬《胡傳纂疏》，但改其中『愚按』二字為『汪氏曰』；《詩經大全》則全襲元人劉瑾《詩傳通釋》，而改其中『愚按』二字為『安成劉氏曰』。其三經，後人皆不見舊書，亦未必不因前人也。當日頒餐錢，給筆劄，書成之日，賜金遷秩，所費於國家者不知凡幾，而僅取已成之書抄謄一過，上欺朝廷，下誑士子，於唐、宋之時有是事乎？」釋典流傳自雒陽，中官經廠護焚香。諸州各請名山藏，總目難窺內道場。《天啟宮詞》注：「司禮監大藏經廠貯列朝書籍，弘、正而後，漸次淪散。」南湖主人為歎息，十年心力忞收拾。史家編輯過神堯，律論流通到羅什。子晉刻《十七史》畢，並搜羅雜史刻之，為《津逮秘書》。又，紫柏大師，大藏方冊於吳中，卷帙未半，子晉為續之。當時海內多風塵，石經馬矢高丘陵。已壞書

〔註48〕「尊」，底本無，據楊學沆本補。
〔註49〕「孝徵」句，見《北齊書·祖珽傳》。

囊縛作袴，復驚木冊摧為薪。君家高閣偏無恙，主人留宿傾家釀。醉來燒燭夜攤書，雙眼摩挲覺神王。古人闕書借三館，羨君自致五千卷。又云獻書輒拜官，羨君帶索躬畊田。伏生藏壁遭書禁，中郎秘惜矜談進。君獲奇書好示人，雞林巨賈爭摹印。讀書到死苦不足，小學雕蟲置廢籄。君今萬卷盡刊訛，邢家小兒徒碌碌。客來詩酒話生平，家近湖山擁百城。不數當年清秘閣，〔註50〕亂離蹤跡似雲林。清秘閣，無錫倪瓚居也。瓚有《清秘閣遺稿》。按：章憲《復軒集・清秘閣亭詠》曰：「吾慕韓昌黎，文章妙百世。體物語尤工，賦竹誇清秘。」此清秘之名所自始。

贈李羨居御史 原注：督學江南。○名猷函，號蓼臺，河南永城人。順治丙戌進士。

中條山色絳帷開，宛雄春風桃李栽。地近石經緣虎觀，家傳漆簡本蘭臺。花飛驛路生徒滿，潮落江城鍾磬來。置酒一帆黃浦月，登臨早訪陸機才。羨居順治七年，督學江南。八年，封丘李嵩陽來代去。

閬州行 原注：贈楊學博爾緒。○《州乘備採》：「楊繼生，字爾緒，四川保寧府人。父芳，以南部縣籍中崇禎辛未進士，官福建，故得免於蜀亂。繼生由舉人，順治二年來任吾州學正，後陞福建連江縣知縣。初涖任，海賊犯連江，繼生拒守甚力，城陷不屈死。」〔註51〕

四座且勿喧，聽吾歌閬州。閬州天下勝，十二錦屏樓。歌舞巴渝盛，江山士女遊。馮忠恕《閬州記》：「閬之為郡，當梁、洋、梓、益之衝，有五城十二樓之勝。」祝穆《方輿勝覽》：「閬苑十二樓向缺，宋公得之，為閬州守，乃建碧玉樓於衙城之西南隅，亦名十二樓。」王貽上《蜀道驛程記》：「閬中縣，本漢舊縣。閬水迂曲，經其三面，縣居其中，蓋取以名。其山一名錦屏山。」我有同年翁，閬中舊鄉縣。送客蒼溪船，讀書玉臺觀。忽乘相如車，謂受文翁薦。遊宦非不歸，十載成都亂。只君為愛子，相思不相見。相見隔長安，干戈徒步難。金牛盤七

〔註50〕眉批：退之《新竹》詩：「筍添南街竹，日日成清秘。」倪瓚取此名其閣。
〔註51〕眉批：《壬夏雜鈔》：「楊先生秉鐸吾妻，妻女在蜀遭亂，已無可奈何矣。會吾妻盛泰昭釋褐秦之略陽令，楊以杯酒餞之曰：『倘至彼中，得吾家清息，片鴻寸鯉，勿靳也。』盛赴任一載，偶以事出，見婦人負血書葡萄道左，物色之，即楊內閫也。乃假以一椽飛書廣之。婦齧二指，以血作書字，並斷指裹來。楊得之慟，即以二百金授使，俾傴舟東下。又南宮期近，楊束裝且北，至京口，有北州欸南，偶觸，則楊夫人舟自陝來也。詢之，相別十餘年，流落萬死，天作之合。異哉！方出門時，女猶襁褓，今已覓壻，同來如一家。」

阪，鐵馬斷千山。敢辭道路艱，早向妻兒訣。一身上鳥道，全家傍虎穴。君自為尊章，豈得顧妻子。分攜各努力，妾當為君死。淒涼復切切，苦語不能答。好寄武昌書，莫買泰淮妾。巴水急若箭，巴船去如葉。兩岸蒼嵬高，孤帆望中沒。敘爾緒將辭其親，與其家室相訣別如此也。二月到漢口，三月下揚州。揚州花月地，峰火似邊頭。驛路逢老親，遷官向閩越。謂逼公車期，早看長安月。再拜不忍去，趣使嚴裝發。河山一朝異，復作他鄉別。敘爾緒至揚州，遇父方赴閩任，仍命爾緒入都會試，即遭國變也。別後竟何如，飄零少定居。愁中鄉信斷，不敢望來書。盡道是葭萌，殺人滿川陸。積屍峨嵋平，千村惟鬼哭。客有自秦關，傳言且悲喜。來時聞君婦，貞心視江水。江水流不極，猿聲哀豈聞。將書封斷指，血淚染羅襦。敘國亡後，蜀亂阻隔，幸得鄉信也。五內為崩摧，買舟急迎取。相逢惟一慟，不料吾見汝。拭眼問舅姑，雲山復何處。淚盡日南天，死生不相遇。汝有親弟兄，提攜思共濟。姊妹四五人，扶持結衣袂。懷裏孤雛癡，啼呼不知避。失散倉皇間，骨肉都拋棄。敘圖緒父沒官南中，迫取家累，而親屬復失散也。所遭如此，終一家畢命。連江薄宦，荼毒莫甚此君矣，古人所以思鳳舉也。悠悠彼蒼天，於人抑何酷。城中十萬戶，白骨滿嵬谷。官軍收成都，千里見榛莽。設官尹猿猱，半以飼豺虎。《蜀道驛程記》：「自寧羌至廣元、益昌，荒殘凋瘵之狀，不思睹聞。近有旨招集流移，寬其徵賦，募民入蜀，皆得拜官。」《綏寇紀略》：「蜀亂久，野狗悉入林中，鋸牙如虎豹，夜則發屋食人。有一縣招聚流民，一夜為狗食盡者。」尚道是閬州，此地羞安堵。民少官則多，莫恤蜀人苦。淒涼漢祖廟，寂寞滕王臺。子規叫夜月，城郭生蒿萊。汪琬《堯峰文鈔》：「入川，兩路大軍俱為賊所敗。吳三桂遁至綿州，賊劉文秀前鋒抵保寧城下。保寧士民惱懼，邀三桂赴救。」只有嘉陵江，江聲自浩浩。我欲竟此曲，流涕不複道。

送王子彥 原注：子彥以孝廉不仕，後因事避吏，將入都。

失意獨焉往，自憐歸計非。無家忘別苦，多難愛書稀。白首投知己，青山負布衣。秋風秣陵道，惆悵素心違。

遇舊友

已過纔追問，相看是故人。亂離何處見，消息苦難真。拭眼驚魂定，街杯笑語頻。移家就吾住，白首兩遺民。

穆大苑先臥病桐廬初歸喜贈穆苑先，見後詩。張王治以丁亥進士知桐廬縣，苑先在其署中。

富春山下趁歸風，客病孤舟夜雨中。千里故園惟舊友，十年同學半衰翁。藥罏媿我形容槁，腹尺輸君飲噉工。卻向清秋共消損，一尊無恙笑顏紅。

偶值

偶值翻成訝，如君不易尋。出門因酒癖，謝客為書淫〔註52〕。久坐傾愁抱，高談遇賞心。明朝風日暇，餘興約登臨。

海溢《州乘備採》：「順治七年庚寅八月十五六日，大風，海溢。九月、十月初旬，再溢。」

積氣知難極，驚濤天地奔。龍魚居廢縣，人鬼語荒村。異國帆檣落，新沙島嶼存。橫流如可救，滄海漢東門。〔註53〕

座主李太虛師從燕都間道北歸尋以南昌兵變避亂廣陵賦呈八首太虛，名明睿，江西南昌人。辛未會試同考官。公本房師也。明睿於《明史》無傳。〔註54〕《明紀遺聞》：「甲申正月初三日，以原任左中允召起田間，賜對德政殿，請屏左右密陳，趨近御案，與御衣接，言唯有南還一策，可緩目前之急，徐圖征勦。上以手指天，言上邊未知如何。明睿言惟命不於常，天命微密，全在人事。上曰：『汝意與朕合。』因復問中途接濟，明睿請四路設兵，上戒無輕洩，隨賜晏文昭閣。日午，又召對內殿。夜漏初傳，又召進內殿，密問途間接濟、措餉、駐紮之地，明睿復詳奏。二鼓出宮，後具密疏，上深許之，下部速議。而兵科光時亨首言不殺明睿，無以安人心。〔註55〕上召時亨面詰之，且曰：『阻朕南遷，本應處斬。』然而議堯寢寢矣。攝政王入京，問漢官何人最賢，眾舉明嘗對，命為禮部左侍郎。明睿以病辭。按：南昌兵變，詳後《閬圜》詩敘。

風雪間關路，江山故國天。還家蘇武節，浮海管寧船。《明紀遺聞》：「乙酉三月，琉球國遣使入貢南京，請襲封原任。左中允李明睿泛海同之南歸。弘光以忠節深嘉之。」妻子驚還在，交朋淚泫然。兩京消息斷，離別早經年。此敘間道北歸。

〔註52〕「淫」，底本誤作「搖」。據楊學沆本改。
〔註53〕眉批：東門，見《史記・始皇本紀》。
〔註54〕眉批：明睿，順治十五年任禮部侍郎，管尚書事，兼內翰林、弘文院學士。見所撰《本草綱目序》。故《明史》無傳。
〔註55〕眉批：時亨久與時約，不令帝得出走，故敗其事。賊至，首先迎降。及賊敗，逃竄，為人縛送南都，戮於市。

　　白鹿藏書洞，青牛採藥翁。買山從王老，避世棄三公。《文集》：「先生性強直，為臺諫所中，隱居白鹿，講授生徒。天子再召，用決大計，爭南遷，深當上旨，不果行。」舊德高詞苑，長編續史通。十年金馬夢，回首暮雲中。

　　愛酒陶元亮，能詩宗少文。桃花忘世事，明月望湘君。山靜聞鼙鼓，江空見陣雲。不知時漢晉，誰起灌將軍。

　　浩劫知難問，秋風天地哀。神宮一柱火，杜詩：「孤域一柱觀。」王洙注：「江陵有臺，唯一柱，土人呼為一柱觀。」仙竈五丁雷。劍去龍沙改，鐘鳴鼉鼓來。可憐新戰骨，落日獨登臺。此昌敘南昌兵亂。

　　彭蠡初無雁，潯陽近有書。干戈愁未定，骨月苦離居。江渚宵傳橋，山城里出車。終難致李白，臥病在匡廬。

　　世路長為客，家園況苦兵。酒偏今夜醒，笛豈去年聲。一病餘孤枕，千山送獨行。馬當風正紫，捩柁下湓城。

　　莫問投何處，輕帆且別家。漫栽彭澤柳，好種廣陵瓜。飲興愁來減，詩懷老自誇。南徐山色近，題語報侯芭。合上章俱言避亂廣陵也。廣陵瓜正別有出，非如錢圓沙所譏耳。

　　海內論知己，天涯復幾人。關山思會面，戎馬涕沾巾。賓客侯嬴老，諸生原憲貧。《文集》：「其之維揚，與偉業相遇於虎丘，別十五六年矣。其容加少，髮加鬒，握手道故，漏下數十刻，猶危坐引滿，議論衮衮不倦。偉業顛毛斑白，自數其齒少於師二十歲，而憂患蹙迫，以及於早衰。」相看同失路，握手話艱辛。

無題 訒按：王先輩玉書〔註56〕《麟來志》云：「虞山瞿氏有才女，歸錢生。生患瘵，女有才色，不安其室，意屬先生，於肩舟過婁，投詩相訪。先生於稼軒乃執友，而受之禮尚有錢宗也，以義白持，因設飲河丁，賦《無題》四章以謝之。氏後歸石學使仲生申，錢生猶在也。梁溪顧舍人梁汾貞觀，石所取士，實為之作合云。石後生女曾，許字京江張文貞公會，為黃門所效納，後宮娥寵幸甚，即世祖石貴妃也。里中張嵩園琰嘗話其事。嵩園，字佩將。亦石所取士，又年家子也。」按：石申，順治丙戌進士，歷官吏部左侍郎，總督倉場。子幾，恩蔭主事。幾子秘，江山縣。秘子襲曾，丁未進士，戶部主事。

　　繫艇垂楊映綠潯，玉人湘管畫簾深。千絲碧藕玲瓏腕，一卷把蕉展

〔註56〕「書」，底本缺，據眉批「『玉書』脫一『書』字」補。

轉心。題罷紅窗歌緩緩，聽來青鳥信沉沉。天邊恰有黃姑恨，吹入蕭郎此夜吟。

到處鶯花畫舫輕，相逢只作看山行。鏡因硯近螺頻換，畫為香多蠹不成。媿我白頭無冶習，讓君紅粉有詩名。飛瓊謾道人間識，一夜天風反碧城。

錯認微之共牧之，誤他舉舉與師師。疎狂詩酒隨同伴，細膩風光異舊時。畫裏綠楊堪贈別，曲中紅豆是相思。年華老大心情減，辜負蕭娘數首詩。

鈿雀金蟬籠臂紗，闌粧初不鬥鉛華。藏鉤酒向劉郎賭，刻燭詩從謝女誇。天上異香須有種，春來飛絮恨無家。東風燕子知多少，珍重雕闌白玉花。〔註57〕

壽陸孟鳧七十《昭文縣志》：「陸銑，字孟鳧，少有文譽，以歲貢授無錫教諭，除廣西潯州府推官。考最，陞養利州知州，致仕。晚年讀書樂道，鄉里推為長者。兼精醫術。」

楓葉蘆花霜滿林，江湖蕭瑟鬢毛侵。書生藤峽功名薄，漁父桃源歲月深。原注：陸為潯州司李。蘇峽在潯州常熟，有桃源澗。入市騫驢晨賣藥，閉門殘酒夜橫琴。舊遊烽火天涯夢，銅鼓山高急暮加。〔註58〕講授山泉達戶庭〔註59〕，竽翁無事為中泠。偶支鶴俸分魚俸，間點茶經補水經。千里程鄉浮大白，一官句漏養空青。歸來松菊荒涼甚，買得雙峰縛草亭。

壽申少司農青門六十青門，名紹芳。萬曆丙辰進士，歷官戶部侍郎。父為廣西參政封通奉公用嘉，即文定公次子。《梅村文集》：「申大司馬及其弟大參之尊人曰文定少師。大參九子，長官比部，仲子少司農。青門累閱積資，位崇岳牧。青門季弟曰進士維久，維久嘗從余遊。最後始識叔旂。父曰中翰少觀，亦青門弟也。」

相門三戟勝通侯，兄弟衣冠盡貴遊。白下高名〔註60〕推謝朓，黃初耆德重楊彪。千山極目風塵暗，一老狂歌天地秋。還憶淮涯開制府，江聲吹角古揚州。

〔註57〕眉批：我於結句悟士君子之出處焉。
〔註58〕眉批：銅鼓山亦在潯州。
〔註59〕眉批：「庭」，底本作「亭」，據眉批「『庭』悮寫『亭』」改。
〔註60〕「名」，原在「謝朓」下，為小注，據《梅村集》改。

脫卻朝衫上釣船，餘生投老白雲邊。買山向乞分司俸，餉客還存博士錢。世事煙霞娛晚歲，黨人名字付殘編。《明史・許譽卿傳》：「溫體仁忌其伉直，諷吏部尚書謝陞劾其與〔註61〕福建布政使申紹芳營求美官。體仁擬斥譽卿為民，紹芳提問遣戍。」《堯峰文鈔》：「吏尚謝陞納山東布政學某賄，推擢巡撫，眾交章彈陞，陞自辨，反誣譽卿及紹芳，坐以憑籍〔註62〕奧援，爭官講缺。疏不隸溫體仁，體仁徼取之，擬旨削譽卿籍。文文肅公曰：『言官為民，極樂事也。彼方德公玉成耳。』體仁遂露章攻文公，文公罷，而譽卿竟削籍，紹芳提問。」扁舟百斛烏程酒，散髮江湖任醉眼。

歲暮送穆大苑先往桐廬《婁東耆舊傳》：「穆雲桂，字苑先。大父號雲谷，善醫，好修煉吐納術，年八十餘，里中稱長者。子三人，仲號山谷，生苑先。山谷與兄子少谷傳祖父業，而苑先習制舉義，為諸生，即有名。從張西銘遊。奸人指西銘門下高材者為十哲，苑先預焉。」

客中貪過歲，又上富春船。燭影攲寒枕，江聲聽夜眠。石高孤岸迥，雪重半帆偏。明月停橈處，山城落木天。

臥病繞回棹，征軺此再遊。見前詩。亂山穿鳥道，襆被向嚴州。遠嶺浮沙嶼，高峰入郡樓。知君風雨夜，落葉起鄉愁。

到日欣逢節，招尋有故人。《婁東耆舊傳》：「張王治，字無近，號粃菴，西銘溥弟。順治丁亥進士，由知桐廬縣行取，歷陞工科給事中。」官廚消緯蠟，客舍暖烏薪。鎖印槐聽靜，頒春柏酒新。翩翩杜書記，瀟灑得聞兒。

知爾貪乘興，衝寒蠟屐忙。鶴翻松磴雪，猿守栗林霜。官醞移山檻，仙碁響石房。嚴光如可作，故態客星狂。苑先客桐廬，詳後《贈苑先》詩。

吳梅村詩箋卷三終

〔註61〕底本「與」在「福建」後，據楊學沆本改。
〔註62〕「籍」，楊學沆本作「藉」。

吳梅村詩箋　卷第四

鶴市迓亭程穆衡　輯

古近體詩一百九首起辛卯正月，盡壬辰秋。

辛卯元旦試筆原注：除夕再夢杏花。○按：辛卯為順治八年，公尚未出山也。

十年車馬盛長安，仙仗傳籌曙色寒。禁苑名花開萬樹，上林奇果賜千官。春風紫燕低飛入，曉日青驄緩轡看。舊事已非還入夢，畫圖金粉碧闌干。

行路難十八首。雖祖述鮑明遠，亦胚貽范文穆。指事切，遺音遠。眷懷興廢，傷也如何？

奉君乘鸞明月之美扇，耶谿赤堇之寶刀，莞蒻桃笙之綺席，陽阿激楚之洞簫。丈夫得意早行樂，歌舞任俠稱人豪。舉杯一歌行路難，酒闌鍾歇風蕭蕭。

長安巧工製名燈，七龍五鳳光層層。蘇天爵《元文類》：「郭守敬於世廟朝進七寶燈漏，今大明殿每朝會張設之。其中鍾鼓皆應時自鳴。」中有青熒之朱火，下有映澈之澄冰。遊魚揚鬐肆瀺灂，飛鳥奮翼思騫騰。《燕都遊覽志》：「燈市有冰燈，細剪百綵，澆水成之。」黑風吹來徧槐市，狂花振落燒觚稜。金吾之威不能禁，鐵柱倒塌銅盤傾。使人策馬不能去，青燐鬼哭惟空城。

君不見無須將閹叫呼天，賜錢請葬驪山邊。父為萬乘子黔首，不得耕種咸陽田。君不見金墉城頭高百尺，河間成都美刀戟。草木萌芽殺長

沙，狂風烈烈吹枯骨。人生骨肉那可保，富貴榮華幾時好。龍子作事非尋常，奪棗爭梨天下擾。金床玉几不得眠，一朝零落同秋草。意重在起四句，因其辭太顯，故下以司馬乂、高儼事掩之，末句仍結出其意。錢氏訾議「叫呼天」及「殺長沙」句，不知乃《後漢》及《晉書》成語也。少所見，多所怪，其陋如此。

愁思忽不樂，乃上咸陽橋。盤螭蹲獸勢相齧，谽谺口鼻吞崩濤。劉若愚《蕪史》：「龍德殿後飛虹橋，鑿龍魚水族於石，傳自西城得之。」《燕都遊覽志》：「飛虹橋石刻龍虎禽鳥狀，傳為西城僧載來。」當時平明出萬騎，馬蹄蹀躞何逍遙。長安冠蓋一朝改，紫裘意氣非吾曹。柴車辟易伏道畔，舍人辭去妻孥嘲。人生太行起面前，何必褒斜棧閣崎嶇高。

君不見南山松栢何蔥菁，於世無害人無爭。斧聲丁丁滿嵁谷，不知其下何王陵。玉箱夜出寶衣盡，冬青葉落吹魚燈。石馬無聲缺左耳，豐碑倒折纏枯藤。當時公卿再拜下車過，今朝蔓草居人耕。有痛於孝陵而不忍斥言，《南廂園叟》詩則顯述之矣。

漢家身毒鏡，大如八銖錢。蒲萄錦囊雖黯淡，盤龍婉轉絲結連。云是宣皇母后物，挲摩寶惜宮中傳，土花埋沒今千年。對此撫几長歎息，金張許史皆徒然。《西京雜記》：「宣帝被收，繫郡邸獄，臂上猶帶史良娣合採婉轉綵繩錢，繫身毒國寶鏡一枚，大如八銖錢。舊傳此鏡照見妖魅，得佩之者為天神所福，故宣帝從危獲濟。」王世德《崇禎遺錄》：「城破，唯東裕庫珍寶存。」詩意謂實存而不能使太子如漢宣，其云「金張許史皆徒然」，指周奎也。

君不見黃河之水從天來，一朝乃沒梁王臺。梁王臺成高崔嵬，禁門平旦車如雷。千尺金堤壞，百里嚴城開。君臣將相竟安在，化為白黿與黃能。乃知水可亡人國，昆明劫灰何如哉！《明史》：「開封圍久，汴人議鑿朱家口以灌賊，賊遂決馬家口以灌城。巡撫高名沖、總兵陳永福乘小舟至城上。周王府第已沒，王居西城樓，督師侯恂以舟迎王，總兵卜從善率水師至城上，推官黃澍從王乘城夜渡，達隄口。賊乘高據筏發矢石，係汴人之北渡者。時城中民百萬盡溺死，城上尚數萬人，賊掠之去。」

男兒讀書良不惡，屈首殘編務穿鑿。窮年矻矻竟無成，徒使聲華受蕭索。君不見王令文章今大進，丘公官退才亦盡。寂寂齋居自著書，太玄奇字無人問。事皆見《世說》。文章必籍官位而行，衰世盡然，所以可歎。

伏軾說人主，談笑稱上客。一見賜黃金，再見賜白璧。夜半宮中獨召見，母弟通侯皆避席。上殿批送鱗，下殿犯貴戚。犀首進讒譖，韓非受指謫。夜走函谷關，邊巡不能出。君不見范雎摺脅懲前事，身退功成歸蔡澤。崇禎時，建白有當，帝得心賜召對者多矣。而蔽於奸相，旋膺罪斥，終致才人凋喪，國命以訖。

君不見鄭莊洗沐從知交，傾身置驛長安郊。又不見任君談辭接後進，冠蓋從遊數百乘。人生盛名致賓客，失勢人情諒非昔。年少停車莫掃門，故人行酒誰離席。西銘、大樽輩以社局續東林緒脈，生徒負笈，揮洗輟餐，倒屣莫及。亡何，黨論紛紜，遭逢喪亂，門戶衰落，甚至叛奴賣交，取子毀空，良足悼焉。故雜舉當時彥升及灌夫事，指所親歷，非徒慨陳編也。

直諫好言事，召見拜司隸。彈劾中黃門，鯁切無所避。天子初見容，謂是敢言吏。以茲增感激，居官厲鋒氣。奏對金商門，縛下都船獄。金商門，見《後漢書・蔡邕傳》。都船獄，見《前漢書・王嘉傳》。髡頭徙朔方，眾怒猶不足。私劍揣其喉，赤車再收族。橫屍都亭前，妻子不敢哭。此亦雜舉蔡邕、王嘉傳，切指其事。酒色作直都殺人，藏頭畏尾徒碌碌。《晉書・傅咸傳》：「答楊濟書云：衛公曰：酒色之殺人，此甚於作直。坐酒色死，人不為悔。逆謂以直致禍，此由心不直正，欲以苟且為明哲耳。」詩引用意，微別言外，謂當時酒色致禍者亦不乏也。

拔劍橫左膝，瞑目悲歌向座客。我初從軍縛袴褶，手擊黃麞弓霹靂。生來不識官家貴，帶甲持兵但長揖。驅馬來中原，尚書奏功級。前庭論爵賞，後殿賜飲食。烏驩家兒坐我上，壞坐爭言多酒失。《晉書》：「武帝欲以郭琦為佐著作郎，問琦族人彰。彰素嫉琦，云：『不識。』帝曰：『若如卿言，烏桓家兒能事卿，即堪為郎矣。』」按：桓生桓字，亦作驩。若烏桓之桓，從無作驩者，蓋有所諱為庾詞，非字義也。御史彈文讀且紓，待罪驚憂不敢出。還君絳衲兩襠衫，歸去射獵終南山。《元史》：「武宗大宴萬歲山，禿刺醉起，解其腰帶擲諸地，瞑目謂帝曰：『爾與我者止此耳。』」公詩驅遣經史，皆借其名與事暗用之，此等又暗用其意。

平生俠遊尚輕利，劇孟為兄灌夫弟。使酒罵坐人，探丸斫俗吏流血。鄰市都市中〔註1〕，追兵數十騎。借問追者誰，云是滿陵杜稺季。抽矢

〔註1〕「中」，底本無。「云是滿陵杜」後注「脫中」，據補。

弗射是故人，兩馬相逢互交臂。吾徒豈相厄，使當從此逝。泰山羊氏能藏跡，北海孫公堪避世。複壁埋名二十年，赦書卻下咸陽〔註2〕尉。歸來故鄉無負郭，破家結客成何濟。《漢書·孫寶傳》：「立秋日，署侯文東部督郵。勑曰：『今日鷹隼始擊，當順天氣，取姦惡，掾部渠，有人乎其〔註3〕？』文曰：『無其人，不敢空受職。』寶曰：『誰也？』文曰：『灞陵杜穉季。』穉季知之，杜門不通水火，穿舍後牆為小戶，但持鉏自治國〔註4〕，因文所厚自陳如此。寶竟歲無所譴。明年，穉季病死。」明季鉤黨之禍，無異永康、熹平，故詩雜舉前後兩漢事以譬。

今我思出門，圖作維陽賈，東遊陳鄭北齊魯。白璧一雙交王公，明珠十斛買歌舞。關中輬車方箛緒，高轓軷軷下荊楚。道阻淮南兵，貨折河東賈。朝為猗頓暮黔婁，乞食吹簫還故土。兵革未已，繼以橫征，失業者眾。

丈夫少年使絕域，從行吏士交河卒。布衣功拜甘泉侯，獨護高車四十國。葡萄美酒樽中醉，汗血名駒帳前立。富貴歸故鄉，上書乞骸骨。漢使遮玉關，不遣將軍入。軍中夜唱行路難，條支海上秋風急。功成無歸，異域尚然。

西莫過金牛關，懸崖鐵鑠猿猱攀。南莫過惡道灘，盤渦利石戈矛攢。猩猩啼兮杜鵑叫，落日青楓山鬼嘯。篁竹深巖不見天，我所悲兮在遠道。金牛關、惡道灘，皆入蜀之道，詩中致悲乎蜀者屢矣。

結帶理流蘇，流蘇紛亂不能理。當時羅幬鑒明月，皎皎容華若桃李。一自君出門，深閨厭羅綺。有人附書還，君到長干里。名都鶯花發皓齒，知君眷眷嬋娟子。太行之山黃河水，君心不測竟如此。寄君翡翠之鶼釵，傳璣之墮珥。勸君歸來且歡喜，臥病空床為君起。今之金陵報恩寺，街即長干里，寺即長干寺，塔即阿育王塔也。見李延壽《扶南傳》。當時僑寓留都者，自君相以迄士庶，俱忘其所自來矣。詩故託之於《離騷》，善怨以警曠焉，其旨遠矣。

吾將老焉惟糟丘，裸身大笑輕王侯。禮法之士憎如讐，此中未得逍遙遊。不如飲一斗，頹然便就醉，執法在前無所畏。君不見嵇生幽憤阮生哭，箕踞狂呼不得意。

〔註2〕按：底本此處衍「田」字，有刪除標記。
〔註3〕「有人乎其」，《漢書》卷七十七作「有其人乎」。
〔註4〕「國」，《漢書》卷七十七作「園」。

閬園詩並序

閬園者，李太虛先生所創別墅也。〔註5〕廣廈層軒，廻廊曲榭。門外有脩陂百頃，堂前列灌木千章。採文石於西山，導清流於南浦。綠藻被沼，紫柰當牖；芳枳樹籬，脩藤作架。白鶴文龍，飛翔廣囿；駕鴦鸂鶒，游泳清池。豈止都蔗為鄉，素馨成幄已哉！況經傳惠遠，廚藏金粟之儀；山近麻姑，壇擬玉臺之觀。惠遠廬山東林寺，見後詩注。《一統志》：「麻姑仙在建昌府城西，上有瀑布、龍巖、丹霞洞、碧蓮池，皆奇境也。山州四百餘里，中多平田可耕。道書三十六洞天之一。麻姑仙壇在上，即蔡經舊宅，顏真卿記並書。」《方輿勝覽》：「玉臺觀在閬州城北七里，唐勝王嘗遊，有亭及墓。觀在高處，其中有臺，號曰玉臺。」果名羅漢，花號佛桑。紺室聞鍾，丹泉洗藥。茲為靈境，夫豈塵區。而吾師偃仰茂林，從容長薄。千里致程鄉之酒，十年探禹穴之書。叔夜銅鎗，可容一斗；茂先寶劍，足值千金。焚香而明月滿簾，鬭茗而清風入座。張華鐙而度曲，指孤嶼以題詩。若將終焉，洵可樂也。不謂平原鹿走，一柱蛟飛。始也子魚，已下虞翻之說；既而孝頃，遽來周迪之軍。浪激亭湖，兵焚樵舍。馬矢積桓伊之墓，鼓聲震徐孺之臺。《一統志》：「桓伊墓在南昌府城南。伊嘗為江州刺史，故葬此。徐孺子祠在東湖上。」將仙人之藥臼車箱，俱移天上；豈帝子之珠簾畫棟，尚出人間。《明紀輯略》：「金聲桓本寧南侯左良玉大帥，降大清，用為江西提督。副將王體中兵最強，聲桓忌之，與其部將王得仁用計殺體中，命得仁領其軍，駐建昌。得仁私以憤殺巡按董學成，遂發兵。及聲桓稱豫國公，得仁稱建武侯，通欵於柱。王以寧庶人起兵，不攻贛州，故敗。遂兵並力攻贛，久不下。大清兵襲南昌，始遷師。有僧謂聲桓宜擇時日出戰，因閉城自守。大清兵築長圍困之，求戰不可得。己丑二月，南昌破，得仁伏誅，聲桓赴水死。」上文「子魚下虞翻之說」，謂聲桓已降也；「孝頃來周迪之軍」，謂廣東總兵李成棟叛，與連兵悉眾來援也。雲卿棄藥圃而不歸，《宋史‧蘇雲卿傳》：「隱南昌府東湖。」少陵辭澣谿而又往。放舟采石，浪跡雷塘。避地揚州，見前。愛子則痛甚元規，故園則情同王粲。望匡山而不見，指章水以為言。嘿嘿依人，傷心而已。於是嵇生授簡，趙子抽毫。重邀大別之雲，再續小園之賦。庶幾峰連北固，不異香鑪；潮上邗溝，居然溢口。心乎尉矣，歟也何如。偉業幸遇龍門，曾隨兔苑。自灌園於海畔，將負笈於山中。顧

〔註 5〕眉批：《今世說》：「嵇淑子為李太虛作《閬園影賦》數千言，編珠貫玉，地負海涵。此敘起處數比，亦不讓嵇作。」

茲三徑之荒，已近十年之別。願依杖屨，共肆登臨。弟子昇陶令之輿，興思彭澤；故吏逐謝公之屐，寄念東山。爰記五言，因成十律。華林園追陪之晏，而今渺然；浣花潭話舊之遊，於茲在矣。

先生家住處，門泊九江船。彭蠡春來水，匡廬雨後天。芰荷香石浦，秔稻熟湖田。獨坐憑闌久，虛堂且晏眠。首章泛敘南昌風土，未及園中景物。

有客扶藜過，空山猿鳥知。苔侵蘿逕履，松覆石床碁。楚米炊菰早，吳羹斫鱠遲。柴門相送罷，重定牡丹期。次章言未亂時，園中之適如此。

性癖耽書畫，蹉跎遍兩京。提攜詩卷重，笑傲客囊輕。小閣尊彝古，高人池館清。平生無長物，端不負虛名。三章言其耽書博古。《文集》：「先生好古博物，訪求金石篆刻，遇有所好，雖傾囊為之弗吝，此歐陽之為《集古錄》也。」

興極歌還哭，狂來醉復醒。床頭傾小檻，壁後臥長瓶。月出呼漁艇，花開置幔亭。門前流水急，數點暮山青。四章方及國變。

絕壑非人鏡，丹砂廢井留。移家依鶴砦，穿水遇龍湫。白石心長在，黃金藥可求。何時棄妻子，還伴葛洪遊。五章即園之所見，詳其古蹟。《續古神仙傳》：「許遜，南昌人，能感石化金。廬山有許仙井。」又：「雲台山與藐姑峰對，唐葉天師得道之所。旁有龍鬚井，天師嘗於上吹笛。」故有「丹砂廢井」、「黃金可求」等語。

我愛東林好，還家學戴顒。經臺憑怪石，麈尾折青松。書卷維摩論，溪山曹洞宗。欲修居士服，持偈問黃龍。六章意全上，並及東林禪宗。《東林誌》：「惠遠於九江府城西南大林峰之北，作《涅槃經疏》成，因名其峰為擲筆峰。上有文殊巖、十八賢憩石。」釋曉瑩《羅湖野錄》：「廬州羅漢小南禪師世系，以黃龍是大父，名既同而道望逼亞，故叢林目為小南，尊黃龍為老南。」

倦策登臨減，名山坐臥圖。避人來栗里，投老乞菱湖。舊業存榆柳，新齋待竹梧。亂離知又至，安穩故園無。七章言亂後園非昔景。

陶令休官去，迎門笑語忙。那知三徑菊，卻怕九秋霜。十具牛誰種，千頭橘未荒。可憐思愛子，付託在滄浪。八章意同上。

青史吾徒事，先朝忝從臣。十年搜典冊，萬卷鎖松筠。好友須分局，奇書肯借人。劫灰心力盡，牢落感風塵。九章敘其著述。《文集》：「先生攟摭累朝故實，抄撮成書，凡數百卷，欲以成一代之良史。」

早買淮陰棹，仍登江上樓。曉來看北固，何處似南州。王謝池臺廢，齊梁寢樹秋。天涯憂國淚，豈為故鄉流。十章始及亂後避地揚州。

題王端士北歸草《鳥吟集》小傳：「王揆，字端士，號芝廛，時敏次子。順治乙未進士。需次司李，養親不出。通籍四十年，雖未歷仕路，而鄉邦利病，靡不關究。」《文集》：「余早歲忝太常公執友，而端士從余問道。端士成進士十餘年，又見其子貴。」

讀罷新詩萬感興，夜深挑盡草堂燈。玉河嗚咽聞嘶馬，金殿淒涼見按鷹。端士《北歸草》中如「沙昏魚菜喧新市，日暗牛羊下舊城」，「荒殿牛羊眠碧瓦，斷垣荊棘沒朱樓」等句，可想見詩意。南內舊人逢庾信，北朝文士識崔悛。蹇驢風雪盧溝道，一慟昭陵恨未能。此昭陵亦用杜詩。

蘆洲行錢《箋》：「此詩多文移案牘語，蓋自為一體。」

江岸蘆洲不知里，積沙浪吹長灘起。云是徐常舊賜莊，百戰勳名照江水。祿給朝家禮數憂，子孫萬石未云酬。西山詔許開煤冶，南國恩從賜荻洲。蘆洲多江上漲沙，明初以賜勳臣子孫，恒為世業。《明史·常遇春傳》：「明末，廷齡嗣為懷遠侯，言江都有地名常家沙，族丁數千人，皆其始祖遠裔，請鼓以忠義，練為親兵。」蓋即以賜沙。江水東流自朝暮，蘆花瑟瑟西風渡。金戈鐵馬過江來，朱門大第誰能顧。惜薪司按前朝冊，勳產蘆洲追將粒。已共田園沒縣官，仍收子弟徵租入。我家海畔老田荒，亦長蘆根豈賜莊。州縣逢迎多妄報，排年賠累是重糧。排年，吳俗糧戶值年應役者之名。丈量親下稱蘆政，鞭笞需索輕人命。胥吏交關橫派徵，差官恐喝難供應。江南尺土有人耕，踏勘終無豪占情。徒使再科民力盡，卻虧全課國租輕。原注：積年升科老田，本漕白重課，指為無糧侵佔，故有重糧再科。後重糧去而定為蘆課，視原額反少減矣。甚言害民而又損國，其無益如此。詔書昨下知民病，解頭使用今朝定。早破城中數百家，蘆田白售無人問。《州乘備採》：「州糧有所謂蘆課，催科較急，奏銷課吏亦較嚴。乃國初設蘆課政，查江岸蘆洲，奸民規害所怨業產，亦妄指呈報，致累重科。經歷任撫按清釐，糧去而課存，額幸少減，而催徵則嚴。乃周夢顏《蘇松財賦考》謂康熙十八年，撫院慕天顏將崑太版荒田地題作蘆課徵收，官民兩利。不知誠係版荒，則完蘆課重糧，亦何利之有？失之不考。」休嗟百姓困誅求，憔悴今看舊五侯。只好負薪煨馬矢，敢誰伐荻上漁舟。君不見，舊洲已沒新洲出，黃蘆收盡江潮白。萬束千車運入城，草場馬廄如山積。樵蘇猶向鍾山去，軍中日日燒陵樹。

捉船行《州乘備採》：「自黃斌卿、沈廷揚輩奉魯藩屯踞舟山，出沒海上。巡撫土國寶亦效舟山人造水車船，封民間船及竹木。又奪耕牛，取皮為舟障。猾吏籍以飽壑，民用不堪。逮辛卯，舟山破。甲午，張名振死，師散。辛丑，撤姑蘇駐防兵還京師，始得寧。」

官差捉船為載兵，大船買脫中船行。中船蘆港且潛避，小船無知唱歌去。郡符昨下吏如虎，快槳追風搖急櫓。村人露肘捉頭來，背似土牛耐鞭苦。苦辭船小要何用，急執洶洶路人雍。前頭船見不敢行，曉事篙師斂錢送。船戶家家壞十千，官司查點候如年。發回仍索常行費，另派門擁雲雇船。君不見官舫鬼菆無用處，打鼓插旗馬頭住。

馬草行

秣陵鐵騎秋風早，廄將圉人索芻槁。當時磧北起蒲梢，今日江南輸馬草。府帖傳呼點行速，買馬先差人打束。香芻堪秣飽驊騮，不數西涼誇苜蓿。京營將士導行錢，解戶公攤數十千。長官除頭吏乾沒，自將私價僦車船。苦差常例須應免，需索停留終不遣。百里曾行幾日程，十家早破中人產。半路移文稱不用，歸來符取重裝送。推車輓上秦淮橋，道遇將軍紫騮鞚。轅門芻豆高如山，長衫沒髁看奚官。黃金絡頭馬肥死，忍令百姓愁飢寒。回首當年開僕監，龍媒烙字麒麟院。〔註6〕歸有光《馬政議》：「國初編戶養馬，立群頭群長，設官鑄印，與守令分民而治。」天閑轡逸起黃沙，遊牝三千滿行殿。蔣山南望獵痕燒，放牧秋原見射雕。寧笁雕胡供伏櫪，不堪極目草蕭蕭。

曉妝

學母妝應早，留花稱小圍。為憐新繡領，故著舊時衣。性急梳難理，衫深力易微。素匲猶未斂，秖道侍兒非。

送友人還楚

燈火照殘秋，聞君事遠遊。客心分暮雨，寒夢入江樓。酒盡孤峰出，詩成眾籟收。一帆灘響急，落日滿黃州。

〔註6〕眉批：按：唐制，有監無院採。《職官志》：凡邦國廐牧，與之政令，分隸群牧司、麒麟院、諸坊監、太僕寺，但掌天子五輅。

新翻子夜歌 此所謂時世粧也。公詩云：「越俗更裳珮，秦風失帽簷。短衣還戍削，長帶孰蜚褵。」百年而後，可想見之。

歡今穿儂衣，窄身添扣扣。欲搔麻姑爪，教郎作廣袖。

含香吐聖火，《綏寇紀略》：「以煙草為聖火之類，引赤火南流喪南國為火妖云。」碧縷生微煙。知郎心腸熱，口是金博山。《州乘備採》：「煙草本閩產，蓋番人代酒物，故亦名煙酒。閩人客婁者，注以蘆管，向火吞煙氣，絕辛徵羶，叩以食，故云。通身如醉，微之輒昏眩摧僕。不五六年，有攜種來者，教人種法，遂繁衍。吳中雖奉嚴例申禁，邀利者不畏死。後漸佩煙，具食者津津誇益已。」《蚓菴瑣語》亦志之。《分甘餘話》：「煙葉本色〔註7〕淡巴菰，韓元少掌翰林院教習，試庶吉士，以淡巴菰賦，人無知者。」

歡有頷下貂，與儂覆廣額。脫儂頭上珠，為歡嵌寶石。

龍團語羊酪，相逢土風異。為歡手煎茶，調和見歡意。

宮扇 御史宣德川扇也。《明史》：「崇禎六年，生皇子慈烺。九月，立為皇太子。十年，豫擇東宮侍班講讀官，尚書姜逢元等四人侍班，編修吳偉業等六人講讀，編修楊士聰等二人校書。十一年二月，太子出閣。十五年正月開講，時太子年十四。」按：吳師道《禮部集·仙山秋月圖》：「宮扇，馬遠書。」此宮扇二字所本。

宣鑪鑪暑幸離宮，碧檻青疏十二重。七寶鑄銅薰鴨貴，千金磁翠鬭雞紅。宣窯。《據梧齋塵談》：「明宣、成窯雞缸寶燒碗、硃砂盤價更在宋磁上。硃砂盤即所謂積紅盤也。雞缸者，上畫牡丹，下有子母雞躍躍而動。」玳瑁簾開南內晏，沈德符《野獲編》：「南內在禁垣內之巽隅，亦有首門、二門以及南掖門。內亦有前後兩殿，具體而微，旁有兩廡。其他離宮及圓殿、石橋，則皆天順間所增飾。」沉香匣啟西川扇。蟬翼描來雲母輕，冰紈製就天孫豔。丹霞瀹起駕雲軿，王母雙成絳節還。玉管鳳銜花萬壽，銀濤龍蹴海三山。以上皆謂川扇所繪。陸深《春風堂隨筆》：「今世所用摺扇，亦名聚頭扇。南宋以來，詩詞所詠聚頭扇者甚多。予收得楊妹子所寫絹扇面，摺痕尚存。」按：張孝祥《于湖居士集》已有摺骨扇詞。吳自牧《夢梁〔註8〕錄》：「小市周家摺揲扇鋪。」則《明朝小史》所載撒扇始於永樂

〔註7〕「色」，似當作「名」。按：王士禎《香祖筆記》卷七：「呂宋國所產煙草，本名淡巴菰，又名金絲薰。」（王士禎著《王士禎全集》第6冊，齊魯書社2007年版，第4609頁。）

〔註8〕「梁」，底本誤作「糧」，據楊學沆本改。

中，因朝鮮劉進松扇，上喜其卷舒之便，命工如式制之者，殆未確。**芙蓉水殿琉璃澈，內家尚苦櫻桃熱。九華初御詠招涼，落葉廻風若霜雪。**《明朝小史》：「宣宗嘗詠六言撒扇詩云：『湘浦煙霞交翠，剡溪花雨生香。掃卻人間炎暑，招回天上清涼。』」此豈泛用樂府《招涼曲》哉？公詩凡援古皆類是，可念注詩之難。**峨嵋萬里尚方船，雉尾千秋奏御箋。公主合歡嬌翠翡，昭容反影鬥嬋娟。遭逢召見南薰殿，思陵日昃猶揮汗。天語親傳賜近臣，**《明朝小史》：「朝制，端陽節賜百官摺扇綵索，冬至賜百官戴煖耳。武宗在位，獨四時賜百官紗羅紵絲。」**先生進講豳風倦。**《野獲編》：「京師最重午節，唯閣部大老及經筵日講詞臣得拜川扇、香果諸賜。」又：「世宗初建無逸殿於西苑，翼以豳風亭，命閣臣李時、翟鑾輩坐講《豳風·七月》之詩，賞賚加等。今上甲申、乙酉，無逸殿燼於火，輔臣奏宜脩復，輪奐如新。」**黃羅帕捧出雕闌，畫簁丹青掌上看。俸薄買嫌燈市價，**《燕都遊覽志》：「燈市南北兩廛，凡珠玉寶器，無不悉有。衢中列市，碁置數行，相對俱高樓。樓設氍毹簾幙，為燕飲地。夜則燃燈於上，望如新衢。」**恩深攜謝閣門班。自離卷握秋風急，騫驢便面無人識。聞道烽煙蔽錦城，齊紈楚竹無顏色。石榴噴火照皇都，再哭蒼梧媿左徒。舊內謾懸長命縷，新宮徒貼避兵符。夜雨床頭搜廢篋，摩挲老眼王家物。半面猶存蛺蝶圖，空箱尚記霓裳疊。蠹粉黃侵瓊樹花，黏塵香損紫鸞車。珠衣五翟悲秦女，玉墜雙魚泣漢家。莫歎君恩長斷絕，比來舒卷仍鮮潔。乍可襟披宋玉風，不堪袖掩班姬月。**

偶見

合歡金縷帶，蘇合寶香薰。欲展湘文袴，微微蕩畫裙。

背影立銀荷，瓊肌映綺羅。燭花紅淚滿，遮莫為心多。

古意

歡似機中絲，織作相思樹。儂似衣上花，春風吹不去。

猿

得食驚心裏，逢人屢顧中。側身探老樹，長臂引秋風。傲弄忘形便，羈棲抵掌工。忽如思父子，回叫故山空。以下詠物詩，擬唐李巨山集拈一二字為題，用五律寫意。杜詩《鸚鵡》八章，亦其體也。

橐駝

獨任三軍苦，安西萬里行。鑄銅疑鶴頸，和角廢驢鳴。山負祁連重，泉知鄯善清。可憐終後載，汗血擅功名。

象

神象何年至，傳聞自戰場。齒能齊玉德，性不受金創。白足跏跌坐，黃門拜舞行。越人歸駕馭，未許鼻亭狂。

牛

瑩角偏轅快，奔蹄伏軛窮。賣刀畔隴上，執靮犒軍中。遊刃庖丁技，扶犁田父功。君王思繭栗，座右置豳風。原注：時頒書戒殺牛文，重農事也。

蒲萄

百斛明珠富，清陰翠幕張。曉懸愁欲墜，露摘愛先嘗。色映金盤果，香流玉椀漿。不勞蔥領使，常得進君王。

石榴

五月華林晏，榴花入眼來。程穆衡《箕城雜綴》：「養心殿前古石榴數株，三百餘年物也。植巨盎中，柯榦中空，盤蚪奇崛，膚皮擁腫，上發苔枝。花紅者千蕊相攢，白者結實如椀，宮中呼軟子榴。植禁中者，間邀賜。」百株當戶牖，萬火照樓臺。絳帳垂羅袖，紅房出粉腮。江南逢巧笑，齲齒向人開。原注：江南石梅多裂，北方獨否。

蘋婆 即奈子。郭義恭《廣志》：「西方多奈，家家收切暴乾為蓄積，謂之蘋婆糧。」

漢苑收名果，如君滿玉盤。幾年沙海使，移入上林看。對酒花仍豔，經霜實未殘。茂陵消渴甚，飽食勝加餐。

文官果 文林郎果也。陳藏器《本草拾遺》：「文林郎生渤海間，云其樹從河中浮來，有文林郎拾得種之，因以為名。」李珣《海藥錄》：「文林郎，南人呼為榅桲。」李時珍釋名：即來禽也。又謂文官果即文光果。按：文光果出景州，形類無花果，肉味如栗，五月成熟，無核，大不類也。

近世誰來尚，何因擅此名。小心冰骨細，虛體綠袍輕。味以經嘗淡，香從入手清。時珍誇眾口，穀核太縱橫。

冰

清濁看都淨，長安喚賣冰。見來消易待，欲問價偏增。潔自盤中顯，涼因酒後勝。若求調燮理，坐上去青蠅。

大根菜

幾葉青青古，穿泥弗染痕。誰人愛高潔，留汝歷涼溫。輪囷形難老，芳辛味獨存。古來磐石重，不必取深根。

王瓜

同摘誰能待，離離早滿車。弱藤牽碧蔕，曲項戀黃花。客醉嘗應爽，兒涼枕易斜。齊民編月令，瓜瓞重王家。

豇豆

綠畦過驟雨，細束小虹蜺。錦帶千條結，銀刀一寸齊。貧家隨飯熟，餉客借饈題。五色南山豆，幾成桃李蹊。

楚雲並敘

楚雲，字慶娘。余以壬辰上巳為朱子葵、子葆、子容兄弟招飲鶴洲，子葵兄弟，無錫人。**同集則道開師**《文集》：「汰如早世，其徒道開能詩兼書畫，後亦卒。」《續圖繪寶鑑》：「道聞俗姓沈，名自扃，結廬吳門山塘，又住廣生菴，山水得意外趣。」**沈孟陽、張南垣父子。妓有豌生者，與慶娘同小字。**豌生姓王氏，名妓，玉煙客之妹，工奕，善盡蘭。汪琬《堯峰文鈔》：「吳人呼某妓為某生。」故云。〔註9〕**而楚雲最明慧可喜，口占贈之。**

十二峰頭障玉真，楚宮祓禊採蘭辰。陳思枉自矜能賦，不詠湘娥詠洛神。

白蘋江上送橫波，擬唱湘山楚水歌。卻為襄王催按曲，故低統扇簇雙蛾。

〔註9〕眉批：子葵，名茂時，秀水縣學生。承廕，官至貴陽知府，有《咸春堂遺稿》。而《錫談》以為無錫人。或曾附籍。鶴洲草堂在嘉興。志以為鶴洲乃宋南渡時禮部郎中朱敦儒所題。而《竹垞詩話》謂為唐相裴休別業。裴休何由至嘉興，未知所據。

越羅衫子揉紅藍，楚玉鸞雛鏤碧簪。莫羨鴉頭羅韤好，一鉤新月印湘潭。史游《急就章》：「䩺鞜印角。」注：「䩺，謂韋履，頭深而兌，底平者也。今俗謂之跣子。鞜，薄革小履也。」即張衡《同聲歌》「鞜芬以狄香」者也。印角，當印其角，舉足乃行。三者皆謂婦人履也。按：兌同銳，印同仰，所謂鴉頭羅韤，漢時即有其制。

新篘下若酒頻傾，楚潤相看別有情。小戶漫亂還一笑，眾中觥政自縱橫。何㬊《摭言》：「鄭合敬《及第後宿平康里詩》曰：『春來無處不閒行，楚潤相看別有情。好是五更殘酒醒，時時聞喚狀頭聲。』楚娘、潤娘，當時妓之尤者。」今雖以名同用其句，然亦因高第相似故。酒紏，見孫棨《北里志》。

風流太守綠莎廳，〔註10〕錢《箋》：「字妙。」近水天桃入畫屏。最是楚腰嬌絕處，一雙鸂鶒起沙汀。

范蠡湖邊春草長，楚天歸去載夷光。人間別有朱公子，騎鶴吹笙是六郎。〔註11〕用朱姓事映鶴洲。

畫梁雙燕舞衣輕，楚楚腰肢總削成。記得錢唐兩蘇小，不知誰獨擅傾城。

廬山攜妓故人留，白社留連謁惠休。早為朝雲求半偈，楚江明日上黃州。〔註12〕此首併入雲字。

題朱子葵鶴洲草堂

別業堂成綠野邊，養雛丹頂已千年。仙人收箭雲歸浦，道士開籠月滿天。竹下縞衣三徑石，雪中清淚五湖田。裴公舊宅松陰在，不數孤山夜放船。〔註13〕

曉發

曉發桐廬縣，蒼山插霧中。江村荒店月，野戍凍旗風。衣為裝綿暖，顏因被酒紅。日高騎馬滑，愁殺白頭翁。

〔註10〕眉批：此指貴陽知府而言。
〔註11〕眉批：鶴洲堂在范蠡湖上。子容兄弟，朱國祚孫，故曰公子。
〔註12〕眉批：此首兼及道開。
〔註13〕眉批：此亦鶴洲，為裴休別業矣。子葵，朱國祚孫，故以為比。

客路

客路驚心裏，棲遲苦未能。龍移對江塔，雷出定龕僧。原注：武林近事。林黑人談虎，臺荒吏按鷹。清波門外宿，潮落過西興。

苦雨

亂煙孤望裏，雨色到諸峰。野漲餘寒樹，江昏入暝鍾。夜深溪碓近，人語釣船逢。愁聽唯支枕，艱難愧老農。

過朱買臣墓原注：在嘉興東塔雷音閣後，即廣福講院。龐元英《談藪》：「嚴州壽昌縣道旁有朱買臣廟，貌其地，有朱池、朱村，居人多朱姓。」按：漢吳郡屬會稽，故墓在秀而廟在睦也。

翁子窮經自不貧，會稽連守拜為真。是非難免三長史，富貴徒誇一婦人。小吏張湯看踞傲，故交莊助歎沉淪。行年五十功名晚，何似空山長負薪。

補禊

壬辰上巳，蔣亭彥、篆鴻、陸我謀於鴛湖禊飲，余後三日始至。同集有道開師、朱子容、〔註14〕沈孟陽。徵詩以補禊事，余分得知字。亭彥名玉立，篆鴻名雲翼，我謀名埜，平湖人。二蔣，嘉善人。

春風好景定昆池，散誕天涯卻誤期。溱洧漫搴芳杜晚，雒濱須泛羽觴遲。右軍此會仍堪記，白傅重遊共阿誰。〔註15〕故事禊堂看賜柳，年來無復侍臣知。

贈劉虛受

中歲交朋盡，新知得此翁。道因山水合，詩向病愁工。悟物談功進，亡情耳識空。原注：重聽。真長今第一，兄弟擅宗風。

識面已頭白，論心唯草玄。孝標三世史，摩詰一門禪。獨宿高齋晚，微吟細雨天。把君詩在手，相慕十年前。

〔註14〕眉批：子容名茂晭，秀水縣學生。有《錦雲亭集》。

〔註15〕眉批：白集有《河南尹李待價禊於洛濱》詩。前一日啟留守裴令公，公詔居易等十五人合宴於舟中。

題鴛湖閨詠《詩話》：「黃媛介，嘉興儒家女也，能詩善畫。其夫楊興公聘後，貧不能娶，流落吳門。媛介詩名日高，有以千金聘為名人妾者，其兄堅持不肯。余詩云：『不知世有杜樊川』，指其事也。媛介和余詩曰：『月移明鏡照新妝，閨閣清吟已雁行。花裏雙雙巢翡翠，池中六六列鴛鴦。黃粱熟去遲仙夢，白雪傳來促和章。一自蓬飛求避地，詩成何處寄蕭娘？』『罷吟紈扇禮金仙，欲洗塵根返自然。風掃桃花餘白石，波呈荷葉露青錢。山中自護燒丹井，世上誰耕種玉田？磊磊明珠天外落，獨吟遙對月平川。』『石移山去草堂虛，護理琴尊緝故居。閒教癡兒頻護竹，驚聞長者獨廻車。牽蘿補屋思偏逸，織錦成文意自如。獨怪幽懷人不識，目空禹穴舊藏書。』『往來何處是仙壇？飄忽回風降紫鸞。句落錦雲驚韻險，思營綵筆惜才難。飛花滿徑春情淡，新水平堤夜雨寒。憶昔金閨曾比調，莫愁城外小江干。』此詩出後，屬和者眾。粧點閨閣，過於綺靡。黃觀只獨為詩非之，以為媛介德勝於貌，有阿承醜女之名，何得言過其實？此言最為雅云。錢《箋》：『媛介字皆令，興公名世功。』而《檇李詩繫》云：『興公名元勳。』未審孰是。」

石州螺黛點新粧，小拂烏絲字幾行。粉本留香泥蛺蜨，錦囊添線繡鴛鴦。秋風擣素描長卷，春日鳴箏製短章。夏只今標藝苑，無雙才子掃眉娘。《檇李詩繫》：「媛介，文學象山之妹，與姊媛貞俱擅麗才。媛介尤有聲。書法鍾、王，人以衛夫人目之，畫亦點染有致。」首章極稱其家世才學之美。

休言金屋貯神仙，獨掩羅襦淚泫然。栗里縱無歸隱計，鹿門猶有賣文錢。女兒浦口堪同住，新婦磯頭擬種田。夫婿長楊須執戟，用楊姓事。不知世有杜樊川。《檇李詩繫》：「媛介適楊元勳，夫婦偕遊江湖，為閨塾師以老。」次章微指其事，而和詩第三首正答此意，針鋒緊對，克〔註16〕畏也。

緯雲樓閣敞空虛，女伴相依共索居。學士每傳青鳥使，蕭娘同步紫鸞車。新詞折柳還應就，舊事焚魚總不如。記向馬融談漢史，江南淪落老尚書。《詩話》：「媛介客於牧齋柳夫人緯雲樓中，樓燬於火，牧齋亦牢落，嘗為《援介詩敘》，有今昔之感。」按：《牧齋有學集·援介詩敘》有云：「緯雲樓新成，吾家河東邀皆今至，硯匣筆床，清琴柔翰，篇什流傳。」又云：「在南宗伯署中，閒園數畝，老梅盤拏，烽煙旁午，訣別倉皇，皆令擬河梁之作。河東抒雲雨之章」云云。此章正敘其事。鈕琇《觚賸》：「河東君柳如是，名是，一字蘼蕪，本名愛，柳其寓姓也。先是吳江錦家院有名妓徐佛，張西銘訪之，適他適，其弟子曰楊愛，西銘一見傾意，攜至垂虹，繾綣而別。愛喜，自負非良偶，不委身。聞陳臥子名，移家結鄰。陳嚴正不易近。庚辰，錢宗伯為築我聞室。辛巳初夏，結褵芙蓉舫中。三泖薦紳，喧馬騰議。輕薄之子，擲磚彩鷁，投礫香車。錢目為絳雲仙姥，構樓居之，扁曰絳雲。」

〔註16〕「克」，楊學沆本作「可」。

誰吟紈扇繼詞壇，白下相逢吳彩鸞。才比左芬年更少，壻求韓重遇應難。玉顏屢見鶯花度，翠袖須愁煙雨寒。往事只看予薄命，致書知已到長干。《詩話》：「吳巖子及卞玄文與媛介相得甚。」此詩因並及之。當在南都時，玄文尚未適人，故有「壻求韓重」句。

釣臺

少有高人隱富春，南陽遊學為亡新。高皇舊識屠沽輩，何似原陵有故人。

嘉湖訪同年霍魯齋觀察霍魯齋應是霍達，辛未進士，長安人。考霍達南都時已歷官巡撫，入國朝未知何階，復觀察嘉湖。〔註17〕

官舍鶯聲裏，旌旗拂柳堤。湖開山勢斷，塔迴樹痕齊。世路催青鬢，春風到紫泥。還看鮑司隸，驄馬滿橋西。

蹤跡知何處，溪山興不孤。閒亭供鳥雀，仙吏得尊鱸。紅荔涪江樹，青楓澤國圖。須教趙承旨，煙雨補南湖。

門外銀塘滿，鷗飛入晚衙。公田若下酒，鄉夢杜陵花。水碓筒輸紙，溪船簍貢茶。〔註18〕看雲堪拄笏，幕客莫思家。

羽蓋菰城道，《湖州府志》：「菰城在府城南，相傳黃歇建。」〔註19〕春風行部勞。長公山郡簡，小杜水嬉豪。簫鼓催征騎，琴書壓畫初。獨憐憔悴客，剪燭話同袍。長公謂東坡，與杜牧皆守湖州者。〔註20〕

贈郡守李秀州隆吉李國棟，錦州人。順治六年，任嘉興知府。

偶值溪山勝，相逢太守賢。邀人看水閣，載酒上菱船。鶴料居官俸，〔註21〕魚租燕客錢。今朝風日好，春草五湖煙。

〔註17〕眉批：魯齋後歷官至尚書。
〔註18〕眉批：余經浙西湖州，以顧渚為上。唐時充貢歲，限清明日抵京。按：楊學沆本程注無，作楊補注。其中，「余」作「茶」。
〔註19〕按：楊學沆本程注無，作楊補注。底本原注「歇建黃」，據改。
〔註20〕按：楊學沆本程注無。楊補注：「長公謂東坡，熙寧中徙知湖州。小杜謂杜牧。《唐書·杜牧傳》：『乞為湖州刺史。』」
〔註21〕眉批：唐幕府官俸謂之鶴料。

贈糧儲道步公原注：乾州人。○名文政。崇禎十六年進士。國朝任蘇松督糧道。

臨湘家世擁旌旄，〔註22〕策馬西來劍珮高。華嶽風雲開間氣，乾陵草木壯神皋。山公盡職封章切，蕭相憂時饋運勞。青史通侯餘事在，江南重見舊人豪。

山塘重贈楚雲原注：楚雲故姓陸，雲間人。

宣公橋畔響輕車，二月相逢約玩花。指是年上巳。烏柏著霜還繫馬，停鞭重問泰娘家。劉禹錫《泰娘歌引》：「泰娘，本韋尚書家主謳者。尚書為吳郡，得之，命樂工誨之琵琶，使歌且舞，攜歸京師。京師多新聲善工，又捐去故技，以新聲度曲，而泰娘名字往往見稱於貴遊之間。元和初，尚書薨於東方，居民間。久之，為蘄州刺史張愻所得。愻坐事謫居武林，卒。泰娘無所歸，地荒且遠，無有能知其容門與藝者，故日抱樂器而哭。其音焦殺以悲。客聞之，為歌其事，以續於樂府。」按：此與楚雲殊不類，特以其居吳郡，故借用之。〔註23〕

家住橫塘小院東，門前流水碧簾櫳。五茸城外新移到，傲殺機雲女侍中。《松江府志》：「五茸城在華亭閣東，吳王獵所。」

月夜分攜幾度圓，語溪芳草隔雲煙。《嘉興府志》：「語溪，一名語兒涇，一名語兒溪，在今崇德縣界。」詩所謂「別後留滯嘉興」。那知閶闔千條柳，拋撇東風又一年。

挾彈城南輕紫騮，葳蕤春鎖玉人留。花邊別有秦宮活，不數人間有秺侯。《後漢書·梁冀傳》：「冀愛監奴秦宮，官至太倉令，得出入冀妻孫壽所。壽見宮，輒屏御者，託以言事，因與私焉。宮內外兼寵，威權大振。」故李賀詩云「秦宮一生花底活」也。《漢·金日磾傳》：「武帝後宮滿，則數十人牽馬過墀下，莫不竊視，至日磾獨不敢。」又曰：「日磾自在左右，目不忤視者數十年，賜出宮女，不敢近。武帝遺詔，封秺侯。」詩意蓋自謂不親女色。

題志衍所畫山水《文集·志衍傳》：「志衍工詩歌，善尺牘，尤愛圖繪，有元人風。」

畫君故園之書屋，午榻茶煙薜花竹。著我溪邊岸葛中，十年笑語連

〔註22〕眉批：《吳志》：「步騭赤烏九年代陸遜為丞相，封臨湘侯。」
〔註23〕按：楊學沆本程注無，作楊補注。

床宿。畫君蜀道〔註24〕之艱難，去家萬里誰能還。戎馬千山西望哭，杜鵑落月青楓寒。今之此圖何者是，黯澹蒼茫惟一紙。想像雲山變滅中，其人與筆寧生死。我思此道開榛蕪，東南畫脈多蕭疎。君嘗展卷向余說，得及荊關老輩無。巫山巫峽好粉本，一官大笑誇吾徒。此行歸來掃素壁，捫腹滿貯青城圖。只今猶是江南樹，憶得當時送行處。楊柳青青葭菼邊，雙槳搖君此中去。

題孫銘常畫蘭

誰將尺幅寫瀟湘，窮谷無人吹氣香。斜筆點芽依薜石，雙鉤分葉傍籦簹。謝家樹好臨芳砌，鄭女花堪照洞房。我欲援琴歌九畹，江潭搖落起微霜。

楚兩生行並敘

蔡州蘇崑生、維揚柳敬亭，其地皆楚分也，而又客於楚左。寧南駐武昌，柳以談、蘇以歌為幸舍重客。寧南沒於九江舟中，百萬眾皆奔潰。柳已先期東下，蘇生痛哭，削髮入九華山。久之，出從武林汪然明。《初學集·汪然明墓誌》:「然明，名汝謙。居歙之叢睦，所至公卿虛席，勝流翕集。刹江觀濤之客，三竺漉囊之僧，西陵油壁之妓，靡不擎箱奉席，傾囊倒篋，人厭其意。」然明亡，之吳中。吳中以善歌名海內，然不過嘽緩柔曼為新聲。蘇生則於陰陽抗墜，分刌比度，如崑刀之切玉，叩之栗然，非時世所為工也。嘗遇虎丘廣場大集，生睨其旁，笑曰:「某郎以某字不合律。」有識之者曰:「彼傖楚，乃竊言是非。」思有以挫之。間請一發聲，不覺屈服。顧少年耳剽日久，終不肯輕自貶下。就蘇生問所長。生亦落落難合，到海濱，厓吾里。蕭寺風雪中，以余與柳生有雅故，為立小傳，援之以請曰:「吾浪跡三十年，為通侯所知。今失路憔悴而來過此，惟願公一言，與柳生竝傳足矣。」柳生近客於雲間帥，識其必敗，苦無以自脫，浮湛敖弄，在軍政一無所關，其禍也幸以免。提督馬進寶，本郡盜降者，駐松江，後以從逆伏誅。蘇生將渡江，余作《楚兩生行》送之，以之寓柳生，俾知余與蘇生遊，且為柳生危之也。王貽上《分甘餘話》:「左良玉稱兵東下，破九江、

〔註24〕「道」字原誤抄在「去」字下。詩末原有注:「第五句『畫君蜀道之艱難』，脫一『道』字。」

安慶諸屬邑，殺掠甚於流賊。東林諸公快其以討馬、阮〔註25〕為名，而並諱其作賊。幕下有柳敬亭、蘇崑生者，一善說評話，一善度曲。良玉死，二人流寓江南，名卿遺老祖左良玉者，為賦詩張之，且為作傳。余識柳於金陵，其技與市井輩無異，而所至逢迎，尊之席右。愛及屋烏，憎及儲胥。噫！」

　　黃鵠磯頭楚兩生，《一統志》：「黃鵠磯在武昌府城西南，一名黃鶴山。世傳費文禕昇仙，駕黃鶴過此。」征南上客擅縱橫。將軍已沒時世換，絕調空隨流水聲。一生拄頰高談妙，君卿喉舌淳于〔註26〕笑。痛哭長因感舊恩，詼嘲尚足陪年少。途窮重走伏波軍，短衣縛袴非吾好。抵掌聊分幕府金，褰裳自把江村釣。《文集·柳敬亭傳》：「良玉軍譟而南，奉詔駐皖城。守皖者杜將軍弘域。兩人用軍事不相中，念非生莫解者，乃檄生進之。左帳下用長刀遮客，引就席，坐客咸振摺失次，生拜訖，索酒，詼嘲諧笑，旁若無人者。左大驚，自以為得生晚也。左起卒伍，少孤貧，與母相失，請賂封，不能得其姓，淚承睫不止。生曰：『君侯不聞天子賜姓事乎？』此吾說書中故實也。大喜，立具奏。左武人，即以為知古今，識大體。」一生嚼徵與含商，笑殺江南古調亡。洗出元音傾老輩，疊成妍唱待君王。一絲縈曳珠盤轉，半黍分明玉尺量。最是大堤西去曲，累人腸斷杜當陽。憶昔將軍正全盛，江樓高會誇名勝。生來索酒便長歌，中天明月軍聲靜。將軍聽罷踞胡床，撫髀百戰今衰病。《柳敬亭傳》：「左出所畫己像二。其一關隴破賊圖也。覽鏡自照，歎曰：『良玉，天下健兒也，而今衰。』」一朝身死豎降幡，貔狒散盡無橫陣。祁連高冢泣西風，射堂賓客嗟蓬鬢。《綏寇紀略》：「良玉以乙酉三月廿六日傳檄討馬士英，空國行，火光接天者二百餘里。過九江，袁繼咸相見於舟中。俄見岸上火起，左右曰：『袁兵燒營，自破其城。』良玉罵曰：『此是我兵耳。』大悔恨，椎胸浩歎曰：『我負臨侯。』臨侯者，袁字也。嘔血數升，病遂革沒。後七日，子夢庚將其眾東下。後營總兵惠登相者，固降冠，所謂過大星也。率黑旗軍殿，獨不近岸，以夢庚个足事，絕江而去。黃得功破夢庚於采石，軍遂潰，夢庚障於大清。」羈棲孤館伴斜曛，野哭天邊幾處聞。草滿獨尋江令宅，花開閒弔杜秋墳。鶤弦屢換尊前舞，鼉鼓誰聞江上軍。楚客秪憐歸未得，吳兒肯道不如君。我念邦江頭白叟，《板橋雜記》：「敬亭，泰州人，本姓曹。避仇，流落江湖，休柳下，乃姓柳。」滑稽幸免君知否？失路徒貽妻子

〔註25〕　「阮」，底本誤作「院」，據《分甘餘話》卷二改。（王士禎著《王士禎全集》
　　　　　第6冊，齊魯書社2007年版，第4994頁。）
〔註26〕　「于」，底本作「於」，據楊學沆本改。

憂，脫身莫落諸侯手。《柳傳》：「逮江上之變，生所攜及留軍中者，亡散累千金，再貧困。」按：江上之變，謂鄭成功入寇，陷鎮江，馬進寶從逆也。**坎壈縣來為盛名，見君寥落思君友。老去年來消息稀，寄爾新詩同一首。隱語藏名代客嘲，姑蘇臺畔東風柳。**《板橋雜記》：「柳八十餘，遇余宜睡軒中，猶說秦叔寶見姑娘也。」

口占贈蘇崑生

　　樓船諸將碧油幢，一片降旗出九江。獨有龜年臥吹笛，暗潮打枕泣篷窗。

　　有客新經墮淚碑，武昌官柳故垂垂。扁舟夜半聞蘆管，猶把當年水調吹。按：乙酉二月，賊自成棄西安，出商州龍駒寨，走武關，入襄陽，至武昌。時左良玉已南下，武昌虛無人，賊居五十日，四出抄掠，乏食，始由金牛、保安走咸寧、蒲圻，則武昌官柳大不堪為良玉誦矣。

　　西興哀曲夜深聞，絕似南朝汪水雲。起二句用《金姬別傳》李嘉謨夜聞鄰婦倚樓泣事。《西湖新志》：「汪元量，字大有。度宗時以善琴出入宮掖，從三宮北去，留滯燕京。有王清惠、張瓊英，皆故宮人，善詩相和。後還錢唐，往來彭蠡間，風跡雲影，人莫能測，傳以為仙。」《水雲集》：「元量隨宋少主北遷，及將南還，少主平原公以下及宮嬪一十七人咸賦詩祖道。即後歸，少主有詩云：『寄語林和靖，梅花幾度開。黃金臺下客，應是不歸來。』蓋即懷元量作。」回首岳侯墳下路，亂山何處葬將軍？

　　故國傷心在寢丘，蒜山北望淚交流。饒他劉毅思鶩炙，不比君今憶蔡州。原注：蘇崑生，固始人，即楚相寢丘也。按：楚相寢丘見《史記·滑稽列傳》。《晉書·劉毅傳》：「屯豫時，就府借東堂，與親故出射。江州刺史庾悅與僚佐徑來詣堂，毅告乞讓，悅不許。既而悅食鶩，毅求其餘，又不答。毅常銜之。義熙中，故奪悅豫章，解其軍府，悅忿懼而死。」詩意謂他人念舊怨，君獨思故恩。

課女

　　漸長憐渠易，將衰覺子難。晚來燈下立，攜就月中看。弱喜從師慧，貧疑失母寒。亦知談往事，生日在長安。

茸城行刺松江提督馬進寶也。進寶投降，後改逢知。〔註27〕

　　朝出胥門塘，暮泊佘山麓。佘山，見後《九峰》詩。旁帶三江襟滬瀆，五茸城是何王築？汀塔霜高稻葉黃，澱湖雨過蓴絲綠。百年以來誇勝事，丹青圖卷高珠玉。學士揮毫清秘樓，董其昌。徵君隱几逍遙客。陳繼儒。前輩風流書畫傳，後生賢達聲華續。給事才名矯若龍，陳子龍。山公人地清如鵠。夏允彝。汗簡鎖沉又幾秋，滄江屢建高牙纛。不知何處一將軍，到日雄豪炙手薰。羊侃後房歌按隊，陳豨賓客劍成群。刻金為漏三更箭，錯寶施床五色文。異物江淮嘗月進，新聲京雒自天聞。承恩累賜華林晏，歸鎮高談橫海勳。未見尺書收草澤，徒誇名字得風雲。此地江湖絹銷鑰，家擅陶朱戶程卓。千箱布帛運輜車，百貨魚鹽充邸閣。將軍一一數高貲，下令搜牢遍墟落。《中州集》：「蕭貢《雒陽詠》曰：『董卓搜牢連數月，郭威分市又三朝。』皆切盜賊用。」非為仇家告併兼，即稱盜賊通囊橐。望屋遙窺室內藏，此亦非泛用《莊子》。指切降盜，乃其本色語。算緡似責從前諾。敢信黔婁脫網羅，早看猗頓填溝壑。窟室飛觴傳箭催，博場戲債橫刀索。縱有名豪解折行，可堪小戶勝狂藥。將軍沉湎不知止，箕踞當筵任頤指。拔劍公收伍伯妻，鳴髇射殺良家子。《堅瓠集》：「馬進寶鎮海上，柳敬亭侍飯，飯有鼠矢，怒，將殺勝膳夫。柳乘間取啖，曰：『是黑米。』乃已。」江表爭猜張敬兒，軍中思縛盧從史。枉破城南十萬家，養士何無一人死。貪財好色英雄事，若輩屠沽何足齒。謂可決其必敗，迨後從逆，收捕砥死，遂如左券。君不見夫差獵騎何翩翩，五茸春草城南天。雉媒飛起發雙矢，西施笑落珊瑚鞭。湖山足紀當時勝，歌舞猶為後代傳。陸龜蒙《松陵集》：「五茸春草雉媒嬌。」注：五茸城為吳王獵處。此段意，本陸詩。又：五茸城在華亭谷東，谷居崑山之西，即長泖。故云城南天。陸生文士能為將，勳名三世才難量。河橋雖敗事無成，睥睨千烌肯誰讓。代有文章占數公，煙霞好處神偏王。兵火燒殘萬卷空，大節英聲未凋喪。謂松江諸公，如原任書李待問、博羅知縣章簡、吏部主事夏允彝，給事中陳子龍，諸生戴弘、徐念祖等，先後殉節。一朝遽落老兵手，百里溪山復何有。已見衣冠拜

〔註27〕眉批：董含《三岡識略》：「馬逢知起家群盜，由浙移鎮雲間，貪橫僭侈。民殷實者械至，倒懸之，以醋灌其鼻，人不堪，所有死者無筭。復廣佔民廬，縱兵四出劫掠。時海寇未靖，逢知密使往來。江上之變，先期約降，要封王爵。及形大露事定，科臣成公肇毅特疏斜之。朝廷恐生他變，溫旨徵入，繫獄，妻女發配象奴。未幾，與二子復法東市。當逢知之入覲也，珍寶二十餘船，金銀數百萬，他物不可勝計，綿亙百里。及死，無一存者，人皆快之。」

－131－

健兒，苦無丘壑安窮叟。茸城楊柳鬱婆娑，欲繫扁舟奈晚何。盤龍浦上行人少，《府志》：「盤龍浦即白龍，左府城西。」〔註28〕唳鶴灘頭戰艦多。《府志》：「唳鶴灘在府治西，以陸機得名。」我望嚴城聽街鼓，鱸魚沽酒扣舷歌。側身回視忽長歎，此亦當今馬伏波。結句始見其姓，時尚未伏誅也。

野望

京江流自急，客思竟何依。白骨新開壘，青山幾合圍。危樓帆雨過，孤塔陣雲歸。日暮悲笳起，寒鴉漠漠飛。

衰病重聞亂，憂危往事空。殘村秋水外，新鬼月明中。樹出千帆霧，江橫一笛風。誰將數年淚，高處哭途窮。

送張學博孺高之官江北 孫高名，誼州人。府學歲貢，由如皋訓導陞贛榆教諭。

薄宦非旁郡，孤舟幾日程。詩傳沛子弟，禮問魯諸生。冰冽官〔註29〕廚釀，城荒射圃畊。北來車馬道，猶喜簡逢迎。

送林衡者歸閩 衡者，名佳璣，莆田人。《詩話》：「衡者，少游黃忠烈之門，以壬辰二月來婁東。所著詩文辭數十卷。詩蒼深秀渾，古文雅健有法。其行也，余贈以詩。已而道阻，再遊吾州，則秋深木落，鄉關煒火，南望思親，旅懷感詫，有聽鐘鳴、悲落葉之風焉。」

五月關山樹影圓，送君吹笛柳陰船。征途鶗鴂愁中雨，故國桄榔夢裏天。夾漈荒草書滿屋，《文集》：「叔父小眉公，前進士，隱居著述。衡〔註30〕者能世其家。」連江人去雁飛田。無諸臺上休南望，海色秋風又一年。《一統志》：「無諸臺在福州府治東南九仙山上。越王無諸嘗於重九日作登高晏，大石尊尚存。」

聽朱樂隆歌 錢《箋》：「朱樂隆，吾里中老人也。」

少小江湖載酒船，月明吹笛不知眠。只今憔悴秋風裏，白髮花前又一年。

一春絲管唱吳趨，得似何戡此曲無。自是風流推老輩，不須教染白髭鬚。

〔註28〕眉批：白龍潭。
〔註29〕「官」，底本誤作「宜」，眉批「官」，據改。
〔註30〕「衡」，底本誤作「衝」，據楊學沆本改。

開元法部按霓裳，曾和巫山窈窕娘。見說念奴今老大，白頭供奉話岐王。此誌朱曾和宮女歌，其人其事俱未詳。

誰畫張家靜婉腰，輕綃一幅美人蕉。會看記曲紅紅笑，喚下丹青天碧簫。

長白山頭蘆管聲，高士奇《扈從東巡日錄》：「長白山在烏剌南六百里，山巔有潭，南北五里，東西八里，南流為鴨綠江，北流為混同江。上以祖宗發祥之地，曾遣侍衛裹糧往探其勝，春發秋還，具言巖壑清竦，松栢蔥郁，固靈仙之窟宅。國家有大典禮，必遣使臣祭告於江干，望祀焉。」秋風吹滿雒陽城。茂陵底事無消息，迤邐檀槽撥不成。

楚雨荊雲雁影還，竹枝彈徹淚痕斑。坐中誰是沾裳者，詞客哀時庾子山。

倣唐人本事詩《本事詩》，唐孟棨著。以詩繫事，而中又分類，如情感、高逸等之別。按：順治九年壬辰七月四日，李定國陷桂林定南至，孔有德自經死，家口百二十人悉被殺，惟一女年十七，突圍逸出城，單騎走京師，訴諸將之擁兵遷延，致王陷沒也。上憐而養之宮中，尋以歸其原夫孫延齡。時延齡為桂林副將，固王偏裨也。此詩全詠其事，唯首章為宮怨，所未詳，俟再考。〔註31〕

聘就蛾眉未入宮，待年長罷主恩空。旌旗月落松楸冷，身在昭陵宿衛中。

錦袍珠絡翠兜鍪，軍府居然王子侯。自寫赫蹏金字表，起居長信閣門頭。

藤梧秋盡瘴雲黃，藤縣屬梧州府。梧州即明大藤峽及羅旁之地。**銅鼓天邊歸旆長。遠愧木蘭身手健，替耶征戰在他鄉。**

新來夫壻奏兼官，下直更衣禮數寬。昨日校旗初下令，笑君不敢舉頭看。孫延齡陸貴州撫兵，後從吳三桂作逆，未知定南王女云何。

吳梅村詩箋卷四終

〔註31〕眉批：王貽上《蠶尾續文》：「孔壯武王有德，鎮廣西，死李定國之難，以其壻孫延齡為將軍，代領其眾。癸丑春，都統王永年與延齡訐奏，朝議遣大臣往勘。至是，滇南作逆，粵西震動，延齡遂殺永平及孟一茂等三十餘人，受偽命發兵反，攻陷富川縣，知縣廬陵劉欽鄰死之。」

吳梅村詩箋　卷第五

鶴市迂亭程穆衡　輯

古近體詩八十六首起壬辰，盡癸巳秋末赴召以前。

送文學博以蒼公招同住中峰寺原注：二公皆云南人。○陳瑚《确菴文稿·貞道先生祠堂記》：「先生以崇禎癸未任太倉州學正。越三年乙酉，棄官，僑居僧舍。又十有七年辛丑，南還，病歿於桃源縣。門人顧士璉率諸生為位，哭於僧舍之西偏。癸卯秋，三年心喪畢，私諡貞道先生，榜其室為思賢廬。先生姓文，諱祖堯，字心傳，號介石，雲南呈貢縣人。」《文集》：「先是，蒼公講法華於婁之海印菴，先生以同里而異術豎義相論難，知之最深。及是，遂從蒼公住中峰。久之，婁人迎諸山中，即城南精籃中置木榻，命一童子支鼎爨。」餘詳後。

西風驅雁暮雲哀，頭白衝寒到講臺。莫問間關應路斷，偶傳消息又兵來。一峰對月茅菴在，二老論心石壁開。揀取梅花枝上信，明年移向故園栽。

雪夜苑先齋中飲博達旦

扶杖衝泥逐少年，解衣箕踞酒罏邊。愁燒絳蠟消千卷，愛把青樽擲萬錢。痛飲不甘辭久病，《文集》：「還自京師，君進取之意落，然等輩皆貴，恥復與後生相角遲，摧撞息機，一以寓之於酒。」狂呼卻笑勝高眠。丈夫失意須潦倒，劇孟平生絕可憐。

相逢縱博且開顏，興極歡呼不肯還。別緒幾年當此夜，狂名明日滿人間。松窗竹影花前酒，草閣雞聲雪裏山。殘臘豈妨吾作樂，盡教遊戲一生閒。

冬霽

煙盡生寒日，山雲不入城。船移隔縣雪，屋遶半江晴。照眼庭花動，開顏社酒清。渚田飛雁下，近喜有人畊。

畫中九友歌

華亭尚書天人流，墨花五色風雲浮。至尊含笑黃金投，殘膏賸馥雞林求。玄宰。○《韻石齋筆談》：「國朝繪事，不啻家驪人壁矣。至於氣韻生動，應推沈石田、董玄宰。溯兩公盤薄之源，俱出自黃子久。」又曰：「董公見法書名畫，隨筆品題，即為人藏弃。鑑裁餘韻，往往散見於金題玉躞中，其集之所載十一耳。」太常妙蹟兼銀鉤，樂郊擁卷高堂秋。真宰欲訴窮雕搜，解衣盤薄堪忘憂。煙客。○《文集》：「奉常於黃子久所作，早歲遂窮閫奧，晚更薈萃諸家之長，陶冶出之。解衣盤薄，格高神王。樂郊，煙客東郊園名也。」誰其匹者王廉州，神姿玉樹三山頭。擺落萬象煙霞收，尊彝斑駁探商周。得意換卻千金裘，玄照。○《婁東耆舊傳》：「王鑑，字玄照，號湘碧。由恩蔭歷部曹，出知廉州府。二歲，拂袖歸。性喜六法，皴染不替手。始見范寬《關山蕭寺圖》，故有悟入，遂專意學范。所作靈穎秀拔，亦饒弘鬱之氣。於弇園故址築室，曰染香，日臨摹其中。」檀園著述誇前脩，丹青餘事追營丘。平生書畫置兩舟，湖山勝處供淹留。長蘅。○長蘅，姓李，名流芳，嘉定人。張鴻磐《西州合譜》：「先生文章書畫妙天下，所居檀園，室宇庭樹皆饒有畫思，望而知為幽人之宅。好武林山水，嘗欲移家入皋亭桃花塢。自魏璫竊柄，毒流正人，先生即罷上公車，而西湖亦起璫祠，乃於園中復鑿曲沼，闢清軒，栽花灌木，若將終老焉。」阿龍北固持長矛，披圖赤壁思曹劉。酒醉灑墨橫江樓，蒜山月落空悠悠。龍友。○盛敬《成仁譜》：「楊文驄，字龍友，貴州貴陽縣人。崇禎辛未進士。以職方郎中監鎮江軍。乙酉夏，鎮江潰。六月，安撫黃家鼐至蘇州，文驄結陳情等攻殺之。尋入浙，至閩，拜兵部侍郎。丙戌，福州陷，率川兵搏戰，不克，與其子鼎卿字愛生者皆死。」其畫不傳。姑蘇太守今僧繇，問事不省張兩眸，振筆忽起風颼颼，連紙十丈神明遒。爾唯。○馮仙湜《續圖繪寶鑑》：「張學曾，字爾唯，會稽人。由中書出仕吳郡太守。自幼好書畫，重交遊，凡有技能者，莫不友善。書學蘇長公，盡仿元人筆。」松圓詩老通清謳，墨莊自畫歸田遊。一犁黃海鳴春鳩，長笛倒騎烏牸牛。孟陽。○《昭文縣志》：「程嘉燧，字孟陽，休寧人，僑居嘉定，與錢謙益善。謙益為詩，孟陽寔導其源。其推讓嘉燧，引

元裕之《中州集》溪南詩老例，稱為松圓詩老。其讀書不務博涉，精嚴採掇，善盡山水，曉音律樂曲。」**花龕巨幅千峰稠，小景點出林塘幽。晚年筆力凌滄洲，幅巾鶴髮輕王侯。**潤甫。〔註1〕○于潤甫，金壇人，于中甫之弟。《初學集》：「潤甫以明經佐建寧郡，坐黨人弟免官，歸營雲林，極山木園池之勝。」**風流已矣吾瓜疇，一生迂癖為人尤。僮僕竊罵妻孥愁，瘦如黃鵠閒如鷗，煙驅墨染何曾休。**僧彌。○《文集》：「卻彌，字僧彌，長洲人。清羸頭秀，好學，多材藝。於詩宗陶、韋，於畫仿宋、元，於草書出入大、小宋，而楷法逼虞、褚，稱絕工。平生揮灑，小幀尺幅，人皆藏弄以為重。」

題莊檀菴小像桂菴，名祖誼，四川成都人。見《國表社目》。

錦里先生住錦涇，百花潭水浣花亭。子雲寂寞餘奇字，抱膝空山著一經。

相如書信達郵筒，入蜀還家意氣雄。卻憶故人天際遠，罷官嚴助在吳中。

把卷無人意惘然，故鄉雲樹夢魂邊。遙知石鏡山頭影，不及當時是少年。

舊朝人地擅簪纓，詞賦風流妙兩京。盡道阿兄多貴重，杜家中弟最知名。《前漢書·杜周傳》：「緩六弟，五人至大官。少弟熊歷五郡、二千石、三州牧、刺史，有能名。唯中弟欽官不至，而最知名。」

癸巳春日禊飲社集虎丘即事〔註2〕

楊柳絲絲逼禁煙，筆床書卷五湖船。青溪勝集仍遺老，白袷高談盡少年。筍屐鶯花看士女，羽觴冠蓋會神仙。茂先往事風流在，重過蘭亭憶惘然。謂張天如溥也。《復社紀略》：「癸酉春，溥約社長為虎丘大會，先期傳單四出。至日，山左、江右、晉、楚、閩、浙舟車至者數千餘人。大雄寶殿不能容，生公臺、千人石鱗次布席，皆滿，往來絲織。遊人聚觀，無不〔註3〕詫歎。」

〔註1〕眉批：又，蘇州卞文瑜，亦字潤甫。見《續圖繪寶鑑》，稱其小景尤佳。此當是卞潤甫。

〔註2〕眉批：顧晶齋《壬夏雜抄》：「癸巳春，同聲、慎交兩社各治其虎阜申訂，九郡同人至者五百人。先一日，慎交為主，次日同聲為主。」

〔註3〕「不」，底本無，據楊學沅本補。

蘭臺家世本貽謀，〔註4〕高會南皮話昔遊。執友淪亡驚歲月，謂大介生、受先、維鬥輩。諸郎才調擅風流。謂大樽子闇公、維斗子俊三輩。十年故國傷青史，四海新知笑白頭。脩禊只今添俯仰，北風杯酒酹營丘。謂李舒章雯也。《詩話》：「舒章久次諸生不遇，僶勉一官歸。讀臥子詩，感慨流涕。反葬，北發，鬱鬱道死。」

訪友扁舟掛席輕，梨花吹雨五茸城。指昔年曾因上巳雲間脩禊。文章興廢關時代，兄弟飄零為甲兵。謂宋讓木、子建兄弟也。讓木名徵璧，子建名存標、徵璧弟徵輿，字轅文，又字直方。詳後五律注。茂苑聽鶯春社飲，華亭聞鶴故園情。眾中誰識陳驚座，顧陸相看是老成。謂不識臥子，見顧修遠、陸子玄即老成典型也。○顧，疑指顧震雉大申，俟考。〔註5〕

絳帷當日重長楊，都講還開舊草堂。《復社紀事》：「四方造請者，推先生高第弟子呂石香雲孚為都講。石香好以作古文奇字，浙東西多聞其聲。」少弟詩篇標赤幟，張無近王治。故人才筆繼青箱。王子彥瑞國。抽毫共集梁園制，布席爭飛曲水觴。近得廬陵書信否，寄懷子美在滄浪。此指李太虛。《扶風家傳》：「馬壬玉，字彥豐，世奇子。南渡後遊南雍，時從兄爾案方司教，同登雨花臺，見江流抱城，木葉搖落，歎曰：『定鼎門西，名利如舊，非昔人所悲乎？吾兩人登此，何異新亭風景也。』相與慟哭而罷。後至虎丘，一夕登浮屠頂，望白雲大哭，嘔血數升。醫診之，曰：『腸斷矣。』遂卒。」讀此段偶有感發，摘附於此。

鄧元昭奉使江右相遇吳門卻贈元昭，名旭，壽州人。《文集》：「元昭父讓，未舉子也，徧禱於山川，夢日而生，故名之曰旭。今丁亥進士，由翰林簡討升洮岷道副使。」

五湖春草隱徵笳，畫舫圖書泊晚沙。人謂相如初奉使，客傳高密且還家。黑貂對雪潯陽樹，綠酒看山茂苑花。回首石渠應賜馬，玉河從獵雁行斜。《文集》：「元昭居館閣中，師資氣誼，在生死流離之間。營護其妻子，不以存歿易心，不以鉤黨避禍，天下聞而壯之。」此必有所指，惜乎不可考。

〔註4〕眉批：爾贊歷禮、兵、工三科給事，無近方入工垣，故以任昉擬之而云「蘭臺家世」也。

〔註5〕眉批：《壬夏雜抄》又云：「會日以大船廿餘橫互中流，每舟置數十席，中列優唱，明燭如繁星。伶人數部，聲歌競發，達旦而止，散時如奔雷瀉泉。遠望山上，天際明星，晶熒圍繞。其日，西社諸君各誓於關帝前，示彼此不相侵畔。」

贈文園公〔註6〕錢《箋》:「輪翁和尚,同揆也。」按:同揆,字輪菴,文中翰啟美之子。滄桑後逃於禪,削髮居雲門寺。著有《寒溪詩稿》。其《鼎湖篇敘》云:「丁丑、戊寅間,先公受知於烈皇帝,遵旨改撰《琴譜》,考定五音正聲,被諸郊祀。上自製《五建皇極》、《百僚師師》諸曲,命先公付尹紫芝內翰翻譜勾剔。時司其事者,內監琴張。張奉命出宮嬪褚貞娥等,禮內翰為師,指授琴學,賜紫花、御書、酒果、縑葛之屬。烈皇帝殉社稷,諸善琴者,皆投內池。內翰恐《御製琴譜》失傳,忍死抱琴而逃。南歸,謁先公於香草垞」云云。此詩所詠,即敘其事。不讀《寒溪詩敘》,不知所謂。

　　君家丞相人中龍,屈申時會風雲空。《東林列傳》:「文震孟,字文起。天啟壬戌狀元。累官禮部侍郎,兼東閣大學士,贈尚書,諡文肅。」廬陵忠孝兩賢繼,待詔聲名累葉同。《明史·文苑傳》:「文徵明,初名璧,以字行,更字徵仲,別號衡山。〔註7〕父林,溫州知府。叔父森,右僉都御史。徵明以歲貢生詣吏部試卷,奏授翰林院待詔。世宗立,預脩《武宗實錄》,侍經筵,歲時頒賜,與諸詞臣齒。長子彭,字壽永,國子博士。次子嘉,字休承,和州學正。並能詩,工書畫篆刻,世其家。」王穉登《丹青志》:「徵仲畫師李唐、吳仲圭,翩翩入室。」致主絲綸三月罷,《幸存錄》:「文震孟以崇禎八年七月拜大學士,十月間住。其入相也,以講《春秋》稱旨。值溫體仁在告日,上出不意命之。未幾,許都諫譽卿被冢宰謝陞所糾,擬旨為民。震孟爭之不得,曰:『言官以革職為榮。』體仁持其語入奏,並大學士何吾騶罷之。」傳家翰墨八分工。朱彝尊《曝書亭記》:「徵明子國子監博士彭,海內所稱三橋先生者也。元孫點,字與也,肆力為古文詞,兼縱筆為山水人物及八分書,善鑑者以為不失高、曾規矩。」汝父翩翩相公弟,詞場跌宕酣聲伎。才大非關書畫傳,門高不屑公卿貴。老向長安作布衣,主知特達金門戲。震孟弟震亨,字啟美。《初學集·答文啟美詩》:「停雲家世紅闌裏,邀笛風流白下門。」其才致可想。停雲館在城西三條橋西北曹家巷,文氏所世居也。先帝齋居好鼓琴,相如召入賜黃金。大絃張急宮聲亂,識是君王宵旰心。《初學集》:「文中書啟美入直武英殿時,上命侍臣較正御屏輿圖,兼改定琴譜。」陸啟浤《客燕雜記》:「崇禎戊寅,上於宮中鳴琴,製《於變》、《時雍》等曲,皆取《尚書》語為之。內局造琴五百床,內監張姓者專主琴務,遍訪知音之士。」為君既難臣亦苦,龜山東

〔註6〕眉批:《毛西河集》:「長安遇輪翁和尚,即三十年前文園公也。」詩云:「不知投筆辭文府,可似從軍友武昌。」注云:輪公回武昌軍前入道。
〔註7〕眉批:陳繼儒《眉公筆記》:「昔文文山死宋,而其弟文璧號文溪者附元。衡山改名,意或憎此。」

望思宗魯。左徒憔悴放江潭，忠愛惓惓不忘楚。可惜吾家有逐臣，曲終哀怨無人補。《明史》本傳：「天啟六年冬，太倉州孫文豸與同里武進士顧同寅嘗客熊廷弼所，廷弼死，文豸為詩誄之。同寅題尺牘，亦有追憶語，為邏卒所獲。門克新遽以誹謗聞，兩人遂棄市。詞連及震孟同編脩陳仁錫及庶吉士鄭鄤，並削籍。」金日升《頌天臚筆》：「言路有攻擊鄒吉水媚璫者，公首疏斥之。璫怒，幾中公危法，賴韓、盛二人力救，落職回籍。尋以逆璫嫌隙，廢黜編氓，入竺塢山讀書賦詩，灌花蒔藥，屨盈戶外。」欲談治道將琴諫，審音先取宮商辨。怡神玉几澹無為，雲門樂作南薰殿。君臣朋友盡和平，四海熙然致清晏。聖主聞聲念舊臣，名家絕技嗟稱善。歸來臥疾五湖雲，垂死干戈夢故君。綠綺暗塵書卷在，脊令原上戴顒墳。《成仁譜》：「文震亨，崇禎時授官中書舍人，弘光時予致仕。乙酉六月，避兵陽城湖。國亡，憤恚不食，嘔血死。」雍門歌罷平陵曲，〔註8〕報韓子弟幾湛族。竺塢祠堂鬼火紅，閶門池館蒼鼯宿。《明史》本傳：「震孟二子，秉、乘。乘遭國變，死於難。」《成仁譜》：「乘字印符，吳縣諸生，夙負風節。吳易固文肅門下士，起兵湖中，時通聞問，事泄被收，土國寶命殺之，乘談笑自若而死。」《臥龍山人集》：「遊竺塢，從松徑蒼莽中行，忽見一水甚湛潔，旁置略彴，遙望草舍歷落，竹樹春立，文氏隱居之地也。文為相國之子，世亂躬畊於此，不見又六年矣。」按：秉即著《先撥志始》者。汝念先朝供奉恩，抱琴長向荒江哭。滿目雲山入舊圖，即指較正御屏輿圖。只今無地安茅屋。誰將妙蹟享千金，後人餒死空山麓。與君五世通中表，張采《太倉州志》：「吳愈女三人，次歸文徵明。」相國同朝悲宿草。尋山結伴筍輿遊，汝父平生與我好。看君才調擅丹青，畫舫相逢話死生。君不見信國悲歌青史裏，古來猶子重家聲。

嘲張南垣老遇雛妓《文集》：「南垣名漣，秀水人。工疊石，得畫意。所為園，李工部之橫雲、虞觀察之預園、王奉常之樂郊、錢宗伯之拂水、吳吏部之竹亭為最著。經營粉本，高下濃淡，早有成法。」

莫笑韋郎老，還堪弄玉簫。〔註9〕醉來惟捫腹，興極在垂髫。白石供高枕，隱嘲其石工矣。青樽出細腰。可憐風雨夜，折取最長條。

〔註8〕眉批：《雍門歌》，見《說苑》。
　　　　《樂府志》：「《悲平陵》，翟義門人作。」
〔註9〕眉批：玉簫傳，韋皐事。

—140—

讀史雜詩

　　東漢昔云李，黃門擅權勢。積忿召外兵，癰決身亦斃。〔註10〕雖自撥本根，庶幾蕩殘穢。誰云承敝起，仍用刑餘裔。孟德沾丐養，〔註11〕門資列朝貴。憑藉盜弄兵，豈曰惟才智。追王故長秋，無鬚而配帝。〔註12〕《通鑑》：「延康五月，漢帝追尊丕祖曰太王，夫人丁氏曰王太后。黃初十月，尊太王為太皇帝，武王為武皇帝。」鉤黨諸名賢，子孫為皁隸。〔註13〕歎賊奄之多後福也。《明史‧宦者傳》：「太監劉若愚者，善書，好學，有文。天啟初，李永貞取入內直房，主筆劄。忠賢敗，若愚充孝陵淨軍。已，御史劉重慶以李實誣高攀龍等七人事劾實，實疏辨，言係空印紙，乃忠賢逼取之，令永貞填書者。帝驗疏墨在朱上，遂誅永貞，坐若愚大辟，久之得釋。若愚當忠賢時，祿賜未嘗一及，既幽，因痛己之冤，而恨體乾、文輔輩之得漏網也，作《酌中志》以自明，見者憐之。」按：賊入京師，杜之秩、曹化淳為前導，杜勳語守城內臣王則堯、褚憲章曰：「吾輩富貴自在。」而高起潛、王坤之南遯也，僅尺土一民，猶盡喪於其手，正不獨體乾、文輔輩得漏綱耳。

　　商君刑師傅，徙木見威約。范叔誣涇陽，折脇吐謇諤。地疎主恩深，法輕主權削。苟非用刻深，何以膺付託。功成或幸退，禍至終難度。屈申變化間，即事多斟酌。談笑遷種人，吾思王景略。歎江陵相沒，群議其揣切，一反其政，至養癰貽患也。《東林列傳》：「萬曆初，張江陵慎擇本，兵、戶部皆老成久任，而九邊大帥，居正莫不嘗試，擠掇其才，調和其間，使內外一體，故呼應無有不捷，而推諉有所不行，邊陲陰受其福。自後閣臣一變而為謹願，避攬權之名，而席其強盛之實。戶、兵二部多閣臣之所厚，以體統軋邊帥。邊帥亦尊富自將，置武備不甚講，是壞之基也。繼之閣臣再變而為險偽，快意恩仇。戶、兵二部多其私人，以喜怒禦邊帥，闒茸可以為賢，覆敗可以為功，是壞之成也。繼之閣臣三變而為貪墨。戶、兵二部特閣臣之外府耳，以緩急難邊帥，無事則以為溪壑，有事則以為犧牲，甚至歸騎飽颺，邊臣麋爛，而內閣方廟筭論功，大壞之極至。為督撫者，直往而承罪耳，豈不痛哉！」

　　蕭何虛上座，〔註14〕故侯城門東。曹參避正堂，屈己事蓋公。呫呫兩布衣，不仕隆準翁。其術總黃老，閱世浮沉中。所以輔兩人，俱以功

〔註10〕眉批：「潰癰雖痛，勝於內蝕」，董卓請誅常侍語。
〔註11〕眉批：丐養事，見陳琳《檄操文》。
〔註12〕眉批：無鬚事見《後漢書‧何進傳》。
〔註13〕眉批：「子孫為皁隸」，用黨錮檀敷傳事。
〔註14〕眉批：以下所引，各見本傳。

名終。出處雖有異，道義將毋同。何必致兩生，彼哉叔孫通。浮沉閱世者，未可盡輕也。

竇融昔布衣，任俠家扶風。翟公初舉事，海內知其忠。融也受漢恩，大義宜相從。低頭就新莽，顧入其軍中。轉戰槐里下，盡力為摧鋒。後來擁眾降，仍以當時功。忝竊居河西，蜀漢方相攻。一朝決大計，佐命蕭曹同。呼嗟翟太守，為漢傾其宗。〔註15〕劉氏已再興，白骨無人封。徒令千載後，流涕平陵東。言以降盜為佐命，其功無足多也。《後漢書》本傳：「融早孤，王莽居攝中，為強弩將軍司馬，東擊翟義，還攻槐里，以軍功封建武男。」而《前漢書》不載，詩故表而出之。即無寄託，亦云聞幽。

又詠古曰又詠，承前題也。

浹旬至臺司，三日遍華省。慈明與中郎，豈不念朝菌。王良御奔車，勢逼嶔崎景。急策度太行，馬足殆而騁。富貴若歲時，過則生災疹。草木冬先榮，經春輒凋殞。桓桓梁將軍，赫赫蕭京尹。一朝遇差跌，未得全腰領。人生百年內，飽食與美寢。毋以藜藿糲，羨彼鐘與鼎。毋以毛褐敝，羨彼紈與錦。進固非伊周，退亦無箕穎。薄祿從下僚，末俗居中品。寂寥子雲戟，從容步兵飲。躁進先顛，位高疾僨，豐瘁有時，達人隨遇。

西州杜伯山，北海鄭康成。季孟將舉事，本初方用兵。朕身有追騎，輿疾猶從征。何龕絕婚宦，遯跡東籬門。受逼崔慧景，語嘿難為情。網踈免刑戮，大道全身名。時命苟不佑，千載無完人。入山山易涉，飲水水不清。一身累妻子，動足皆荊榛。自非焦孝先，何以逃風塵。庶幾詹尹卜，足保幽人貞。高名為累，大儒難免。遇亂能全，今不逮古。按：《南史·何點傳》：「感家禍，欲絕婚宦，尚之強為娶琅玡王氏。禮畢，將親迎，點累涕泣，求執本志，遂得罷。從弟遁，以東籬門園居之。德璋為築室焉。永元中，崔惠景〔註16〕圍城，逼召點，點裂裙為袴，往赴其軍，終日設說，不及軍事。惠景平後，東昏大怒，欲誅之。蕭暢曰：『點若不誘賊共講，未必可量。以此言之，乃應得封。』東昏乃止。」詩所稱皆何點事，非何龕也。殆是偶然失檢，不必曲為之說。

遭時固不易，推心尤獨難。景略王佐才，臣主真交歡。天意不佑秦，

〔註15〕眉批：《漢書·翟方進傳》·論：「義不量力，懷忠憤發，以隕其宗。」
〔註16〕眉批：《史》作惠景，《通鑑》作慧景。

中道奪之年。符堅有大度，豁達知名賢。獨斷未為失，興毀寧非天。賊
莨實弒君，聞者為衝冠。鎮惡丞相孫，流落來江南。西伐功冠軍，力戰
收長安。手劍縛姚泓，俘之出潼關。張良為劉氏，雅志在報韓。能以國
家恥，詘申兩主間。其地皆西秦，功亦堪比肩。區區一李方，報恩何足
言。《春秋》之義，莫大復仇。依人雪恥，古有賢孫。

　　宜城酒家保，北海賣餅師。千金懸賞購，萬里刊章追。途窮變名姓，
勢急投親知。漢法重亡命，保舍加誅夷。破家相存濟，百口同安危。虞
卿捐相印，恨未脫魏齊。督哉燕太子，流涕樊於期。瀨水一女子，魯國
一小兒。今也無其人，已矣其安歸。廣柳可以置，置當猛虎蹊。複壁可
以藏，藏憂黠鼠窺。古道不可作，太息將何為。〔註 17〕削跡晦名，偏遭物
色。側身天地，時切優生。

　　古來有烈士，軹里與易水。慶卿雖不成，其事已並美。專諸弒王僚，
朱亥殺晉鄙。惜哉博浪椎，何如圯橋履。公孫擅西蜀，可謂得士死。連
刺兩大將，〔註18〕探囊取物耳。皆從百萬軍，夜半入帳裏。匕首中要害，
絕跡復千里。若論劍術精，前人莫能比。胡使名弗傳，無以著青史。誰
脩俠客傳，闕疑存二子。作者難逢，懷奇莫顯。亂世文晦，埋滅恒多。

　　高密未佐命，早共京師遊。弱冠拜司徒，杖策功名收。靈臺盡少年，
萬古誰能儔。興王諸將相，足使風雲羞。鄧芝遇先主，七十才封侯。位
至大將軍，鼍鑠高春秋。英雄初未遇，垂老猶窮愁。祖孫漢功臣，年齒
胡不侔。我讀新野傳，慷慨思炎劉。策勳新朝，遲速有命。老或見庸，躁進奚
為？《三國志·鄧芝傳》：「漢司徒禹之後，漢末入蜀。張裕善相，謂芝曰：『君年過七
十，位至大將軍，封侯。』後遷前將軍，領兗州刺史，封陽武亭侯。為大將軍二十餘
年，賞罰明斷，善恤卒伍。」然不言其壽若干也。

偶成此詩格實創自王弇州，屠赤州水益導之，茲猶兩家體裁也。

　　南山不逢堯舜，北窗自有羲皇。智如樗里何用，窮似黔婁不妨。

　　張良貌似女子，李廣恂恂鄙人。祖龍一擊幾中，猿臂善射如神。

〔註17〕眉批：酒家保，見《後漢·杜根傳》。賣餅師，見《〈三國志·閻溫傳〉注》。
　　　　餘俱見《黨錮傳》。虞卿以下，各見本傳。
〔註18〕眉批：兩大將，來歙、岑彭也。

異錦文繒歌者，黃金白璧蒼頭。諸生脣腐齒落，終歲黃冠敝裘。

寶帳葳蕤雲樣，象床刻鏤花深。破盡民間萬室，遠踰禁物千金。韓非傳同老子，蘇侯坐配唐堯。今古一丘之貉，〔註19〕不知誰鳳誰梟。《世說》：「王儉與王敬則同拜三公徐孝嗣於崇禮門侯，儉因嘲之曰：『今日可謂連璧。』儉曰：『不意老子遂與韓非同傳。』」《南齊書·崔祖思傳》：「為都昌令，隨垣護之入堯廟，有塑像，堯與蘇侯神並坐，護之曰：『今欲正之，何如？』祖思對曰：『使君若清蕩此坐，則是堯廟重去四凶。』」按：蘇侯神，晉蘇峻也。易代變化，如此類者多矣。

雍齒且加封爵，田橫可誓丹青。願得毋忘堂皁，相者寧識神亭。

纖薄吹簫豐沛，拍張狂叫風雲。朝領白衣隊主，暮稱黑矟將軍。

雅擅潘文樂旨，妙參羊體嵇心。畫虎雕龍染翰，高山流水彈琴。

東部督郵恣橫，北門待詔窮愁。莫舉賢良有道，且求刀筆封侯。

食其長為說客，夷甫自謂談宗。著書一篇雋永，緩頰四座從容。

趙壹恃才倨傲，禰衡作達疎狂。計吏恣睢卿相，布衣笑罵侯王。

廚下綠葵紫蓼，盤中白奈黃柑。冠櫛懶施高枕，樵蘇失爨清談。

讀漢武帝紀

岱觀東迎日，河源西問天。晚來雄略盡，巫蠱是神仙。

讀光武帝紀

雷雨昆陽戰，風雲赤伏符。始知銅馬帝，遠勝執金吾。〔註20〕

暑夜舟過溪橋示顧伊人

《鳥吟集》小傳：「顧湄，字伊人，織簾先生夢麟子。從吳梅村學詩，又講學於陳確菴門。梅村言嘗訪顧伊人於其里，茅齋三楹，衡門兩板，庭堦潔治，地無纖塵，丹黃遺帙，插架如新。所著有《虎丘山志》，詩曰《水鄉集》。錢牧齋稱其陶冶性靈，清麗婉約，名章秀句，芊綿綺合。生於孤情瘁音，作者有不自知，而秋士恨人每撫卷三歎焉。」

深岸聽微風，江清不寐中。舟行人影動，橋語月明空。寺樹侵門黑，漁燈颭水紅。誰家更吹笛，歸思澂湖東。

〔註19〕眉批：古與今如一丘之貉，見《漢書·楊敞傳》。
〔註20〕眉批：仕宦當至執金吾，光武帝語也。

題董思翁倣趙承旨筆董其昌《畫禪室隨筆》：「吾學彷《黃庭經》及鍾元常，比遊嘉興，見王右軍帖，又見官奴帖於金陵，自此漸有所得。」則今人以董字為學趙者，非矣。《韻石齋筆談》：「黃子久蒨華之韻溢於毫素，為士氣建幢，石田、玄宰兩先生由此發脈。」則今人以董畫為學趙者，非矣。

佘山雲接弁山遙，苕霅扁舟景色饒。羨殺當時兩文敏，一般殘墨畫金焦。

橘

莫設西山戍，蕭條是橘官。原注：時洞庭初增兵將。果從今歲少，樹為去年寒。原注：昨冬大寒，橘大半枯死。一絹輸將苦，千頭剪伐殘。茂陵消渴甚，只向上林看。

蛤蜊

彊飯無良法，全憑適口湯。食經高此族，酒客得誰方。水斷車螯味，廚空牡蠣房。江南沈昭略，苦嗜不能當。按：沈昭略傳無蛤蜊事，蓋語謂食蛙者瘦，昭略以瘦為王約所譏。

膾殘

棄擲誠何細，夫差信老饕。〔註21〕微芒經匕箸，變化入波濤。風俗銀盤薦，江湖玉饌高。六千殘卒在，脫網總秋毫。

石首

採鮮諸俠少，打鼓伐藏冰。采石首者，伐冰護之，曰沖冰。五月三江去，千金一網能。尾黃荷葉蓋，腮赤柳條勝。笑殺兒童語，烹來可飯僧。

燕窩

海燕無家苦，爭啣白小魚。卻供人採食，未卜汝安居。陳懋仁《泉南雜志》：「遠海近番處，有燕名金絲，首尾似燕而甚小，毛如金絲。臨卵育子時，群飛近沙石處，啄蠶螺食之。螺背上肉有兩筋，如楓蠶，絲堅潔而白，肉化筋不化，並津液嘔出，結為小窩，附石上。久之，與小雛鼓翼而飛，海人依時拾之，可補虛

〔註21〕眉批：夫差事見《姑蘇志》。
　　　　坡公有《老饕賦》。

損，已勞瘵。」按：此語較《本草》加明。味入金虀美，巢營玉壘虛。大官求遠物，〔註22〕早獻上林書。

海參

預使燖湯洗，遲纏入鼎鐺。禁猶寬北海，饌可佐南烹。原注：產登、萊海中，故無禁。○按：康熙二十三年始弛海禁。《據梧齋塵談》：「凡海錯有其物，古必有其名，獨海參不知為何物，從古無食者，今且種類錯出矣。」莫辨蟲魚族，休疑草木名。但將滋味補，勿藥養餘生。

比目

比目誠何恨，滄波作伴遊。幸逃網罟厄，可免別離愁。小市時珍改，殘書土物收。若逢封禪詔，定向海邊求。原注：得東海比目魚始可封禪，見《管子》。○段成式《酉陽雜俎》：「德及幽隱，則比目魚至。」

鮺

舊俗魚鹽賤，貧家入饌輕。自慚非食肉，每飯望休兵。餘骨羶何附，長餐臭有情。腐儒嗟口腹，屬饜負升平。

海蜅此寓言也。我因結語而繹之，殆將出山而自歟歟？

不肯依牆壁，其如羅網偏。冒題。文身疑蚪篆，長髻學螺旋。跼足蟠根固，容頭掩的圖。但能防尾擊，誰敢陷中堅。其慎守也如此。氣及先聲取，髀存裹肉捐。空虛寧棄擲，辛苦是連蜷。其際遇乃如彼。處世遭多口，浮生誤一鮮。白鹽看雨後，紅釀向花邊。為此之故。入穴鉤難致，呼門慘不前。迴腸縈鎖甲，髓腳怨刀錢。竟誤其生而虧體矣。海粟蝸廬滿，蟲書蜃市懸。知君爾雅熟，為繹小言篇。點明本意。此篇於六義為比，下篇則賦也。

麥蠶同上篇。一時多有和者，唯顧夢麟作功力悉敵，茲不具錄。

月令初嘗麥，豳風小索綯。繭絲供歲早，芒刺用心勞。點題冒起。舊穀憂蛾賊，先農攝馬曹。三眠收滯穗，五色薦溪毛。詳其原委。

簇箔同丘坻，繅車借桔槔。筐分南陌採，縷細北宮繰。奉種鵙鳴降，輸魁蟹績高。成之之狀。仙翁蜂化飯，醉士蟻餔糟。桑蠋僵應化，冰蛆臥

〔註22〕眉批：陸放翁詩：「超然氣壓大官羊。」

未逃。婦鶯將絡緯，客煙半躋螬。食之之美。纖手揉乾糒，春綿滑冷淘。非關蟲食稼，恰並鳥含桃。因以進箴。

戲題士女圖

一舸高季迪《青丘集》：「功成不戀上將軍，一舸歸遊笠澤雲。」用杜牧「西子下姑蘇，一舸逐鴟夷」句。

　　霸越亡吳計已行，論功何物賞傾城。西施亦有弓藏懼，不獨鴟夷變姓名。

虞兮

　　千夫辟易楚重瞳，仁謹居然百戰中。博得美人心肯死，項王此處是英雄。虞兮之死出傳奇，正史所無。周非園詩曰：「雛則已隨亭長去，不知虞卻屬何人。」

出塞

　　玉關秋盡雁連天，磧裏明駝路幾千。夜半李陵臺上月，可能還似漢宮圓。

歸國溫庭筠集有《歸國謠》。

　　董逃歌罷故園空，腸斷悲笳付朔風。贖得蛾眉知舊事，好修佳傳報曹公。

當壚

　　四壁蕭條酒數升，錦江新釀玉壺冰。莫放詞賦逢人賣，愁把黃金聘茂陵。

墮樓

　　金谷粧成愛細腰，避風臺上五銖嬌。身輕好向君前死，一樹穠花到地消。

奔拂

　　歌舞侯門一兄難，侍兒何得脫長安。樂昌破鏡翻新唱，換取楊公作舊官。

盜綃

　　令公高戟妓堂開，黃耳金鈴護綠苔。博浪功成倉海使，緣何輕為美人來。

取盒

銅雀高標漳水流，月明飛去女諮謀。何因不取田藩首，報與官家下魏州。

夢鞋

玉釵敲斷紫鸞雛，消息聲華滿帝都。能致黃衫偏薄倖，死生那得放狂夫。

驪宮

天上人間恨豈消，雙星魂斷碧雲翹。成都亦有支機石，烏鵲難填萬里橋。

蒲東

背解羅襦避月明，乍涼天氣為多情。紅娘欲去喚鍾動，扶起玉人釵半橫。

偶得

莫為高訾畏告緡，百金中產未全貧。只因程鄭吹求盡，卻把黔婁作富人。

家居柳市匿亡逃，輕俠為生舊鼓刀。一自赤車收趙李，探丸無復五陵豪。

金城少主欲還家，油犢車輕御苑花。望斷龍堆無雁字，黑河秋雨弄琵琶。李湘北天馥《秋懷詩》：「侍子忘婚媾，稱兵鴨綠江。」自注云：噶爾噶反，遣端郡王暨圖相國往征，一戰滅之。按：大學士圖海平噶爾噶在順治十四年，故王貽上詩亦云：「西北和親國，王姬禮數殊。一朝忘甥舅，萬里送頭顱。」此詩蓋於未叛時云爾。

投贈督府馬公鑲黃旗漢軍馬光輝，官太子太保、兵部尚書、都察院左副都御史，總督兩江、直隸、山東、河南諸省軍務。世襲阿思尼哈番。諡忠襄。子思云襲職。詳詩意，光輝蓋疏薦公。〔註23〕

伏波家世本專征，畫閣幢油細柳營。上相始興開北府，通侯高密鎮西京。江山傳箭旌旗色，賓客圍棋劍履聲。勞苦潯陽新駐節，抽艫今喜下溢城。

─────────────

〔註23〕眉批：考其時，當是總督馬國柱，非光輝也。國柱字擘宇，奉天人。順治四年任。

十年重到石城頭，細雨孤帆載客愁。累檄久應趨幕府，扁舟今始識君侯。青山舊業安常稅，白髮衰親畏遠遊。慚愧推賢蕭相國，邵平只合守瓜丘。

自歎歎將出山也。

誤盡平生是一官，棄家容易變名難。松筠敢厭風霜苦，魚鳥猶思天地寬。鼓泄〔註24〕有心逃甫里，推車何事出長干。胡三省《通鑑注》：「今建康府上元縣有長干里，去縣五里。李白《長干行》所謂『同居長干里』者也，乃秣陵縣東里巷。江東謂山壟之間曰幹干。」公時蓋由江寧府北發。旁人休笑陶弘景，神武當年早掛冠。

晚眺以下俱再至金陵作，上章所云「十年重到石城頭」、「推車何事出長干」是也。

萬壑亂煙霜，浮屠別渺茫。江山連楚蜀，鍾磬怨齊梁。原廟寒泉裏，園陵秋草旁。見後詩注。雁低迷雨色，鷺漣入湖光。戲馬長干里，歸人石子岡。舟車走聲利，衣食負畊桑。欲問淮南信，砧聲繞夕陽。

詠月

長夜清輝發，愁來分外明。徘徊新戰骨，經過舊臺城。秋色知何處，江心似不平。可堪吹急管，重起故鄉情。

登上方橋有感〔註25〕原注：橋時新修，極雄壯，望見天壇前〔註26〕圮盡矣。

石梁天際偃長壕，勢壓魚龍敢遁逃。壯麗氣開浮廣術，虛無根削插崩濤。秋騰萬馬鞭梢整，日出千軍軛餉勞。回首泰壇鍾磬遠，江流空繞斷垣高。

鍾山楊爾曾《金陵圖記》：「由鍾山而左，攝山、臨沂、武岡、石堆、聚寶、天闕，東里南向，以互於西南三山，而止於大江，則龍蟠之勢成。由鍾山而右，自覆舟、雞籠、直瀆、盧龍，而北走以達於西石頭，而止於大江，則虎踞之形立。」《確菴文稿》和此詩，自注云：「時有請開煤鍾山者，觀察破其謀，立斃之。」

〔註24〕「泄」，《梅村集》、《梅村家藏稿》作「枻」。
〔註25〕眉批：上方橋在上元縣東南。天地壇在洪武門外。順治三年，內院洪承疇等修橋。至八年二月，橋成。
〔註26〕「前」，楊學沆本作「崩」。

王氣銷沉石子岡，放鷹調馬蔣陵旁。金棺移塔思原廟，原注：金棺為誌公，在雞鳴寺。○《有明異叢》：「寶誌瘞旁原有八功德水，泉脈甘美。太祖卜孝陵，正在其瘞，劉基奏改葬之。啟瘞，見二大缶對合，志端坐於內，髮被體，指甲繞腰。瘞既遷而水隨往。」按：此前詩所云「原廟寒泉裏」也，即互見後注。玉匣藏衣記奉常。原注：太常有高廟衣冠。楊柳重栽馳道改，櫻桃莫薦寢園荒。原注：時當四月。《明史・禮志》：「孝陵每歲正旦、孟冬、忌辰、聖節俱行香，清明、中元、冬至俱祭祀，勳舊大臣行禮，文武官陪祀。」聖功沒後無抔土，姑孰江聲空夕陽。弘光被俘於太平，故云「姑孰江聲」也。

臺城

形勝當年百戰收，子孫容易失神州。金川事去家還在，玉樹歌殘恨未休。玉樹亦擬弘光。徐鄧功勳誰甲第，方黃骸骨總荒丘。徐賓碩《金陵覽古》：「木末亭有方正學祠，祠中門牖皆北向，今非復舊制。祠南為正學墓，門人寥鏞所收葬也。墓旁有土一封，樹石碣，書『方氏十族瘞骨處』七字。」可憐一片秦淮月，曾照降幡出石頭。

國學《明史・禮志》：「洪武初，改應天府學為國子學，後改建於雞鳴山下，總而改學為監。」

松柏曾垂講院陰，後湖煙雨記登臨。《明朝小史》：「太祖於後湖築臺，藏天下兵冊，避火災也。」按：後湖即玄武湖，詳後注。桓榮空有窮經志，伏挺徒增感遇心。《南史・伏挺傳》：「三世同時聚徒教授，罕有其比。後乃變服出家。」詩句以擬當時諸儒逃入空門者。四庫圖書勞訪問，六堂絃管聽銷沉。見後注。白頭博士重來到，極目蕭條淚滿襟。

觀象臺鄭曉《吾學編》：「洪武十八年冬，築欽天監觀星臺於雞鳴山下。二十九年，渾天儀成。回回欽天監觀星臺因雨花臺築。」徐夔《西堂集・登北極閣》詩自注：「閣係前朝觀星處，為國子監彝倫堂。」

候日觀雲倚碧空，一朝零落黍離同。昔聞石鼓移天上，原注：元移石鼓於大都。○按：今石鼓在北京國子監，列門廡下，一中空如臼。詳歐陽《集古錄》及朱彝尊《石鼓考》。今見銅壺沒地中。黃道只看標北極，赤烏還復紀東風。郭公枉自師周髀，千尺荒臺等廢宮。原注：渾儀，郭守敬所造。○《元史・天文志》：「守敬出所創簡儀、仰儀及諸儀表，皆臻於精妙。」按：《明史・天文志》：「正

統二年，行在欽天監正皇甫仲和奏言：『南京觀象臺設渾天儀、簡儀、圭表，以窺測七政行度，而北京乃止於齊化門城樓上觀測，未有儀表。乞令本監官往南京，用木做就，挈赴北京，以較驗北極出地臺高下，然後用銅別鑄。』從之。蓋元都破後，盡運其法物，而南故部所造，乃在南京。」

雞鳴寺《金陵圖記》：「雞鳴山北拱神京丹朱，其麓十廟，埴土為衰冕俎豆，以祀古帝勳臣。」

雞鳴寺接講堂基，扶杖重遊涕淚垂。學舍有人鋤野菜，見後《南湘園叟》詩。僧僚無主長棠梨。雷何舊席今安在，《南史・雷次宗傳》：「徵至都，聞館於雞籠山，聚徒教授，置生百餘人。時國子學未立，使丹陽尹何尚之立玄〔註27〕學，率更令何承天立史學」云云。然《何佟之傳》：「為總明館學士，侍皇太子講，都下碩儒，唯修之而已。當時國家吉凶禮則，皆取決焉。永元末，都下兵亂，佟之常集諸生講論，孜孜不怠。」則雷、何講席應推佟之。支許同參更阿誰。惟有誌公留布帽，高皇遺筆讀殘碑。原注：寺壁有石刻，高廟御筆題贊誌公像。○《南史・寶誌傳》：「齊武帝迎入華林園，少時忽重著三布帽，亦不知於何得之。俄而武帝崩，文惠太子、豫章文獻王相繼薨，齊亦於此季矣。」詩語亦隱謂國亡也。

功臣廟《明史》：「洪武二年，立功臣廟於雞籠山，論次功臣。正殿六人，西序八人，東序七人，皆羊二、豕二。兩廡各設牌一，總書故指揮千百戶衛所鎮撫之靈，羊十豕十。以四孟歲暮，駙馬都尉祭之。」

畫壁精靈間氣豪，鄂公羽箭衛公刀。此用杜詩。二十一人中無封鄂、衛者。丹青賜額豐碑壯，棨戟傳家甲第高。鹿走三山爭楚漢，楚漢寓言陳友諒。雞鳴十廟失蕭曹。《明史・志》：「南京十廟：北極真武、道林真覺普濟禪師寶誌、都城隍、祠山廣惠張王渤、五顯靈順、漢秣陵尉蔣忠烈公子文、晉咸陽卞忠貞公壼、宋濟陽曹武惠王彬、南唐劉忠肅王仁瞻、元衛國忠肅公福壽。」〔註28〕英雄轉戰當年事，采石悲風起怒濤。

玄武湖《建康實錄》：「吳開城北渠，引後湖水流入新宮，又名練湖。」徐爰《釋問》：「本桑泊，晉大興三年始創北湖，築長堤以壅北山之水，東自覆舟山，西至宣武城六里餘。宋時黑龍見，因改名玄武。」

〔註27〕「玄」，底本作空格，據《南史》卷七十五《隱逸列傳上・雷次宗》補。
〔註28〕按：楊學沆本程注無，作楊補注。

覆舟西望接坡坨，千頃澄潭長綠沙。六代樓船供士女，百年版籍重山河。原注：湖置黃冊庫，禁人遊玩。○《說鈴》：「金陵後湖貯天下郡縣戶口冊籍，有明終始，計一百七十萬本有奇。國朝初止存萬曆以迄崇禎五年者，餘皆廢，或製甲點火藥焉。又有議每本重四五勣，勣能值銀八分，鬻之可得四萬緡，遂散落為民間覆瓿云。」平川豈習昆明戰，禁地須通太液波。煙水不關興廢感，夕陽聞已唱漁歌。原注：時已有漁舟，非復昔日之禁矣。○《明史·志》：「孝宗時，太監陳祖生奏戶部主事盧錦、給事中方問私種後湖田。後湖者，洪武時置黃冊庫其中，令主事、給事中各一人守之，百官不得至。歲久湖塞，錦、問於湖灘稍種蔬伐葦，給公用。事下南京法司，錦奪職，問謫官。」夫以孝宗之朝，奄人讒害人尚如此，語外有歎。

秣陵口號

車馬垂楊十字街，河橋燈火舊秦淮。《金陵圖記》：「秦淮中出，貫於三山、石城之間。」放衙非復通侯第，原注：中山賜第改作公署。○董穀《碧里雜存》：「南京舊內在今應天府之左。高皇建大內既成，遷居之，舊內虛焉。他日召中山王飲，樂甚，以賜之。」按：改作公署，見後注。廢圃誰知博士齋。易餅市旁王殿瓦，換魚江上孝陵柴。無端射取原頭鹿，收得長生苑內牌。《金陵圖記》：「靈谷在鍾陵東麓，有五里松，虯枝蔽虧天日，鹿呦呦千百為群，狎客而過。」

遇南廂園叟感賦八十韻 〔註29〕《行狀》：「崇禎己卯，公陞南京國子監司業。」此所云南廂者，蓋國學之南廂也。《明史·百官志》：「南京國子監，祭酒一人，司業一人，監丞一人。」

寒潮衝廢壘，火雲燒赤岡。四月到金陵，十日行大航。平生遊宦地，蹤跡都遺忘。道遇一園叟，間我來何方。猶然認舊役，即事堪心傷。開門延我坐，破壁低圍牆。卻指灌莽中，此即為南廂。衙舍成丘墟，佃種輸租糧。謀生改衣食，感舊存園莊。艱難守茲土，不敢之他鄉。我因訪故基，步步添思量。面水背蒼崖，中為所居堂。四海羅生徒，六館登文章。〔註30〕《明史·志》：「洪武初建國學雞鳴山下。既而改學為監，設祭酒、司業以下等官。分六堂以館諸生，曰率性、修道、誠心、正義、崇志、廣業。學旁以館諸

〔註29〕眉批：《湧幢小品》：「南京官各自以物力置官房國子監兩廂，極水竹園亭之美，亦公私湊合而成。」

〔註30〕眉批：錢《箋》：「當時燦亦與焉。」

生，謂之號房，厚給餼廩。每旦，祭酒、司業坐堂上，屬官自監丞以下，首領則典
簿，以次序立。諸生揖畢，贊問經史，拱立聽命。唯朔望給假，餘日升堂會饌。及
會講復講，背書輪課以為常。所習自四子本經外，兼乃劉向《說苑》及律令書數、
《御製大誥》。每月試經、書義各一道，詔、誥、表、策、論、判、內制二道。每日
習書二百餘字，以二王、智永、歐、虞、顏、柳諸帖為法。」**松檜皆十圍，鍾笇
聲鏘鏘。百頃搖澄潭，夾聽栽垂楊。池上臨華軒，菡萏吹芬芳。談笑盡
貴遊，花月傾壺觴。其南有一亭，梧竹生微涼。回頭望雞籠，廟貌諸侯
王。左李右鄧沐，中坐徐與常。霜髯見鋒骨，老將東甌湯。**《明史・志》：
「太祖既以功臣配享太廟，又令別一廟於雞籠山。論次功臣二十有一人，正殿：中
山武寧王徐達第一，開平忠武王常遇春第二，岐陽武靖王李文忠第三，寧河武順王
鄧愈第四，東甌襄武王湯和第五，黔寧昭靖王沐英第六，羊二豕二。」**配食十六
侯，劍珮森成行。得之為將相，寧復憂封疆。**按：《明史・志》：「配食者：
西序，越國武壯公胡大海、梁國公趙德勝、巢國武壯公華高、虢國忠烈公俞通海、
江國襄烈公吳良、安國忠烈公曹良臣、黔國威毅公吳復、燕山忠愍侯孫興祖；東序，
郢國公馮國用、西海武莊公耿再成、濟國公丁德興、蔡國忠毅公張德勝、海國襄毅
公吳楨、蘄國武毅公康茂才、東海郡公茆成。」止十五人。此云十六侯，未詳。**北
風江上急，萬馬朝騰驤。重來訪遺跡，落日唯牛羊。吁嗟中山孫，志氣
胡弗昂。生世苟如此，不如死道旁。惜哉裸體辱，仍在功臣坊。**余懷《板
橋雜記》：「中山公子徐青君，魏國介弟。弘光中，加中府都督，前驅班列，呵導入
朝。乙酉鼎革，籍沒田產，遂無立錐，與傭丐為伍，至為人代杖。其居第易為兵道
衙。一日，於衙中受杖，數過其值，大呼我青君徐也。兵道林某憐而釋之。查有花
園，乃自造，非欽產，給還之。今賣花石、貨柱礎以自活。」**蕭條同泰寺，南枕
山之陽。當時寶誌公，**《南史・寶誌傳》：「雖剃鬚而常冠髮，帶裙帽納袍，故俗
呼為誌公。」**妙塔天花香。改葬施金棺，手詔追褒揚。袈裟寄靈谷，制度
曲蕭梁。**陸游《入蜀記》：「鍾山寶公塔有小軒曰木末，取王文公『木末北山雲冉冉』
句名之。」《金陵圖記》：「塔藏誌公肉身，左立一異香如鳳，倚以錫杖。八功德水者，
乃法喜禱求西域阿耨池，以七日得之者。梁以前嘗取以給御，故在峭壁寺東。自遷
志塔，水從之而湧，其地遂涸。」又云：「靈谷在鍾陵東麓。」按此則誌公塔始蓋在
南城，近石子岡，後遷靈谷也。《明朝小史》：「太祖將遷寶誌冢，祝之，不報，乃曰：
『假地之半，遷瘞徵偏，當一日享爾一供。』爰發其坎，金棺銀槨，因出骨移瘞，
建靈谷寺，立浮屠於函上，覆以無量甎殿，工費鉅萬，仍賜莊田三百六十所，日食

其一，週一歲焉。御製文樹碑紀績，霹靂再震，上曰：『志不欲謂我績耳。』乃寢不樹。」千尺觀象臺，太史書禎祥。北望占旄頭，夜夜愁光芝。觀象臺，見前注。《史記・天官書》：「西宮昴曰髦頭，胡星也，為白衣會。」《漢書・天文志》作「旄頭」。高帝遺衣冠，月出脩烝嘗。圖書盈玉几，弓劍堆金床。承乏忝兼官，再拜陳衣裳。《明史・禮志》：「孝陵設神宮監，並孝陵衛及祠祭署。」又曰：「每歲元旦、清明、七月望、十月朔、冬夏至日，每用太牢，遣官致祭。其伏、臘、社、每月朔望，則用特羊，祠祭署官行禮。」蓋公嘗攝遣祭官也。南內因灑埽，銅龍啟未央。幽花生御榻，苔澀青倉琅。離宮須望幸，執戟衛中郎。《金陵圖記》：「鍾陵無梁殿，皆瓴甋，作三券，不設椽桷。景陽鍾，制樸而平脣，望之有古色。下殿為響墀，右為琵琶街，拍手試之如彈紙。廊皆呂偉畫壁。」《續金陵瑣事》：「舊內別院牆壁，多舊宮人題詠，年久剝落，不可盡識。其一署曰媚蘭仙子。末二句猶可識：『寒氣逼人眠不得，鐘聲催月下前廊。』」萬事今盡非，東逝如長江。鍾陵千萬松，大者參天長。根節猶青銅，屈曲蒼皮僵。《金陵圖記》：「鍾山緹垣絳闕，翠柏蒼松，萬樹鬱蔥，王氣隱隱起萬綠間。出太平門，行太平堤，清樾蔭人。」不知何代物，同日遭斧創。前此千百年，豈獨無興亡。況自百姓伐，孰者非耕桑。群生與草木，長養皆吾皇。人理已漸滅，講舍宜其荒。獨念四庫書，卷軸誇縹緗。孔廟銅犧尊，斑剝填青黃。棄擲草莽間，零落誰收藏。老翁見話久，婦子私相商。人倦馬亦疲，剪韭炊黃粱。慎莫笑貧家，一一羅酒漿。從頭訴兵火，眼見尤悲愴。叶。大軍從北來，百姓聞驚惶。下令將入城，傳箭需民房。里正持府帖，僉在御賜廊。插旗大道邊，驅遣誰能當。但求骨肉完，其敢攜筐箱。扶持雜幼穉，失散呼耶孃。江南昔未亂，閭左稱阜康。馬阮作相公，行事偏猖狂。《幸存錄》：「馬士英入政府，方快於逐姜、劉而用阮大鋮，不復顧大柄之委去也。大鋮一出，凡海內人望，無不羅織巧詆；貪夫壬人，無不湔洸拔用。」高鎮爭揚州，《明季遺聞》：「高傑率兵南下太掠，抵揚州，揚人罷市，登陴死守，傑攻之。進士鄭元勳與傑善，為言當事，請放高兵入城，眾譁甚，斬元勳城上。傑恨，攻益力，史可法曲解之，始移兵瓜洲。」左兵來武昌。《明季遺聞》：「乙酉四月，左良玉率兵南下，聲言討馬士英，又沿途傳檄張榜，稱奉天子密旨，率師赴救。士英調黃得功、劉良佐離汛，遣劉孔昭、阮大鋮、方國安、朱大典同禦之。劉澤清託名勤王，大掠而南。」積漸成亂離，記憶應難詳。下路初定來，官吏踰貪狼。按籍縛富人，坐索千金裝。以此為才智，豈曰唯私囊。今日解馬草，明

日脩官塘。誅求卻到骨，皮肉俱生瘡。野老讀詔書，新政求循良。瓜畦亦有畔，溝水亦有防。始信立國家，不可無紀綱。《世祖實錄》：「順治八年，上始躬親大政，詔諭內外文武大小臣工，各殫忠盡職，俾政舉民安，早臻平治。又傳諭督撫官，澄清吏治，以德才文義嚴行分別。」詩所詠，蓋紀實也。春來雨水足，四野欣農忙。父子力畊耘，得粟輸官倉。遭遇重太平，窮老其何妨。薄暮難再留，暝色猶青蒼。策馬自此去，悽惻摧中腸。顧羨此老翁，負耒歌滄浪。牢落悲風塵，天地徒茫茫。時方赴北。

贈陽羨陳定生蔣永修《迦陵外傳》：「定生名貞慧，御史大夫於廷子，與如皋冒辟疆、商丘侯朝宗、桐城方密之，並以名卿子折節讀書，傾家財交天下名士，天下稱四公子。四公子深相結。弘光時，定生罹黨禍，朝宗捐數千金力為營脫，侯無德色，陳不屑屑顧謝，相與為古道交如此。」

溪山罨畫好歸畊，《輿地志》：「罨畫溪，一名五雲溪，在宜興。夾岸花竹，照映水中，故名。」櫻筍琴書足性情。茶有一經真處士，〔註31〕橘無千絹舊清卿。〔註32〕原注：故御史大夫子。知交東冶傳鉤黨，子弟南皮負盛名。卻話宋中登望遠，天涯風雨得侯生。原注：定生偕侯朝宗在南中，幾及黨禍。侯生，歸德人。○《文集》：「定生、朝宗、辟疆三人相結。有皖人者，流寓南中，故奄黨也，知諸君子唾棄之，乞好謁以輸平。未有間，會三人置酒雞鳴埭下，召其家善謳者，歌主人所製新詞，則大喜曰：此諸君子欲善我也。既而偵客云何，見諸君酒酣大罵，若奄兒媼子，乃欲以詞家自贖乎？於是大恨。申酉之亂，彼以攀附驤枋，用興大獄，以脩舊郤。定生為所得，幾填牢戶。朝宗遯之故郭山中。南中人多為辟疆耳目者，跳而免。」所謂皖人，即阮大鋮。興大獄，謂妖僧大悲之獄。時大鋮作《蝗蝻》、《蠛蠓》二錄，又造七十三參，欲一網盡東南諸君子。

感舊

赤欄橋護上陽花，翠羽雕籠語絳紗。羨殺江州白司馬，月明亭畔聽琵琶。此即夏英公「若遇琵琶應大笑，何須收淚濕青衫」意。

贈寇白門《板橋雜記》：「寇湄，字白門。寇家多佳麗，白門其一也。能度曲、畫蘭、吟詩。十八九時，為保國公購之。甲申三月，京師陷，保國在南柄用。已而，金陵破，

保國生降，家口沒入官。白門以千金予保國贖身，匹馬短衣，從一婢歸。歸為女俠，築園亭，結賓客，酒酣耳熟，或歌或哭。既從揚州某孝廉，不得志，復還金陵。老矣，猶日與諸少年伍臥，後病死。」牧齋《雜題》有云：「冠家姊珠總芳菲，十八年來花信迷。今日秦淮恐相值，防他紅淚一沾衣。」〔註33〕

白門，故保國朱公所畜姬也。保國北行，白門被放，仍反南中，秦淮相遇，殊有淪落之感，口占贈之。《明史·朱謙傳》：「封撫寧伯。卒，贈侯。子永襄。永子暉加太保。卒，子麒襄。卒，子岳嗣。俱守備南京。又四傳至孫國弼。天啟中，合楊漣劾魏忠賢。忠賢怒，停其歲祿。崇禎時，總督京營溫體仁柄國，國弼抗疏劾之。詔捕其門客及繕疏者下獄，停祿如初。及至南京，進保國公，乃與馬士英、阮大鋮相結，以訖明亡。」

南內無人吹洞簫，莫愁湖畔馬蹄驕。殿前伐盡靈和柳，誰與蕭壤鬥舞腰。

朱公轉徙致千金，一舸西施計自深。今日秖因句踐死，難將紅粉結同心。錢《箋》：「極有意。」

同時姊妹入奚官，挏酒〔註34〕黃羊去住難。〔註35〕《通鑑》：「張說復李憲書曰：『吾內非黃羊，必不畏食。』」胡三省《注》：「北人謂麞為黃羊。莊緯《雞肋編》：『關右塞上有黃羊，無角，色類麞、鹿，人取其皮以為食褥。』」細馬馱來紗罩眼，鱸魚時節到長干。

重點盧家薄薄粧，夜深羞過大功坊。中山內宴香車入，寶髻雲鬟列幾行。

〔註33〕眉批：《毛西河集》：「侯被停北行，鬻婢妾，從旗人謀，賂魚貫，逮寇，寇曰：『鬻余數金耳，請得歸。歸則丐諸故人，得千金。未足也，重為妓以繼之。』侯由是得免。張荀仲曰：『寇非無知者，語及故侯家事，輒慟哭。』」
　　　　按：毛奇齡《西河集》卷一百三十九《寄寇詩（有序）》：
　　　　白門妓寇眉，故撫寧侯曾購以千金寵之。侯被停北行，鬻婢妾於豪家，並欲強致寇。寇曰：「予奚事此也？且鬻予，數金耳，請得歸。歸則丐諸侯故人，得千金。未足，重為妓繼之。」侯由是免。張荀仲先生曰：『寇非無知者，語及故侯家事，輒慟哭。』王雙白曰：『江以南遙情似寇亦罕。』予時寓廣陵，寇將來，或曰：寇復不來，擬寄之。
　　　　莫愁艇子載琵琶，慢向青溪摘藕花。舊日侯門君記否，廣陵城下邵平家。
〔註34〕眉批：挏酒，見《漢書》。
〔註35〕眉批：《婦人集》：「朱盡室入燕，次第賣歌姬自給，冠度亦在所遣中，一日，謂朱曰：『妾未暇即死，尚能持公陰事。不若使妾南歸，一月之間，當得萬金以報。』從之，果如言。」

曾見通侯退直遲，縣官今日選娥眉。窈娘何處雷塘火，漂泊楊家有雪兒。以上二首與卞玉京所見可互証。

舊宮門外落花飛，俠少同遊並馬歸。此地故人驪唱入，沉香火煖護朝衣。

訪商倩郊居有贈

花影瘦籬根，江平客在門。曉吟寒入市，晚食雨歸村。管記看山爽，傭書宿火痕。西京游俠傳，乃父姓名存。

送李秀州擢寧紹道李國棟，見前。

楊柳春風起郡樓，故人嚴助昔同遊。指壬辰春遊。煙霞到處推仙吏，榮戟今看冠列侯。長水圖書移遠棹，大雷笳鼓對清秋。閱兵海上應西望，秦駐山高即秀州。《一統志》：「長水塘在嘉興府城南。秦始皇東遊至此，聞童謠曰：『水市出天子。』遂從此乘舟，以應其讖。」《鮑昭集·行次大雷與妹書》注：「大雷岡在今饒州府城東北，相傳漢雷義居此，因名。」《一統志》：「秦駐山在海塩縣，始皇東巡，登此望海。」

周櫟園有墨癖嘗畜墨萬種歲除以酒澆之作祭墨詩友人王紫崖話其事漫賦二律周櫟園，名亮工，河南祥符人。〔註36〕崇禎庚辰進士。入國朝，仕至闈臬。為安丘相劉正宗所構，幾陷大辟。後以贖論，復歷官至廣東參政。櫟園尚氣誼，篤交遊，詩文博辨，士林推之。王貽上《分甘餘話》：「濰縣老儒楊青藜答劉相書曰：『周櫟園之擬立斬，則以報復睚眥也』」云云。詳見後安丘相注。

含香詞賦擲金聲，家住玄都對管城。萬笏雅應推正直，一囊那復貯縱橫。藏雖黯淡終能守，用任欹斜自不平。《韻石齋筆談》：「新安方於魯、程君房以治墨互角勝。力所彙《墨譜》，倩名手為圖，刻畫精研。程作《墨苑》以矯之。蓋於魯微時受造墨法於君房，仍假館而授粲焉。程有姜美，其妻妬，出之。方賄媒，謀娶，程訟之有司，遂成隙末。未幾，程坐殺人繫獄，疑方陰嗾，故《墨》苑內繪中山狼傳以詆之。」詩中二聯，可作明季墨案。磨耗年光心力短，只因耽誤褚先生。

〔註36〕眉批：櫟園雖祥符籍，實金谿人，移家白下，駐節青谿，與胡元潤數談秦淮舊事。〇紫崖名元初，太倉人。明三科武舉，以材武與浦嶧、定州亂，授游擊銜。後為仇家所構，乃出家為僧。

山齋清玩富琳琅，似壁如圭萬墨莊。口啜飲同高士癖，頭濡書類酒人狂。但逢知己隨濃淡，若論交情耐久長。不用黃金費裝裹，伴他銅雀近周郎。

百草堂觀劇

肯將遊俠誤躬畊，愛客村居不入城。亭占綠疇朝置酒，船移紅燭夜鳴箏。金罍所繪霜螯美，玉粒呼鷹雪爪輕。原注：主人好獵。卻話少年逢社飲，季心然諾是平生。

題殷陟明仙夢圖

蕉團桐笠御風行，夢裏相逢話赤城。自是前身殷七七，今生贏得是詩名。沈份《續神仙傳》：「殷七七，名文祥，又名道筌。」

吳梅村詩箋卷五終

吳梅村詩箋　卷第六

鶴市迂亭程穆衡　輯

古近體詩九十二首起癸巳入都途中至京作。

江樓別幼弟孚令孚令名偉，光州庠生。時宋〔註1〕公北行，至鎮江賦別。

　　野曲滄浪思不窮，登臨傑閣倚虛空。雲山兩岸傷心裏，雨雪孤城淚眼中。〔註2〕病後生涯同落木，亂來身計逐飄蓬。天涯兄弟分攜苦，明日扁舟聽晚風。

揚州《揚州名宦志》：「史可法，崇禎末巡撫淮揚。十七年，賊陷燕京，可法枕戈復仇，請出視師江北，命監高傑軍駐維揚。乙酉，王師南下，可法嬰城固守，援兵不至，刺血作書別其母妻，王師以飛礮擊城西北隅，陷，可法死之，養子直求其屍不得，招魂葬衣冠於梅花嶺。」

　　疊鼓鳴笳發棹謳，榜人高唱廣陵秋。官河楊柳誰新種，御苑鶯花豈舊遊。十載西風空白骨，山橋明月自朱樓。南朝枉作迎鑾鎮，〔註3〕難博雷塘土一丘。《三藩紀事本末》：「洛陽陷，福王避亂南下，次淮安，鳳督馬士英移書史可法，請奉之，持未決。而士英密與劉孔昭等擁兵迎王於江上。」故因迎鑾鎮之舊名，歎不如煬帝死猶得葬其土也。

〔註1〕「宋」，楊學沆本作「送」。
〔註2〕眉批：鎮江城樓曰芙蓉樓，在府城上西北隅。
　　　　野色。
〔註3〕眉批：《寰宇記》：「建安軍，偽吳改為迎鑾鎮，是揚州大江入京口之岸。」

野哭江村百感生，鬬雞臺憶漢家營。將軍甲第囊弓臥，四鎮及諸將等皆擁兵佚遊，無一卒禦敵者。丞相中原拜表行。可法《出師疏》有云：「庶民之家，父兄被殺，尚思穴胸斷脰，得而甘心，朝廷顧可膜置！今宜連行討賊之詔，嚴責臣與四鎮，悉簡精銳，直抵秦關，懸上賞以待有功，假便宜而責成效。」又曰：「諸臣但有罪之當誅，實無功之可錄。」白面談邊多入幕，謂當時參史軍事如吳茂長輩。赤眉求印卻翻城。許定國本降盜。當時只有黃公覆，西上偏隨阮步兵。黃得功，號忠勇，能戰。士英調之離汛，隨阮大鋮禦左良玉於上游，盡撤江防兵。迨蕪湖軍敗，劉良佐降於我，伏弩射得功，中喉，創甚，擲刀自刎死。

盡領通侯位上卿，三分淮蔡各專征。四鎮除高傑轄徐、泗，經理開、歸一帶外，餘三人劉澤清轄淮、海，駐淮北海郡，沛、虹十一州縣隸之；劉良佐轄鳳、壽，駐臨淮，壽、穎等九州縣隸之；黃得功轄滁、和，駐廬州，廬、巢、無為十一州縣隸之。東來處仲無他志，指左良玉。《明季遺聞》：「弘光面諭士英：『左良玉雖不該興兵以逼南京，然看他本上意思，原不曾反叛，如今還該守淮、揚。』士英厲聲指群臣曰：『此皆良玉死黨為游說，其言不可聽，臣已調得功、良佐等渡江矣。』」北去深源有盛名。指溧陽相國陳名夏。《明季遺聞》：「乙酉三月，設壇太平門外，望祭先帝，阮大鋮哭呼而來曰：『致先帝殉社稷者，東林諸臣也。今陳名夏、徐汧俱北走矣。』馬士英急止之曰：『徐九一現有人在。』」江左衣冠先解體，京西豪傑竟投兵。王永吉輩。只今八月觀濤處，浪打新塘戰鼓聲。

撥盡琵琶馬上弦，玉鉤斜畔泣嬋娟。《揚州府志》：「玉鉤斜在江都縣治西。隋煬帝葬宮人處。」紫騮人去瓊花院，〔註4〕青冢魂歸錦纜船。維揚士女俘掠至慘，故末章獨詳之。荳蔻梢頭春十二，茱萸灣口路三千。隋堤璧月朱簾夢，小杜曹遊記昔年。盛時勝遊，不堪回首。

得廬山願雲師書

絕頂誅茅處，蒼崿怪瀑風。書來飛鳥上，僧出亂流中。世事千峰斷，鄉心半偈空。卻將兄弟夢，煙雨問江東。

過維揚弔衛少司馬紫岫

原注：衛，韓城人，與余同年同官，後以少司馬死揚州難。○《東林列傳》：「衛胤文，字祥趾，景瑗族子。京師陷，微服匿民間，賊鉤得之，備加慘刑，不屈，乘間南奔。史可法疏薦參己軍事。」

〔註4〕眉批：瓊花臺在蕃釐觀內。

畫省聯床止論文，天涯書劍忽離群。非關衛瓘需開府，欲下高昂在護軍。原注：高傑，秦人。朝議以紫岫同鄉，拜兵部侍郎，典其軍事。○《明季遺聞》：「亂文始監高傑軍。乙酉正月，傑冒雪防河，請聯絡河南總兵許定國，以奠中原。時定國在睢，傑遺之銀千兩，幣百疋。初十日，抵睢。明日，定國享傑，夜半伏兵起，殺之，親兵遇害者過半，餘眾潰還。朝議加傑文兵部侍郎，總督其軍。」葬骨九原江上月，思家百口隴頭雲。故人搖落邗溝暮，欲酹椒漿一慟君。

高郵道中

野宿菰蒲晚，荒陂積雨痕。湖長城入岸，塔動樹浮村。漁出沙成路，僧歸月在門。牽船上瓜埠，吹火映籬根。張大復《崑山人物傳》：「羆社湖者，故埠高郵州界。地脈奔騰，風濤晝晦，舟人謹招支舵，其色焦然，如入鬼國。工部都水司郎中吳瑞奉勅總督濟上，疏故鑿新，乃相度地勢，得傍湖田橫亙四十餘里，鑿為覆湖，今所謂內湖者也。民始得占風違順，而內外取道焉，舟以不覆。」

十里藕塘西，浮圖插碧虛。霜清見江楚，山斷入淮徐。水驛難逢樹，溪橋易換魚。客程愁幾日，已覺久無書。

曾設經年戍，殘民早不堪。柳營當午道，水柵算丁男。雪滿防旗暗，風傳戰鼓酣。淮張空幕府，樓艦隔江南。

羆社重來到，[註5]人家出遠林。種荷泥補屋，放鴨柳成陰。蝦菜春江酒，煙簑暮雨砧。曹生留書水，三十六陂深。原注：高郵有曹生畫水壁，米元章極稱之，其地有三十六陂。○《揚州府志》：「高郵三十六湖，以受七十二闢之水。」宋王貞簡詞：「三十六陂煙雨春。」

清江閘 程穆衡《燕秅日記》：「清江浦地即黃河口，蓋清水入淮，而河、淮復於此合流也。」

岸東穿流怒，帆遲幾日程。石高三板浸，鼓急萬夫爭。善事監河吏，愁逢橫海兵。原注：時有事兩粵，兵過海上。我非名利客，歲晚肅宵征。

過淮陰有感

落木淮南雁影高，孤城殘日亂蓬蒿。天邊故舊愁聞笛，市上兒童笑

〔註 5〕眉批：羆社湖，宋孫莘老家焉。

帶刀。〔註6〕世事真成反招隱，吾徒何處續離騷。昔人一飯猶思報，廿載恩深感二毛。

登高帳望八公山，琪樹丹崖未可攀。莫想陰符遇黃石，好將鴻寶駐朱顏。不知不可為而為之者，徒枉其材也；知不可為而不為者，有託而逃也。是皆可歎也。浮生所欠止一死，塵世無緣識九還。我本淮王舊雞犬，不隨仙去落人間。《書》曰：「詩言志。」故聽其言也，如睹其情焉。君子讀此二詩者，宜乎涕淚盈衿，哀思鬱亂矣。乃同時有久膺寵遇，夙負大名，而事往時移，披其著述，曾無一語及此者，獨何心哉！

過姜給事如農

侍從知名早，蕭條淮海東。思親當道梗，原注：如農迎母，會膠萊有兵變。哭弟在途窮。原注：如須避地，沒於吳下。骨肉悲歌裏，君臣信史中。翩翩同榜客，相對作衰翁。

贈淮撫沈公清遠 王文奎，浙江人，後復姓沈。順治二年任總漕兼巡撫，十年再任。

秋風仗節賜金貂，高會嚴更響麗譙。去國丁年遼海月，還家甲第浙江潮。書生禮樂脩玄雁，諸將弓刀掣早鵰。最是東南資轉餉，功成蕭相未央朝。

遠路

遠路猶兵後，寒程況病餘。裝綿妻子線，致藥友人書。晚渡河津馬，晨冰驛舍車。蕭條故園樹，多負向山廬。

淮上贈嵇叔子 嵇叔子，名宗孟，山陽人。丙子舉人。守杭州，居官清介。見《今世說》。

湖海相逢一俊英，風流中散舊家聲。琴因調古須防怨，詩為才多莫近名。《確菴文稿》：「嵇子自略陽歸，風雪之夜，明燈從席，輒述其勝遊之槩。出其篋中詩一卷，則自秦中紀其流覽所及，撚鬚立就者也。」濁酒如淮歌慷慨，蒼髯似戟論縱橫。慚余亦與山公札，抱病推遷累養生。

〔註6〕眉批：聞笛，向秀事。帶力，韓信事。皆切淮陰。
　　　按：「力」當作「刀」。

過東平故壘《明紀輯略》：「甲申夏，以總兵官劉澤清轄淮海，駐淮北，經理山東。初封東平伯，尋以保國例晉封侯。」

　　重鎮銅龍第，雄邊珠虎牌。柳穿驍騎箭，花落美人釵。有客謀亡海，無書勸正淮。將軍留戰骨，狼籍雒陽街。皆劉澤清事，詳見後詩注。

臨淮老妓行按：此詩所詠，昔人咸以為劉澤清。但澤清轄淮海，所駐自在淮陰。其開鎮臨淮者，為廣昌伯劉良佐，轄鳳、壽九州縣，經理陳杞以西，此不應以淮陰為臨淮也。而詩中有「遊俠起山東」，「退駐淮陰」及「海口障幡」、「西市南冠」等語，皆澤清事。若良佐，則投障後即隸旗籍，雖罪足死，然其伏誅未詳也。又，《有學集》有《武安伎冬哥》詩，即同此題，亦以為澤清。又，鈕琇《觚賸》載澤清妓姜楚蘭事，亦與此相類，故仍定為澤清。

　　臨淮將軍擅開府，不鬭身強鬭歌舞。白骨何如棄戰場，青娥已自成灰土。老大猶存一妓師，柘枝記得開元譜。繞轉輕喉便淚流，尊前訴出漂零苦。妾是劉家舊主謳，冬兒小字唱梁州。陳晦《隨隱浸錄》：「東宮以春夏秋冬四夫人直書閣為最親，謂昭儀王秋兒、資陽朱春兒、高安朱夏兒、東陽周冬兒。」此云冬兒小字，而知非泛用姓者。以《有學集·武安伎冬哥》詩証之，知其名固爾矣。翻新水調赦桃葉，撥定鵾弦授莫愁。武安當日誇聲伎，以武安侯田蚡稱田弦遇，詩中屢見。秋娘絕藝傾時世。〔註7〕戚里迎歸金犢車，後來轉入臨淮第。臨淮遊俠起山東，帳下銀箏小隊紅。巧笑射棚兮畫的，濃粧毬仗簇花叢。縱為房老腰肢在，若論軍容粉黛工。羊侃侍兒能走馬，李波小妹解彎弓。王貽上《香祖筆記》：「劉澤清，字鶴洲，曹州人。為山東總兵官。」故此羊侃、李波亦非泛用。錦帶輕衫嬌結束，城南挾彈貪馳逐。忽聞京闕起黃塵，殺氣奔騰滿川陸。探騎誰能到薊門，空閒千里追風足。消息無憑訪兩宮，兒家出入金張屋。請為將軍走故都，一鞭夜渡黃河宿。暗穿敵壘過侯家，妓堂仍訝調絲竹。祿山褊將帶弓刀，醉擁如花念奴曲。《綏寇紀略》：「賊陷京城，劉宗敏居田弘遇第。」又曰：「自成初盜福邸之貲以號召宛雒，達乎京師陷，其下爭走金帛財貨之府以分之。彼飢寒乞活之人，一旦見宮室帷帳，珍怪重寶，以千百數，志滿意得，飲酒高會，胅篋擔囊，惟恐在後。」倉卒逢人問二王，武安妻子相持哭。薰天貴勢倚椒房，不為君王收骨肉。周奎獻太子及永、定二王於賊。翻身歸去遇南兵，退駐淮陰正拔營。寶劍幾曾求死士，明珠還欲致傾城。

〔註7〕眉批：此秋娘用杜牧《秋娘傳》。

男兒作健酣杯酒，女子無愁發曼聲。王貽上《南征紀略》:「淮安頗稱鞏固，甲申五月，澤清實來盤踞，與田仰日肆歡飲。大兵南下，有問其如何御者，曰:『吾擁力立福王以來，供我休息。』八月，大興土木，造室宇，極其莊麗，僭擬王居。休卒淮上。」可憐西風怒，吹折山陽樹。將軍自撤沿淮戍，不惜黃金購海師。西施一舸東南避，鬱洲崩浪大於山。〔註8〕張帆捩舵無歸處，重來海口豎降幡。全家北過長淮去，《觚賸》:「澤清建閫淮陰，興屯置榷，富亞郿塢，而漁色不已。天旅南下，託以左兵犯順，率旅勤王，撤戍離汛，大掠南行。遇王師於蕪湖，謀入海不得，倉猝迎降。」長安一去幾時還，誤作王侯邸第看。收者到門停奏伎，蕭條西望歎南冠。《三藩紀事本末》:「大兵薄揚州城，諸將惟劉肇基自白洋河以兵四千至。劉澤清通欵我朝，我朝惡其反覆，磔誅之。」《成仁譜》:「姜瓌以吳三桂薦，為大同提督。戊子冬，又同大同總兵唐玨等謀叛，致書其相劉澤清，說為內應。事泄，澤清伏誅。」老婦今年頭總白，淒涼閱盡興亡跡。已見秋槐陰故宮，又看春草生南陌。依然絲管對東風，坐中尚識當時客。〔註9〕金穀田園化〔註10〕作塵，綠珠子弟更無人。楚州月落秋江泠。長笛聲聲欲斷魂。

過宿遷極樂菴明日晤陸紫霞年兄話舊有感陸紫霞，名奮飛，宿遷人。崇禎辛未進士。

同時知己曲江遊，縱酒高歌玉腕騮。黃葉渾隨諸子散，白頭猶幸故人留。雲堂下榻逢僧飯，雪夜聽鍾待客舟。如此衝寒緣底事，相逢無計訴離愁。

白鹿湖陸墩詩原注:在宿遷縣東。紫霞避兵處。

招提東望柳堤深，雁浦魚莊買棹尋。墩似謝公堪睹墅，湖如賀監可抽簪。雲遮老屋容君臥，月落空潭照此心。百頃荷花千尺水，夜深兄弟好披襟。「夜深」當作「夜涼」。

下相極樂菴讀同年北使時詩卷同年者，辛未進士萊陽左懋第也。《明史》本傳:「懋第初授韓城知縣，有異政，考遷戶科給事中。福王立，為應天巡撫。甲申，大學士高弘圖議遣使通好於我，而難其人，懋第請行。八月渡淮，十月朔次張家灣，止許

〔註8〕眉批:鬱洲山在淮安海州朐山東北海中，一名蒼梧山。
〔註9〕眉批:坐中識客，見《南史・沈約傳》。
〔註10〕「化」，底本原脫，據眉批「『化作塵』脫一『化』字」補。

百人入都。懋第縗服以往，館於鴻臚寺，以不得赴梓宮，即於館所遙祭。是月二十八日遣還，尋自滄洲追至，改館太醫院。」餘已見前《東萊行》注。

　　蘭若停驂灑墨成，過河持節事分明。上林飛雁無還表，頭白山僧話子卿。

下相懷古題同第一卷，而寄託迥異矣。

　　戲馬臺前拜魯公，〔註11〕興王何必定關中。故人子弟多豪傑，弗及封侯呂馬童。〔註12〕高敖曹所謂來與汝開國公者，興亡之際，固不獨一馬童，然未有如明人所謂君等之首，皆進身靈符者。詩語雖微婉，而意殊沉痛。

項王廟原注：在宿遷。項王下相人，即其地。《輿地志》：「宿遷西有楚霸王故里。」

　　救趙非無算，坑秦亦有名。情深存魯沛，氣盛失韓彭。垓下雖難逝，江東劍不成。淒涼思畫錦，遺恨在彭城。

桃源縣原注，在黃河南，去淮陽八十里。

　　豈有秦人在，何來浪得名。山中難避地，河上得孤城。桃柳誰曾植，桑麻近可畊。君看問津處，烽火只縱橫。

過古城謁三義廟原注：去桃源八十里，為石崇鎮下邳所築，非三國時古城也。土人以傳訛立廟，因傳奇有桃源結義，耳食附會，幾以為真矣。○馬仲履《天都載》：「桃源縣三義廟在河岸。夏文愍言赴召，艤舟瞻謁，手書天地正氣一扁，又書聯曰：王業於今非蜀土，英靈何處是桃源。刻於柱。」《據梧齋塵談》：「夏文悲題三義廟云云，雖為桃源解嘲，然無深意，不如丹陽三義閣柱聯。集唐云：吳宮花草埋幽徑，魏國山河半夕陽。含畜不盡。」

　　廟貌高原古，村巫薦白蘋。河山雖兩地，兄弟只三人。舊俗傳香火，殘碑誤鬼神。普天皆漢土，何必史書真。

自信

　　自信平生懶是真，底須辛苦躑征塵。每逢墟落愁戎馬，卻聽風濤話鬼神。濁酒一杯今夜醉，好花明日故園春。長安冠蓋知多少，頭白江湖放散人。冀倖之詞云爾。

〔註11〕眉批：戲馬臺，在徐州。
〔註12〕眉批：呂馬童，見《項羽本紀》。

黃河<small>原注：金龍口決河，從北入海。清江宿遷，水勢稍緩，皆起新沙。</small>

白浪日崔巍，魚龍亦壯哉。河聲天上改，地脈水中來。潮落神鴉廟，沙平戲馬臺。滄桑今古事，戰鼓不須哀。<small>《風土記》：「甘寧戰死，神鴉翼覆其屍，有遺壘。至今田家鎮上下三十里，神鴉乞食，集檣頂，得則飛去。」按：此神鴉廟在湖廣，與戲馬臺皆寓言欲於河上。以事實之，鑿矣。</small>

新河夜泊<small>新河，在淮安府清河縣西北四十五里，黃河分流也。</small>

百尺荒岡十里津，〔註13〕夜寒微雨濕荊榛。非關城郭炊煙少，自是河山戰鼓頻。倦客似歸因望樹，遠天如夢不逢人。扁舟蕭颯知無計，獨倚篷窗暗愴神。

董山兒<small>《一統志》：「董山即赤董山，在寧波府城東。山產赤董草，鄞縣以此山名。」</small>

董山兒，兒生不識亂與離。父言急去牽兒衣，母言乞火為兒炊作糜。父母忽不見，但見長風白浪高崔嵬。將軍下一令，軍中那得聞兒啼。樓船何高高，沙岸多崩摧。榜人不能移，舉手推墮之。上有蒲與萑，下有潭與泥，十步九倒迷東西。<small>《三藩紀事本末》：「乙酉，官兵既入浙，縱肆淫掠。總鎮聞，梟示數十人，令搜各船所掠婦給還本夫。兵士畏法，遂以所掠之婦沈之江中。」</small>詩之所敘，殆同時事。身無袴襦，足穿蒺藜，叩頭指口惟言饑。將船送兒去，問以鄉里記憶還依稀。父兮母兮哭相詔，聲音雖是形骸非。旁有一老翁，羨兒獨來歸。不知我兒何處餵遊魚，或經略賣遭鞭笞，垂頭涕下何纍纍。吾欲竟此曲，此曲哀且悲。茫茫海內風塵飛，一身不保自，生兒欲何為？君不見董山兒。

讀友人舊題走馬詩於郵壁漫次其韻<small>錢《箋》：「此為楊龍友作。」龍友名文驄，見前《畫中九友歌》。</small>

數卷殘編兩石弓，書生搖筆壯懷空。南朝子弟誇諸將，北固軍營畏河童。<small>龍友，甲申監鎮江軍。乙酉五月，以監軍僉事陞僉都御史，巡撫常、鎮。江上化龍圖割據，浙敗，至閩，為兵部侍郎。</small>國中指鹿詫成功。<small>鄭芝龍迎降。</small>可憐曹霸丹青手，<small>錢《箋》：「龍友畫入妙品。」</small>衙策無人付朔風。

〔註13〕眉批：桃源縣河濱有九里岡、千家岡，故云荒岡。

君是黃聰最少年，句隱藏其名。**驊騮凋喪使人憐**。福州破，龍友戰死。在丙戌，至此已八年矣。**當時祇望勳名貴，後日誰知書畫傳。十載塩車悲道路，一朝天馬蹴風煙。軍書已報韓擒虎，夜半新林早著鞭。**

膠州原注：時有兵變。〇《婁東耆舊傳》：「膠州逆帥海時行者，手足痿痺，不能披堅挽強，驕兵悍將，久已玩之股掌之上矣。山東撫臣夏玉為安丘相劉正宗私人，數假借之，不為之所。時行逆跡既著，張示通衢，明已不反，迫脅紳民，不令出城。順治十年九月，奉調移屯，遂舉兵反，殺劫城中，慘毒備至，復旁瀹諸城，豕突莫禦。」《三岡識略》：「壬辰十月，時行自稱新興王。」

將已三年憊，兵湏六郡豪。一時緣調遣，平昔濫旌旄。後顧憂輜重，前軍敢遁逃。只今宜早擊，都護莫辭勞。

白洋河原注：在淮安西北，膠州叛兵從此過河，時已收縛。

膠海愁難定，孫恩戰艦多。卻聞挑白馬，此處渡黃河。一戰收豺虎，千軍唱橐駝。淮西兒女笑，漠渤亦安波。

過南旺謁分水龍王廟《燕程日記》：「南旺在濟寧州北，齊地水如汶、沂、泗、潔、洙等皆發源於山，一發即溢。而青州以北諸山，史稱東枕大海，復不容畜泄，盡西流至濟寧、壽張之境，匯為梁山、瀦及安山、郗山、赤山等湖，地形既高，勢難壅遏。至南旺分水龍王廟，鑿山為嶀，疏為二河。一南歷長溝，過濟寧，為中八閘。一北流至開河、安山及張秋、東昌，紆廻屈曲，以成運河。」

鱗甲往來中，靈奇奪禹功。平分泰山雨，兩使濟河風。〔註14〕**岸似黃牛斷，流疑白馬通。始知青海上，不必盡朝東。**

贈新泰令楊仲延許旭《秋水傳》：「楊仲延，南和人。順治中知新泰縣，在任四年，擢守江南之和州。」**其地為羊叔子故里**《燕程日記》：「新泰縣有三羊里，俗呼羊流店，乃漢世廬江太守續、晉太傅成侯祜、丹隄尹曼故居也。但按《晉書》祜本傳：『從弟琇述祜素志，求葬先人墓，不聽，賜葬近陵地。』而韓菼《有懷堂集》詩曰：『峴山聞墮淚，其先乃葬此。蕭蕭風白楊，猶若喬與梓。不勝弔古情，欲酹無蘋芷。』豈太傅固嘗葬此，韓詩故為辨明之耶？」〇仲延，字繼芳。

置邑徂徠下，《燕程日記》：「縣崔家莊對面即徂徠山。」**雙槐夾訟堂。殘民弓作社，遺碣石為莊。野繭齊紈美，**孫廷銓《山蠶說》：「野蠶成繭，昔人謂之

上瑞。乃今東齊山谷，在在有之，與家虀等。彌山徧谷，一望虀叢。」春泉魯酒香。歸來羊太傅，不用泣襄陽。

趵突泉在濟南府城西。濟南名泉七十二，以趵穴為上。

　　似瀑懸何處，飛來絕壑風。伏流根窈渺，跳沫拂虛空。石破奔泉上，雲埋廢井通。錯疑人力巧，天地桔槹中。

　　不信來空起，憑闌直濺衣。池平難作勢，石隱定藏機。曲水金人立，凌波玉女歸。神魚鱗甲動，咫尺白雲飛。

打冰詞按：《雲麓漫鈔》：「值冰雪，有司作浮筏，前用巨碓搗冰，謂之冰銲。是打冰之名已久，特其制各異耳。」

　　北河風高水生骨，《燕程日記》：「幾輔之水，惟永平之灤、渝諸河自入海，其餘皆歸衛、白二河以入海。衛河土人呼御河，白河土人呼北河。千流萬派，衛、白河二其綱也。入衛河諸水，漳、沈其綱也；入白河諸水，渾河及趙北口四角河其綱也。總至天津出海。」玉壘銀橋堆幾尺。新戍雲中千騎馬，橫津直渡無行跡。下流湍悍川途開，吹笳官舫從南來。帆檣山齊排浪進，牽船百丈聲如雷。雪深沒髁衣露肘，背輓頭低風塞口。相逢羨殺順流船，急問來時河凍否？溜過湖寬放艍平，長年穩坐一帆輕。夜深側聽流漸向，瑣碎玲瓏漸結成。篙滑難樵枝折，舟人霜滿髭鬚白。發鼓催船喚打冰，衝寒十指風西裂。吁嗟河伯何磴磴，白梧如雨終無聲。魚龍潛逃科斗匿，殊耐鞭杖非窮民。官艙裘酒自高臥，只話篙師叉手坐。早辦人夫候治裝，明日推車冰上過。

再觀打冰詞

　　官催打冰不肯行，座船既泊商船停。〔註15〕商船雖住起潛聽，冰底有聲柁牙應。桅竿旗動吹南風，舟子喜甚開艫艫。兒童操梃爭跳躍，其氣早奪馮夷宮。砉如蒼崖崩巨石，鏗如戈矛相撞擊。滃如雲氣騰虛空，颯如雨聲飛淅瀝。河伯娶婦三日眠，〔註16〕霜紈方空張輕煙。〔註17〕忽聞裂帛素蛾笑，玉盤銀甕傾流泉。別有鮫綃還未醒，沉魚浮藻何隱隱。上冰猶結下冰行，視水如燈燈取影。冰輪既碾相催送，三千練甲皆隨從。

〔註15〕底本原作「行」，後小注改為「停」。
〔註16〕眉批：河伯娶婦，見《史記·滑稽列傳》。
〔註17〕眉批：輕容、方空，皆薄紗名，見《後漢書注》。

激岸廻湍冰負冰，白龍十丈鱗鱗動。自古水嬉無此觀，披裘坐起捲簾看。
估客兼程貪夜發，卻愁明日西風寒。枕畔輕雷殊不已，醉裏扁舟行百里。
安得并州第四絃，彈澈冰天霜月起。

臨清大雪

白頭風雪上長安，裋褐疲驟帽帶寬。辜負故園梅樹好，南枝開放北
枝寒。

阻雪

關山雖勝路難堪，纔上征鞍又解驂。十丈黃塵千尺雪，可知俱不似
江南。

旅泊書懷

已遇江南雪，須防濟北冰。扁舟寒對酒，獨客夜挑燈。流落書千卷，
清羸米半升。征車何用急，慚愧是無能。

過鄭州《燕程日記》：「鄭州，舊鄭城，明永樂間廢弗治，城郭門隍猶完好。每歲三
月，河淮以北，秦晉以東，集數省人市易於此，輦運珍異，百貨萃滙，賽神合樂，帟
幕遍野，閱兩旬方散。」

馬滑霜蹄路又長，鴉啼殘雪古城荒。河冰雨入車難過，野岸沙崩樹
半僵。邢劭文章埋斷碣，公孫樓櫓付斜陽。《燕程日記》：「雄縣古為易縣，史
公孫瓚因童謠有曰：『燕南垂，趙北際，中央不合大如礪，唯有此中可避世』，自謂易
地當之，築京於此。故址今在縣城南十里。」只留村酒雞豚社，香火年年賽藥
王。《燕程日記》：「鄚州一里，至藥王廟，扁鵲故里，有廟祀鵲。萬曆間，慈聖太后
出內帑，增建神農、軒轅三皇之殿，以古今名醫配食。自是藥王之會，彌加輻湊。康
熙乙未四月，廟燬重脩。」《據梧齋塵談》：「今人以藥王為扁鵲，非也。考《續古神仙
傳》，唐開元中，賜韋慈藏號藥王。慈藏，西域天竺人。余見古藥王圖，皆繪藏慈像，
紗巾毳袍，杖履而行，腰繫葫蘆數十，以黑犬自隨，知非扁鵲矣。」

過昌國《一統志》：「昌國故城在濟寧府淄川縣東北。」互見前《夜宿阜昌》。

樂生去國罷登壇，長念昭王知己難。流涕代燕辭趙將，忍教老死在
邯鄲。

任丘

回首鄉關亂客愁，滿身風雪宿任丘。忽聞石調邊兒曲，不作征人也淚流。九宮譜：今之大石調，當是大呂之訛。

途中遇雪即事言懷

雪來榆塞北，人去衛河西。二句冒起。川隴方瀰漫，關山正慘悽。短衣吹帶直，矮帽壓簷低。漁臥舟膠浦，樵歸柳斷蹊。危灘沙路失，廢井草痕齊。塔迴埋榱桷，臺荒凍鼓鼙。上言雪，下言人遇雪。襆輕裝易發，書重笈難攜。久病人貽藥，長途友贈綈。橫津船渡馬，野店屋棲雞。家訴兵來破，牆嫌客亂題。簣床寧有席，葦壁半無泥。路遠人呼飯，廚空婦乞醯。白溲斀作餌，綠粉韭成虀。入箸非鮭菜，堆盤少棗梨。山薪土銼續，村釀瓦罌提。豔苤鑪如怒，窺燈鼠似啼。旗亭人又起，草市路偏擠。遇淖前驢唱，衝風後騎嘶。輿肩幾步換，囊糒一夫齎。行子誰停轡，居人尚掩闈。漸逢農荷鍤，稍見叟扶藜。以上結住，賦途中遇雪。以下另提，始即事言懷。往事觀車轂，浮蹤信馬蹄。〔註18〕世應遭僕僕，我亦歎棲棲。赤縣初移社，青門早灌畦。餘生隨雁鶩，壯志失虹蜺。築圃千條柳，畊田十具犁。昔賢長笑傲，吾道務提撕。得失書新語，行藏學古稽。詩才追短李，盡癖近迂倪。〔註19〕室靜閒支枕，樓高懶上梯。老宜稱漫士，窮喜備殘黎。此處頓挫，言始願如此，而今悼此志之不遂也。有道寧徵管，無才卻薦嵇。北山休誚讓，東觀豈攀躋。令伯親垂白，中郎女及笄。離程波渺渺，別淚草萋萋。憶弟看雲遠，思親望樹迷。書來盤谷友，時候朝宗方域有書貽公，阻其赴召。方域，河南人，故曰盤谷友。夢向鹿門妻。蹭蹬吾衰矣，飄零歸去兮。蓴鱸三泖宅，花鳥五湖堤。著屐尋廬嶠，張帆入剡溪。江南春雨足，把酒聽黃鸝。結言歸志早定，以畢言懷之意。

雪中遇獵

北風雪花大如掌，河橋路斷流澌響。愁鷗饑雀語啁啾，健鶻奇鷹姿颯爽。將軍射獵城南隅，軟裘快馬紅毺氉。秋翎垂頭西鼠煖，《分甘餘錄》：「本朝所戴翎子，以量之多寡別品綴，雖侍衛大臣，非賜不得戴。」劉仲達《鴻書》：「《唐書》有觝跜鼠，今蒙古名答剌不花，生西番山澤間，皮為裘，甚煖，濕不能透。

〔註18〕眉批：夏竦詩：「流光易轉如車轂，薄宦羈人似馬銜。」
〔註19〕眉批：短李，李紳。迂倪，倪瓚。

《本草》謂之土撥鼠。」**鴉青徑寸裝明珠。**《大清會典》:「四品帽頂上嵌籃寶石。」《明史》:「孟密有寶井,萬曆中稅使楊榮開採致亂。凡採必先輸官,然後與商貿易,每往五六百人。」按:寶石碧者,唐人謂之瑟瑟;紅者,宋人謂之靺鞨。今以青藍色者為鴉鶻石。詳見陶宗儀《輟耕錄》。**金鵝箭褶袍花濕,挏酒馳羹馬前立。錦韉玉貌撥秦箏,瑟瑟鬟多好顏色。少年家住賀蘭山,磧裏擒生夜往還。鐵嶺草枯燒堠火,黑河冰滿渡征鞍。**張寅《西征記》:「賀蘭國在賀蘭山後,其王本朝額駙也。」《隨輦集》:「賀蘭山在寧夏城西六十里,高出雲表,延亙六百餘里,山上多青白草,望如駁馬,夷人呼駁馬為賀蘭,故名。有賀蘭各部落駐牧山後,其地甚廣,與青海西羌相接。又曰可可腦兒。鐵柱泉在花馬池城西南,黑水、奢延水從東來,注入黃河。古夏州城在黑水南,有廢址,俗呼欣都城。」**十載功成過高柳,**〔註20〕**閒卻平生射雕手。漫唱千人勅勒歌,**〔註21〕**只傾萬斛屠蘇酒。今朝彷彿李陵臺,**《隨輦集》:「奢延水,一名無定河,源出朔方縣,即李陵失利處。」**將軍喜甚圍場開。黃羊突過笑追射,鼻端出火聲如雷。**〔註22〕**回去朱旗滿城闕,不信溝中凍死骨。猶有長途遠戍人,哀哀萬里交河卒。笑我書生短褐溫,蹇驢箬笠過前村。即今莫用梁園賦,扶杖歸來自閉門。**

偶見所見同前題。

　　挾彈打文鵝,翻身馬注坡。〔註23〕**輕鞭過易水,大雪滿漊沈。錦帽垂青鼠,銀罍出紫駝。少時從出塞,十五便橫戈。**

將至京師寄當事諸老

　　柴門秋色草蕭蕭,幕府鶯傳折簡招。敢向煙霞堅笑傲,卻貪耕鑿久逍遙。同時諸公彈冠而起者,後先致通顯,咸疑公獨高節全名,故必欲強起之,不得不如此先破其積見。**楊彪病後稱遺老,周黨歸來話聖朝。**《後漢·楊彪傳》:「魏文帝受禪,欲以彪為太尉。彪曰:『耄年抱病,豈可贊維新之朝!』遂固辭。乃授光祿大夫,賜几杖衣袍。」《周黨傳》:「建武中,徵為議郎,以病去職。復被徵,乃著短布單衣,穀皮帢頭,待見尚書。」以此二人皆嘗被徵而至者,故引之,非泛用也。**自是璽書修盛舉,此身只合伴漁樵。**

〔註20〕眉批:高柳城在遼東。
〔註21〕眉批:勅勒歌,見《北史》。
〔註22〕眉批:鼻端出火,見《南史·曹景宗傳》。
〔註23〕眉批:注坡,蕩澗習武卒也。

莫嗟野老倦沉淪，領略青山未是貧。一自弓旌來退谷，苦將行李累衰親。田因買馬頻書券，屋為牽船少結鄰。今日巢由車下拜，淒涼詩卷乞閒身。《鑾帨卮談》：「巢、由拜車下，趙韓王語也。而梅村詩句云云，指事何嘗不高渾。夫惟切則雅，亦視其烹鍊何如耳。謂必用漢以上書者，非篤論矣。」

匹馬天涯對落暉，蕭條白髮悵誰依。北門待詔賓朋盛，東觀趨朝故舊稀。雪滿關河書未到，月斜宮闕雁還飛。赤松本是留侯志，早放商山四老歸。

平生蹤跡盡由天，世事浮名總棄捐。不召豈能逃聖代，無官敢即傲高眠。又醒首章之意。匹夫志在何難奪，君相恩深自見憐。記送鐵崖詩句好，白衣宣至白衣還。《確菴文藁·次韻梅村自歎即用贈別》落句云：「明月畫船簫鼓待，早成青史拂黃冠。」自注：先生有鐵崖之志，故云。時蓋徵修《明史》，而鐵崖亦以修《元史》徵，事蹟相同而云爾。確菴詩可証也。

長安雜詠

玉泉秋散鼎龍胡，鼎胡，宮名也。李東陽《懷麓堂集》：「西湖方十餘里，在山趾，左田右湖，入三里為功德寺，乃有玉泉出於山下。」世廟玄都闕御容。《野獲編》：「西苑齋宮獨大高玄殿，以有三清像設，至今崇奉尊嚴。世宗修玄御容在焉，故得不廢。」《蕪史》：「殿之東北曰像一宮，供像一帝君，范金為象尺許，乃世廟玄修玉容也。」《列朝詩集》李袠《嘉靖宮詞》：「小車飛曳向玄都。」注：玄都，殿名也。絳節久銷金竈火，青詞長護石壇松。《明史》：「世宗自三十六年奉天等殿雷火災後，移居西苑，故齋壇醮宮皆在焉。」運移梅福身難去，道向麻姑使未逢。重過竹宮聞夜祭，徐無仙客話乾封。此因逢夜祭而詠大高玄殿也。梅福難去，麻姑未逢，公自謂。

石門秋聳竗高臺，慈聖金輪寺榜開。大慈壽寺，慈聖孝定李太后建。龍苑樹荒香界壞，鹿園花盡塔鈴哀。燈傳初地中峰變，經過流沙萬里來。代有異人為教出，鳩摩天付不凡材。此因異僧而詠大慈壽寺也。與前章興懷一致，故布格差同。《帶經堂集》：「木〔註24〕陳忞公，世祖章皇帝賜號洪覺禪師，再傳為天岸昇公。順治中有旨住青州法慶寺。」

鼓角鳴鞞下建章，平明獵火照咸陽。黃山走馬開新埒，青海求鷹出

〔註24〕「木」，底本誤作「本」，據楊學沆本改。

大荒。奉轡射生新宿衛，帶刀行炙舊名王。侍臣獻賦思遺事，指點先朝說豹房。此因行圍而詠豹房也。《明史》：「武宗厭苦大內，弗居，始以豹房為家，繼以宣府為家。」《武宗實錄》：「正德二年八月，蓋造豹房公廨，前後處房，並左右廂歇房。上朝夕處此，不復入大內矣。七年，添修豹房屋二百餘間，費銀二十四萬餘兩。」

百載關山馬槊高，恥將階級鬭蕭曹。兩河子弟能談劍，《通鑑》：「唐憲宗討蔡州，兵有號山河子弟、山河十將。」一矢君王已賜袍。此日大家親較武，他時年少定分茅。功成老將無人識，看取征南帶血刀。此因較武而詠征南老將也。

贈家侍御雪航雪航，名達，無錫人。崇禎庚午舉人。順治七年任甘肅巡茶御史，歷官通政。

士生搶攘中，非氣莫能濟。勁節行胸懷，高談豁心智。吾家侍御公，平生蘊風義。世難初橫流，事定猶草昧。召見邯鄲宮，軍中獲能吏。移牒拜諫官，創業更新制。首敘由從軍得進用。長刀夾殿門，令下誰敢議。扣馬忽上陳，挺身艱難際。丈夫持國是，僮仆無所避。封事即留中，天語加褒異。受命巡山東，以下敘其巡按山東。恩威恤凋弊。會討泰山賊，順治三年，高苑賊謝遷亂山東，陷新城縣，齊人皆避兵長白山。無辜輒連治。破械使之歸，父老皆流涕。征南甘侯軍，豪奪武昌地。可憐黃陵廟，〔註25〕鈔略空村閉。君來仗威名，以下敘其巡按湖南。一言釋猜忌。塢壁招殘民，郊原戢遊騎。從此巴丘兵，〔註26〕始識長沙尉。西望濬稽山，〔註27〕黃河繞其背。青羌十七種，騂騮飾文罽。自古於金城，互市有深意。蜀賈蒙山茶，兵火苦莫致。將吏使之然，憂將玉關廢。奉詔清河湟，俾復商人利。此敘其為茶馬御史。千車摘岷峨，五花散涇渭。至今青海頭，共刻黃龍誓。揭節還歸來，公私積勞勩。安臥無多談，循資躐高位。卻拜極言疏，手板指朝貴。此敘其以言事降調。恩深因薄謫，材大終難棄。古之賢豪人，深沉在晚歲。欲盡萬里心，日共殘編對。學以閱世深，官從讀書退。以之輕軒冕，蕭條自標置。我來客京師，一身似匏繫。老大慚知交，悽涼

〔註25〕眉批：黃陵廟在長沙府湘陰縣，劉表建，祀舜二妃。
〔註26〕眉批：巴丘兵，周瑜事。
〔註27〕眉批：濬稽山，見《李陵傳》。今名甘濬山，在甘州塞外。

託兄弟。臨風或長歌，邀月非沉醉。論世追黃虞，刪詩及曹魏。此敘在京師得相聚。恐君故鄉思，失我窮愁慰。家在五湖西，扁舟入夢寐。欲取石上泉，洗濯塵中累。末敘其思鄉，欲歸江南。群公方見推，雅志安得遂。朝罷看西山，千峰落濃翠。良友供盤桓，清秋足遊憩。待余同拂衣，徐理歸田計。結出贈詩本意。

讀史偶述一章為一事，誦揚盛美，撷雅合頌，蔚乎國華，殆可儷經，非徒備史。

射得紅毛兔似拳，《鴻書》：「今契丹及交河北境有跳兔，爪足似鼠，尾長，端有毛，亦曰紅毛兔。」沈括《夢溪筆談》：「跳兔形皆兔也，前足才寸許，後足幾一尺，行則用後足，一躍數尺，止則蹶然仆地。」**乳茶挏酒閣門前。相公堂饌銀盤美**，《扈從西巡日記》：「五臺山林木蔥郁，盡在巖阿。有杉簉生，下視若薺，土人目為落葉松。雨餘產菌如斗，其色乾黃，是謂天花。又有銀盤、猴頭，皆菌屬，味亦香美。」按：今銀盤，五臺喇嘛僧歲以供貢。**熊白烹來正割鮮。**

雪消春水積成渠，《燕都遊覽志》：「積水潭在都城西北隅，東西互二里餘，南北半之。」朱國楨《湧幢小品》：「源出西山一畝、馬眼諸泉，繞出甕山後，紆迴向西南行數十里，繞都城，開水門，內注潭中。」**莠藁如山道不除。怪殺六街驄唱少，只今驄馬避柴車。**

新更小篆譯蟲魚，乙夜橫經在玉除。按：本朝翻譯清書，雖經筵亦必翻清進呈，庶吉士習清書者兼習清書篆字。**訝道年來親政好，近前一卷是尚書。**《文集》：「世祖皇帝優禮詞臣，東觀橫經，長楊教獵，凡有編摩諮訪，飛輶趣召，往往在嚴更之後，風雪之中。」《西堂雜組》：「上親政自八年始。」

直廬西近御書房，黃景昉《國史唯疑》：「翰林舊選學士六七人直內閣，掌誥敕，居閣之東，號東詰敕房。以閣西小房處中書能繕寫者，為西製敕房。」**種架牙籤舊錦囊。燕寢不須龍鳳飾**，沈懋孝《東湖先生傳》：「中秘書在文淵之署閣，凡五楹，中一楹當梁拱間，監一金龍桂。」**天然臺幾曲廻廊。**《苑西集》：「本朝內府圖書多貯端凝殿，各有品第。」

閤門春帖點霜毫，史弼翁《舊京遺事》：「禁中歲除，各宮門改易春聯及安放絹畫鍾馗神像。」**玉尺量身賜錦袍。聞道尚方裁制巧，路人爭擁看枚皋。**《世祖實錄》：「順治五年春，上賜輔臣及三院史官名馬、衣服緞。」

龍媒剪拂上華茵，嚴助丹青拜詔新。明制：畫史亦待詔翰林。本朝直武英殿。莫向天閒誇絕技，白頭韓幹竟何人。

新張錦幄間垂楊，四角觚稜八寶裝。《遼史》：「皇帝牙帳以槍為硬寨，用毛繩連繫。每槍下黑氈傘一，以芘衛士風雪。槍外小氈帳一層，每帳五人，各執兵仗為禁圍，周圍拒馬，外設舖。傳鈴宿衛。」按：本朝營幄用西洋行殿五間，門扇咸具，屈戌內轉，中一間為佛殿，外設黃瓊幙，內鋪談毯闌數層，黎明駕行即撤之，載橐駝馳，及駐蹕處豫張焉。其餘宿衛傳鈴法俱同。藉地煖茵趺坐輭，茸茸春草是留香。〔註28〕

騰黃赭白總追風，八匹牽來禁苑中。毛骨不殊聲價好，但看騎上即真龍。王貽上《池北偶談》：「荷蘭國貢馬四，二青二赤，鳳膺鶴脛，日可千里。」又，宋犖《筠廊隨筆》：「章皇帝御馬有虎文鹿角者。」

側笙翻身馬上輕，官家絕技羽林驚。左枝忽發鳴髇箭，仰視浮雲笑絕纓。《世祖實錄》：「順治十一年，上耕籍田畢，因念為國兵食兼重，諭輔臣傳三品以上入觀騎射。」

柳陰觀射試期門，撥去胡床踞樹根。徙倚日斜繞御輦，天邊草木亦承恩。《世祖實錄》：「順治十三年，上駐蹕南苑，閱武行蒐禮，命大臣及詞臣侍宴賦詩應制，時廷臣多有作者。」

新語初成左右驚，一言萬歲盡歡聲。〔註29〕多應絳灌交歡久，馬上先行薦陸生。《堯峰文鈔》：「章皇帝以天縱之資，神武之烈，受天成命。天下既定，躬屈至尊，數引見左右侍從通今好古之士，講譯詩書，修明禮樂，以肇興文治。」又曰：「湯斌授國史院檢討，方議修《明史》，公疏言：前明諸臣抗節以死者，似不可概以叛書。政府見公疏，不悅。世祖顧召至南苑，慰勞再四。」

松林路轉御河行，寂寂空垣宿鳥驚。劉若愚《蕪史》：「端門內東曰闕左門，再東松林，會推處也。」蔣德暻《慤書》：「紫禁城外有護城河，河外即御溝。」七載金縢歸掌握，百僚車馬會南城。按：章皇帝順治八年始親政，則以前七年皆攝政王總理。

西洋館宇逼城陰，巧歷通玄妙匠心。異物每邀天一笑，自鳴鐘應自

〔註28〕眉批：留香草，見《隋書·長孫晟傳》。
〔註29〕眉批：陸賈上《新語》，每奏一篇，上稱善，左右盡呼萬歲。

鳴琴。丘嘉穗《東山草堂集》：「明季徐如珂為南祠曹郎，有西洋人王豐肅者，倡其教於金陵。如珂曰：『此漢之米賊，唐之末尼也，宜急屏之。』豐肅自誇其風土物力遠出中華上，如珂即以紙筆界其徒，兩人隔別雜書，竟舛訛不相符，而放斥之議始定。」《明史·曆志》：「崇禎時，曆法益疏舛，禮尚徐光啟請令西洋人羅雅谷、湯若望等以其國新法相參較，聞局纂脩。報可。久之，善書成，以崇禎戊辰為曆元。」《清吟堂集》：「韻松軒樓頭畫漏用西洋法，交酉則鐘鳴五聲。每過酉時，可以散直。」

廻龍觀裏海棠開，《燕都遊覽志》：「廻龍觀舊多海棠，旁有六角亭，每歲花發時，上臨幸焉。宮殿額名南城。河東有崇德殿，即廻龍觀，有玩芳亭。」**禁地無人閉綠苔。一自便門馳道啟，穿宮走馬看花來。**

宣爐罏盒內香燒，禁府圖書洞府簫。故國滿前君莫問，淒涼酒盞鬥成窰。沈德符《野獲編》：「剔紅填漆，舊物自內廷闌出者，尤為精好。往時所索甚微，今其價十倍矣。至於窰器，最貴成化，次則宣德。盃琖之屬，初不過數金。頃來京師，成窰酒盃，每對至博銀百兩。宣銅香罏亦略如之。」

布棚攤子滿前門，舊物官窰無一存。《據梧齋塵談》：「宋以白定有芒，不堪用，命汝州造青窰器，以瑪瑙末為油。南渡後，邵成章提舉後苑，號邵局法，效政和間京師舊制，各官窰進奉之物，臣庶不敢用。」**王府近來新發出，剔紅香盒豆青盆。**

大將祁連起北邙，黃腸不慮發丘郎。平生賜物都燔盡，千里名駒衣火光。〔註30〕蕭大亨《異俗志》：「其死也，併其生平衣服甲冑之類，俱埋於深僻莽蒼之野。死之日，盡殺其所愛僕妾良馬，如殉葬之意。有盜所埋衣甲及冢外馬肉，併一草一木者，即置之死。今喇嘛僧教以火葬之法，盡以焚之。」

琉璃舊厰虎房西，《箕城雜綴》：「京師琉璃厰在永光寺南，虎坊橋在厰東南，西有鐵門，前朝虎圈地也。厰燒琉璃瓦，有營建專官督之。」**月斧脩成五色泥。遍插御花安鳳吻，絳繩扶上廣寒梯。**國制，每易帝則易殿吻。此蓋賦所見。

金魚池上定新巢，楊柳青青已放梢。王嘉謨《薊丘集》：「魚藻池在崇文門外，俗呼金魚池。」《燕都遊覽志》：「池養金魚，以供市易。都人入夏，至端午，結篷列肆，狂歌轟飲於穢流之上，以為愉快。」**幾度平津高閣上，泰壇春望記南郊。**《帝京景物略》：「池陰一帶，園亭甚多，南抵天壇，一望空闊，每端午日，走馬於此。」《堯峰文鈔》：「俛魚藻池而西，郊壇灌木幽深，水鳧沙雁，游泳上下，為都人士遊觀之所。」

〔註30〕衣以火光，見《史記·滑稽列傳》。

紛紛茗酪鬥如何，點就茶經定不磨。移得江南來禁地，廻龍小釀潑松蘿。《松陵集》注：「江南洞庭茶常入貢西山松蘿，穀雨前採焙，極細者販於市，爭先騰價，共以雨前為貴。」

夜半齋壇唱步虛，玉皇新築絳霄居。《世祖實錄》：「順治十三年閏五月，諭吏部曰：朕惟民資農事以生，必雨暘時若，始能百穀用成。近來陰雨浹日，恐致淫潦傷禾，使百姓失望，不勝兢惕。當竭誠祈晴，爾部即察例舉行。」吹笙盡是黃門侶，別勅西清注道書。蔣山卿《南泠集》：「碧殿瑤臺禮上清，桂華涼露浸銀屏。雙雙玉女扶青案，跪啟琅函捧道經。」亦宮詞也，同一格調。

蘭池落日馬蹄驚，魚服揮鞭過柳城。《日知錄》：「史言慕容皝以柳城之北，龍山之西，福德之地，乃營立宗廟宮闕，命曰龍城。」《一統志》：「柳城在永平府西二十里，龍山在府西四十里。」《永平府舊志》：「柳城在昌黎縣西南六十里。」與史不同。惟《遷遼史》述柳城之故，頗為詳備。以地圖案之，當在今前屯衛之北。十萬羽林空夜直，無人攬轡諫微行。

七寶琉璃影百層，淪漪月色漾寒冰。《燕都遊覽志》：「燈市自正月初八日起，至十八日始罷。鬻燈者在市西南，有冰燈細剪百綵，澆水成之。」詞臣主客詩圖進，御帖親題萬壽燈。

玉砌流泉繞碧渠，晚涼練扇軟金輿〔註31〕。採蓮艇子江南美，太液池頭看打魚。《金鰲退食筆記》：「太液池即南海子也，禁中呼瀛臺南為南海。其水亦自玉泉發源，入禁苑，由金鰲玉蝀橋折繞五龍亭南，歷椒園，注池中，餘流由御溝溢入渾河，下直沽口。」按：前明賜群臣遊內苑，即多觀荷網魚之事。

龍文小印大如錢，別暑齋名自記年。《世祖寔錄》：「上篤好儒術，手不釋卷，建草齋於宮中，秉燭披覽，常至夜分。」畫就煙雲填寶篆，欲將金粉護山川。《池北偶談》：「丁未，於王崇簡青箱堂恭覿章皇帝御筆山水小幅，寫林巒向背、水石明晦之狀，真得宋元人三昧。上以武功定天下，萬幾之餘，遊藝翰墨，時以奎藻頒賜大臣。」又，《漁洋集》：「章皇帝御畫渡水牛戲，以指上螺紋成之，賜中官某。臣從黃州通判宋犖得觀，水波演迤，浮鼻未沒脊，絲楊風動，掩映春蕪。」

渭園千里送簹簜，嫩籜青青道正長。夜半火來知走馬，尚方藥物待

〔註31〕　「輿」，底本誤作「魚」。據眉批「『金輿』，非此『魚』」改。

新篁。《旌功錄》:「于謙素苦痰喘,一日大作,上遣太監興安以醫來,醫云:『竹瀝可愈。』安為上言。上親幸萬歲山,伐竹以賜。」知尚方藥物由來已久。

新設椒園內道場,雲堂齋供自焚香。《金鰲退食筆記》:「禁中呼瀛臺南為南海,椒園為中海,五龍亭為北海。椒園山一名蕉園,中元夜諸喇嘛於此建盂蘭盆道場,放河燈遶萬歲山五龍亭而回。小內監置燈荷葉中,熒火數千,熠列兩岸,法螺梵唄,夜深而罷。」大官別有伊蒲饌,親割鸞刀奉法王。言喇嘛僧不茹素也。

直廬起草擅能文,被詔含毫寫右軍。賜出黃驄銀鑿落,天街徐踏墨池雲。《分甘餘話》:「本朝狀元,必選書法之憂者。順治中,世祖章皇帝喜歐陽詢書,而壬辰狀元鄒忠倚、戊戌狀元孫承恩皆法歐書者也。」

霜落期門喚打圍,海青帽煖去如飛。《扈從東巡日錄》:「圍中鷹犬各有專官主之。鷹以繡花錦帽蒙其目,擎者絀緤於手,見禽乃去帽放之。」駕鵝信至繞遊幸,不比和林避暑歸。邵遠平《續弘簡錄》:「和林在大漠之西,其地有哈喇和林河,故名。本唐回鶻毗伽可汗故城,自元太祖定河北,即建都於此,為會同之所。成宗大德中,始立和林等處行中書省。上都在桓州東,灤水北,每帝皆避暑於此。」餘見後注。

鸂鶒錦袋出懷中,玉粒交爭花毯紅。《苑西集》:「京師十月鬥鵪鶉,以玉田、豐潤、永平諸處產者為佳。柳筐入市,日數千萬,識者按譜辨其臧否。」何似平章荒葛嶺,〔註32〕諸姬蟋蟀鬥金籠。

綠翹聰慧換新粧,比翼丹山小鳳皇。范成大《桂海虞衡志》:「烏鳳出桂海左右西江峒中,大如喜鵲,紺碧色,項毛似雄雞,頭有冠,尾垂二弱骨〔註33〕。音聲清越如笙簫,能度小曲,合宮商。」李時珍以為鸚鵡之類,亦能人言,故詩用以為擬。巧舌能言金瑣愛,賜緋妒殺雪衣娘。此謂赤鸚鵡也。陳淏子《花鏡錄》:「乃常色紅者為貴。」近年,關西曾獻黃鸚鵡於我朝,尤難得之物也。

廣南異物進駝雞,錦背雙峰一寸齊。只道紫駝來絕塞,雞林原在大荒西。原注:雞高三尺,花冠翠羽,背有雙峰,似駝之肉鞍也。○《方隅勝略》:「祖法兒國產駝雞,有肉鞍可乘。」按:劉郁《西域記》:「駝蹄雞食火炭。」《星槎錄》、《墨客揮犀》皆以為即火雞。鄭曉《吾學編》:「洪武初,三佛齋國貢之。」此獨不言能食火。

〔註32〕眉批:平章葛嶺,賈似道事。
〔註33〕「骨」,底本誤作「故」,據楊學沆本改。

思陵長公主輓詩《明史·公主傳》:「長平公主年十六,帝選周世顯尚主,將婚,以寇警,暫停。城陷,帝入壽寧宮,主牽衣哭,帝曰:『汝何故生我家?』以劍揮斫之,斷左臂。又斫昭仁公主於昭仁殿。越五日,長平主復甦。順治二年,上書言:『九死臣妾,蹐跼高天,願髡緇空門,以申罔極。』詔不許,命顯復尚故主,土田邸第,金錢車馬,賜予有加。主涕泣,踰年病卒,賜葬廣寧門外。」《春明夢餘錄》:「公主名徽娖。」〇附張宸《長平公主誄序》:長平公主者,明崇禎皇帝女,周皇后產也。甲申之歲,淑齡一十有五,皇帝命掌禮之官,詔司儀之監,妙選良家,議將降主。時有太僕公子都尉周君名世顯者,將築平陽以館之,聞沁水以宅之,貳室天家,行有日矣。夫何蛾賊,鴟張逆臣,不誠天子,志殉宗社,國母嬪嬙,慷慨死焉。公主時在婣齡,御劍親揮,傷頰斷腕,頹然玉折,實矣蘭摧。賊以貴主既殞,授尸國戚,覆以錦茵,載歸椒裏。越五宵旦,宛轉復生。泉途已宮,龍髯脫而劍遠;蘭薰罷殿,蕙性折而神枯。順治二年,上書今皇帝:「九死臣妾,蹐跼高天。髡緇空王,庶申罔極。」上不許,詔求元配,命我周君,故劍是合。土田邸第,金錢牛馬,賜予有加,稱傆物焉。嗟夫!乘鶼扇引,定情於改朔之朝;金犢車來,降禮於故侯之地。人非鶴市,慨紫玉之重生;鏡異鸞臺,看樂昌之再合。金枝秀發,玉質含章。逢德耀於皇家,迓桓君於帝女。然而心戀宮闈,神傷輦路。重雲畢陌,何心金榜之門;飛霜穀林,豈意玉簫之館。弱不勝悲,溘焉薨逝。當扶桑上仙之日,距穠李下嫁之年。星燧初周,芳華未歇。嗚呼悲哉!都尉君悼去鳳之不留,嗟沉珠之在殞。銀臺竊藥,想奔月以何年;金殿煎香,思反魂而無術。小臣宸薄遊京輦,式規遺容。京兆雖阡,誰披柘館?祁連象冢,秪叩松關。擬傷逝於子荊,朗香空設;代悼亡於潘令,遺掛猶存。再拜為之誄云。〇張宸,字青琱,華亭人。順治戊子舉人,由中書舍人陞部曹,罷官。《堯峰文鈔》:「祭酒吳梅村先生最善歌行,每推青琱長歌數千言,太息其不可幾及。」

貴主徽音〔註34〕美,前朝典命光。鴻名垂遠近,哀誄著興亡。總冒大意。託體皇枝貴,承休聖善祥。母儀惟謹肅,家法在矜莊。正宮嫡產。上苑穠桃李,瑤池小鳳凰。鷺音青繡屜,〔註35〕魚笏皂羅裳。沉燎薰罏細,流蘇寶蓋香。禊期陪祓水,繭館助條桑。綠綟芄蘭佩,〔註36〕紅螭薜荔璋。錫封須大國,喚仗及迴廊。以敘其貴也。受冊威儀定,傳烽羽檄忙。司輿停鹵簿,掌瑞徹珩璜。婺宿明河澹,薇垣太白芒。《綏寇紀略》:「崇禎十七年正月,司天奏帝座下移。十月,紫微無光。十年春,太白晝見。六月,太白經天。十月,太白晝見,怒赤。」至尊憂咄吒,仁壽涕徬徨。鄼邑年方幼,瓊

〔註34〕「音」,底本誤作「名」,據眉批「『音美』,非『名』」改。
〔註35〕眉批:屜,鞍韉也。
〔註36〕眉批:《東觀漢紀》:「建武元年,設諸侯王,金璽綟綬。」《釋名》:「綠綟,紫綟,綟也。」

華齒正芳。艱難愁付託，顛沛懼參商。文葆憐還戲，勝衣泣未遑。從容諮傳母，倥傯詢貂璫。傳箭聞嚴鼓，投籤見拊床。內人縫使甲，中旨票支糧。使者填平朔，將軍帶護羌。寧無一矢救，足慰兩宮望。言將降主而冠亂宮禁，憂危如此也。盜賊狐篝火，關山螳潰防。逍遙師逗撓，奔突寇披猖。牙纛看吹折，梯衝舞莫當。妖氛纏繾闕，殺氣滿陳倉。天道真蒙昧，君心顧慨慷。割慈全國體，處變重宗潢。冑子除華紱，家丞具急裝。救須離禁闥，手為換衣裳。社稷仇宜報，君親語勿忘。遇人崇退讓，慎己舊行藏。四句櫽括詔二王語。國母摩笄刺，宮娥掩袂傷。他年標信史，同日見高皇。《明史》：「賊破京城，帝回宮，命以太子、永王、定王分送外戚周、田二家。」按：太子名慈烺。十四年九月，封皇子慈炯為定王。十五年二月，封皇子慈炤為永王。元主甘從殉，君王入未央。抽刀凌左闥，申胆就干將。嚏血彤闈地，橫屍紫籞江。絕吭甦又咽，瞑睫倦微揚。裹褥移私第，霑胸進勺漿。誓肌封斷骨，茹戚吮殘創。死早隨諸妹，生猶望二王。股肱羞魏相，肺腑恨周昌。《明紀輯略》：「帝入宮，召周皇后。后至，撫太子、二王，慟甚。上命之出，后自經。召主至，斫之，未殊死，手慄而止。又殺袁貴妃及所御大嬪數人。仍回南宮，登萬歲山壽皇亭自盡。大學士魏藻德不死，被賊執，偪獻財物，極刑考掠，始自勒死。周皇親即獻太子、二王於賊。」賊遁仍函谷，兵來豈建康。六軍謦面慟，四海遏音喪。《明季遺聞》：「四月丁亥，自成出齊化門西走，吳三桂輕騎追之。賊馬騾皆重載，自盧溝至固安百里內，所棄財物婦女塞路，賊眾半散。追至保定，賊還兵而鬪，官兵殺賊萬餘人。自成中流矢，拔營走山西。」故國新原廟，群臣舊奉常。賵圭陳厭翟，題輴載輥轅。隧逼賢妃冢，山疑望子岡。銜哀存父老，主祭失元良。吳陳琰《曠園雜志》：「甲申三月廿五日，順天府偽官李紙票仰昌平州吏目趙一桂開田妃壙，合葬崇禎先帝及周皇后梓宮。時州庫如洗，一桂與好義生員孫繁祉、監生白紳等十人共捐錢三百四十千，時止值銀一百七十兩，僱夫頭楊文包攬開閉。四月初四日寅時，始開頭層門，又開二層門，通長殿九間，柩在焉。申后，帝后梓宮至，舉哀祭奠畢，先移田妃於床右，次厝周後於床左，然後即田妃槨居帝於中，點起萬年燈，後即掩坎。」譚吉總《肅松錄》所載思陵事略同。訣絕均抔土，飄零各異方。衣冠贏博葬，風雨鶺鴒行。《明史》：「賊獲太子，偽封宋王。及賊敗西走，太子不知所終。」《堯峰文鈔·題傳疑錄》：「永王事見於國初邸鈔。順治元年十一月，有稱前明皇子者，至京師，入故嘉定伯周奎家。奎留之二日，遂以偽太子疏於朝。於是吏科朱徽、河南道趙繼鼎等連章劾奎。既下刑部，有小內官指驗斑痕，抱之而泣。

一時廷臣諸既具在，大指略同，獨侍郎沈維炳所言尤明切。」浩劫歸空壞，浮生寄渺茫。玉真圖下髮，〔註37〕申伯勸承筐。沆浦餘堯女，營丘止孟姜。《明紀輯略》：「帝崩於丁未昧爽，尚衣監何新入宮，見公主斷肩仆地，命宮人救甦。公主曰：『父皇賜我死，安敢求生？』新曰：『賊將入，恐受辱。且至國文府避之。』」此下敘其再生下降也。周其舅家，故曰申伯。君臣今世代，甥舅即蒸嘗。湯沐鄉亭秩，家門殿省郎。淒涼脂粉磴，零落綺羅箱。宅枕平津巷，街通少府牆。畫閒偕姒娣，曉坐向姑嫜。偶語追銅雀，無聊問柏梁。豫遊催插柳，插柳，見前。勝蹟是梳裝。蔣一揆《堯山堂外紀》：「金章宗為李宸妃建梳粧臺於都城東北隅。今禁中瓊花島粧墓，本金故物也。目為遼蕭后梳粧樓，誤。」又，張居正《泰嶽集》：「皇城北苑中有廣寒殿，瓦甓已壞，榱桷猶存，相傳以為遼蕭后梳粧樓。萬曆七年五月，忽自傾圮，其梁有金錢百二十文，蓋鎮物也。上以四文賜臣，其文曰至元通寶。至元乃元世祖紀年，則殿刱於元世，非遼時物矣。」菡萏鴛鴦扇，陸容《菽園雜記》：「奉天門常朝御座後，內官持一小扇，金黃絹包裹之。聞之故老云：非扇也，其名卓影辟邪，永樂間外國所進。」茱萸鸚鵡觴。《金鰲退食筆記》：「兔園山，一名小山子，一名賽蓬萊。甃石作九曲流觴，龍口出水，雕琢神巧。重九或幸萬歲山，或幸此登高，宮眷內臣皆服重陽景菊花補，喫迎霜兔、茱萸酒。」《海錄碎事》：「鸚鵡螺，質白而紫，殼取作杯。」大庖南膳廠，《光祿寺志》：「精膳司元旦供年飯、素澆頭，立春供素捲餅、春繭、臥饅飫之類。」奇卉北花房。《金鰲退食筆記》：「御花園在果園廠之西，冬日火烘出牡丹、芍藥諸花，元夕陳乾清宮、懋勤殿。」暖閣葫蘆錦，暖閣，見前注。溫泉荳蔻湯。高士奇《松亭行紀》：「遵化湯泉在四十福泉山下，戚繼光始甃石為池，築堂曰九新。四壁碑刻唐順之、汪道昆、周天球詩，最後一石刻明武宗宮人王氏絕句。」雕薪獅首炭，《金鰲退食筆記》：「惜薪司除夕進撐門炭，為人形，彩箔飾甲冑，號炭將軍。」甜食虎睛搪。廖文英《正字通》：「明制：冬至日，賜諸臣甜食一盒，凡七種。一松子海哩嗻者，鄭以偉曰：今不識為何物。王世貞《盛事述》：『甜食房屬御用監，用中人提督。』」壯麗成焦土，榛蕪拱白楊。麋〔註38〕遊鳲鵲觀，苔沒鬬雞坊。荀灌心惘悵，秦休志激昂。崩城身竟殞，填海願難償。命也知奚憾，天乎數不臧。縶褷床笫語，即窀寢園旁。半體先從父，遺骸始見孃。黃泉母子痛，白骨弟兄殤。偶語。下十六句皆詳薨逝之由。夙昔銅駝泣，諸陵石馬荒。三年脩荇藻，一飯奠嵩邙。《世祖

〔註37〕眉批：玉真，明皇女。
〔註38〕「麋」，底本誤作「糜」，據眉批「麋」改。

實錄》：「順治十六年十一月壬申，上駐蹕昌平州，道經明崇禎帝陵，悽然泣下，酹酒陵前。癸酉，開明諸帝陵。甲戌，遣內大臣索尼祭明崇禎帝。十七年，立殉難太監王承恩碑，文云：『十六年，因冬狩駐蹕昌平，睹勝國之松楸，感廢丘之霜露，諸陵周覽，心惻久之。爰至思陵，念愍皇帝精勤遭亂，亡國非辜，躬奠椒漿，尤增憫悼。邇者當省歛之時，展軨效駕，載履明諸陵，徘徊於思陵之前，撫荒墟而酒涕，瀝旨酒而痛心。』」寒食重來路，新阡宿草長。溪田延黍〔註39〕稼，隴笛臥牛羊。朽壤穿螻蟻，驚沙起鴟鴒。病樗眠廢社，衰葦折寒塘。此乃敘其葬在廣寧門外。列剎皇姑寺，王同軌《耳談》：「宛平縣西黃村有勅賜保明寺。寺中尼呂氏，陝西人。正統間，駕出關，尼送駕，苦諫不聽。及還轅復辟，念之，乃賜額建寺，人稱皇姑寺。」駄經內道場。侍鬟稱練行，小像刻沉香。玉座懸朱帳，金支度法航。少兒添畫燭，保媼伴帷堂。露濕丹楓冷，星稀青鳥翔。幡旄晨隱隱，鈴鑼夜將將。控鶴攀龍御，驂麟謁帝閶。靈妃歌縹緲，神女笑徜徉。以上敘主公留像皇姑寺。苦霧迷槐市，雌霓遶建章。歸鄎思五廟，涉漢淚三湘。柔福何慚宋，平陽可佐唐。虞淵瞻反日，蒿里叫飛霜。自古遭兵擾，偏嗟擁樹妨。魯元馳孔亟，芊季負倉黃。漂泊悲臨海，包含恥溧陽。本朝端閫閾，設制勝巖疆。處順敦恭儉，時危值紀綱。英聲超北地，雅操邁東鄉。〔註40〕又舉歷代公主之遇亂者，美其獨得正以終焉。新野墳松直，招祇祠柏蒼。薤歌雖慘淡，汗簡自輝煌。諡號千秋定，銘旌百襮彰。秦簫吹斷續，楚挽哭滄浪。

退谷歌原注：贈同年孫公北海。○孫北海，名承澤，字耳伯，上林苑籍，山東益都人。崇禎辛未進士。順治五年，官大理寺卿，遷兵部右侍郎。八年，轉吏部。《青箱堂集‧孫北海行狀》：「先生年甫六十，藉重聽，乞身營退谷以見志。」

我家乃在莫釐之下，具區之東。洞庭煙鬟七十二，天際杳杳聞霜鐘。豈無巢居子，長嘯呼赤松。後來高臥不可得，無乃此世非洪濛。元氣茫茫鬼神鑿，黃虞既沒巢由窮。逆旅逢孫登，自稱北海翁，攜手共上徐無峰。仰天四顧指而笑，此下即是宜春宮。若教天子廣苑囿，吾地應入甘泉中。丈夫蹤跡貴狡獪，何必萬里遊崆峒。蔣一揆《長安客話》：「自洪光寺

〔註39〕「黍」，底本作空格，據楊學沆本補。
〔註40〕眉批：歸鄎，見《春秋》，謂伯姬。涉漢，堯女。柔福帝姬歿於金高宗時，有
偽稱者。擁樹，見《史記》。臨海，晉惠帝女。溧陽，梁武帝女。北地王諶，
劉禪子。東鄉，晉。（開林按：疑有脫字。）

折而東，取道松杉中，二里許，從槐徑入，一徑橫之，跨以石樑，為碧雲寺。折而東六七里，乃抵臥佛寺。」丁煒《問山集》：「臥佛寺旁，即北海先生退谷。」按此則退谷在香山、玉泉之間。地近靜明、暢春、御苑。君不見抱石沉，焚山死，被髮伴狂棄妻子。匡廬峰，成都市，欲逃名姓竟誰是。少微無光客星暗，四皓衣冠只如此。使我山不得高，水不得深，鳥不得飛，魚不得沉。武陵洞口聞野哭，蕭斧斫盡桃花林。仙人得道古來宅，劫火到處相追尋。不如三輔內，此地依青門，非朝非市非沉淪。鄠杜豈關蕭相請，茂陵不厭相如貧。《青箱堂集》：「北海自予告歸，閉門養重，擁書萬卷，予時一過之。深堂蘿徑之中，几榻蕭然，圖書在列。營退谷於西山，當松粒春新，柿林霜老，先生攜屐其間，輒經時月。」飲君酒，就君宿，羨君逍遙之退谷。花好須從禁苑開，泉清不讓讓湯浴。《帝京景物略》：「玉泉山根碎石泉湧，出山不數武，裂帛湖也。泉迸湖底，狀如裂帛，既澄以鮮，漾沙金色。」中使敲門為放鷹，羽林下馬因尋鹿。我生亦胡為，白頭苦碌碌。送君還山識君屋，庭草彷彿江南綠，客心歷亂登高目。噫嚱乎歸哉！我家乃在莫釐之下，具區之東，側身長望將安從。

吳梅村詩箋卷六終